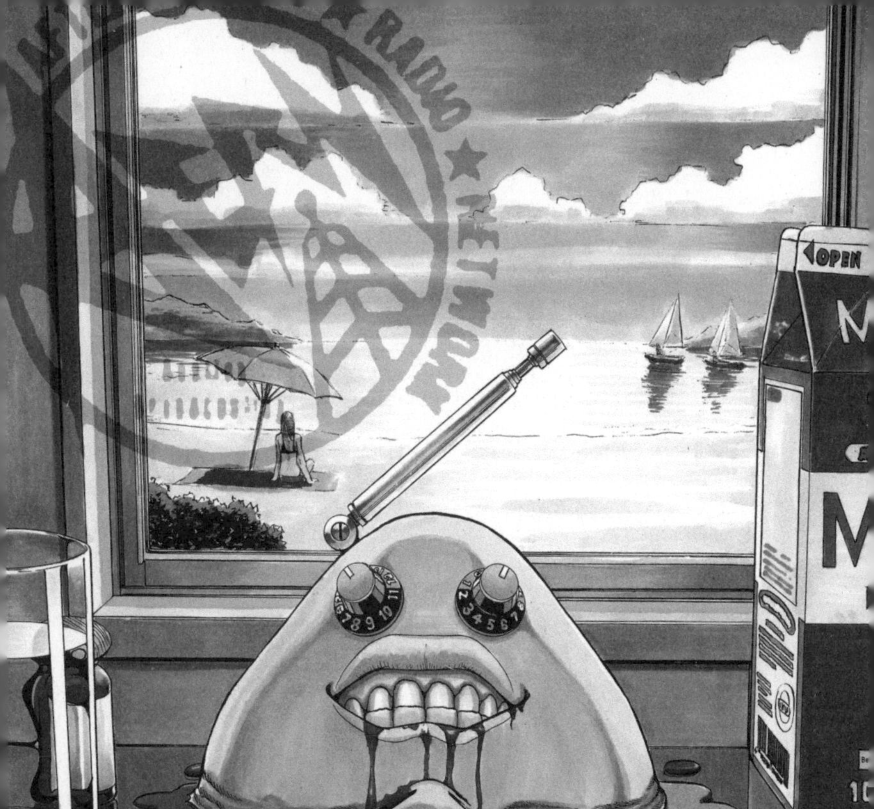

PTSD RADIO 1

Masaaki Nakayama

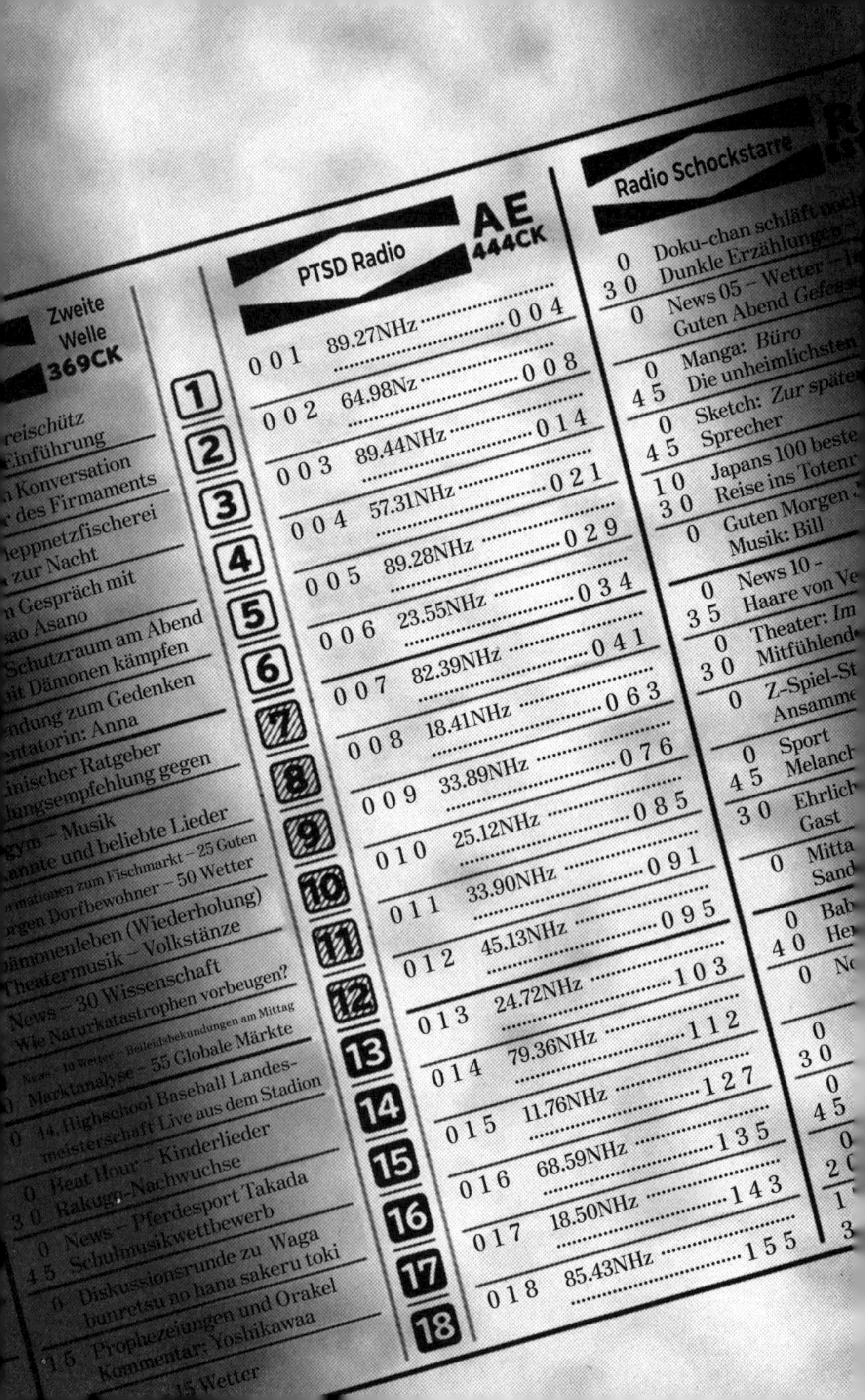

Zweite Welle
369CK
reischütz
Einführung
Konversation
des Firmaments
eppnetzfischerei
zur Nacht
Gespräch mit
ao Asano
Schutzraum am Abend
it Dämonen kämpfen
ndung zum Gedenken
ntatorin: Anna
inischer Ratgeber
ungsempfehlung gegen
gym – Musik
annte und beliebte Lieder
rmationen zum Fischmarkt – 25 Guten
rgen Dorfbewohner – 50 Wetter
ämonenleben (Wiederholung)
Theatermusik – Volkstänze
News – 30 Wissenschaft
Wie Naturkatastrophen vorbeugen?
News – 10 Wetter – Beileidsbekundungen am Mittag
Marktanalyse – 55 Globale Märkte
44. Highschool Baseball Landesmeisterschaft Live aus dem Stadion
0 Beat Hour – Kinderlieder
30 Rakugo-Nachwuchse
0 News – Pferdesport Takada
45 Schulmusikwettbewerb
6 Diskussionsrunde zu Waga bunretsu no hana sakeru toki
15 Prophezeiungen und Orakel
Kommentar: Yoshikawaa
15 Wetter
PTSD Radio
AE
444CK
1 001 89.27NHz 004
2 002 64.98Nz 008
3 003 89.44NHz 014
4 004 57.31NHz 021
5 005 89.28NHz 029
6 006 23.55NHz 034
7 007 82.39NHz 041
8 008 18.41NHz 063
9 009 33.89NHz 076
10 010 25.12NHz 085
11 011 33.90NHz 091
12 012 45.13NHz 095
13 013 24.72NHz 103
14 014 79.36NHz 112
15 015 11.76NHz 127
16 016 68.59NHz 135
17 017 18.50NHz 143
18 018 85.43NHz 155
Radio Schockstarre
0 Doku-chan schläft noch
30 Dunkle Erzählungen
0 News 05 – Wetter
Guten Abend Gefe
0 Manga: Büro
45 Die unheimlichsten
0 Sketch: Zur späte
45 Sprecher
10 Japans 100 beste
30 Reise ins Totenr
0 Guten Morgen
Musik: Bill
0 News 10 -
35 Haare von Ve
0 Theater: Im
30 Mitfühlend
0 Z-Spiel-St
Ansamme
0 Sport
45 Melanch
30 Ehrlich
Gast
0 Mitta
Sand
0 Bab
40 He

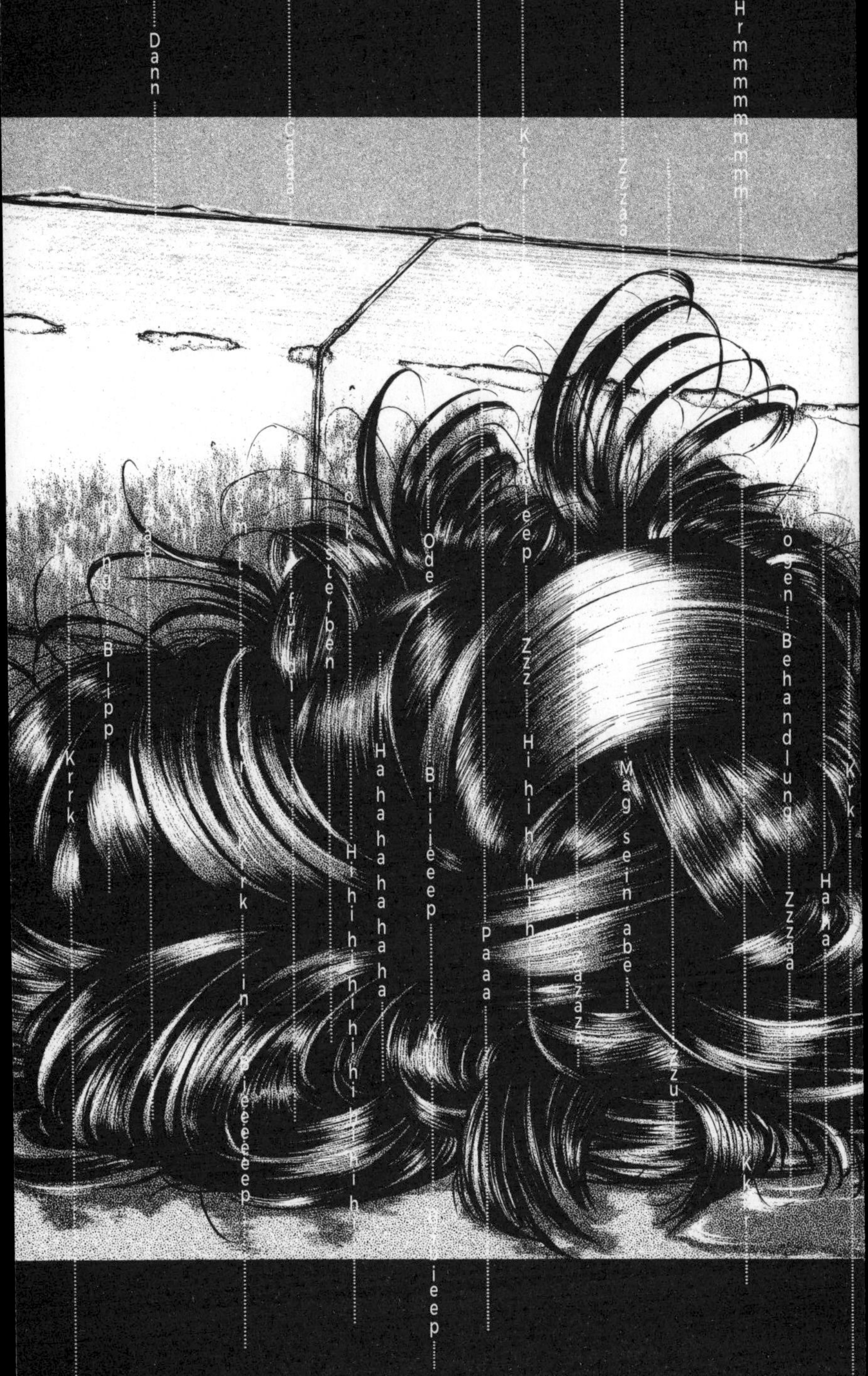

Hrmmmmmmmm
Krk
Haha
Wogen
Behandlung
Zzzaa
Mag sein abe
Zu
Zzzaa
Zazaza
Zzz
Hihihihih
Paaa
Oder
Biiieeep
leep
Hahahahaha
Hihihihihihih
sterben
für di
Gaaaa
Dann
Krk
Blipp
Krrk

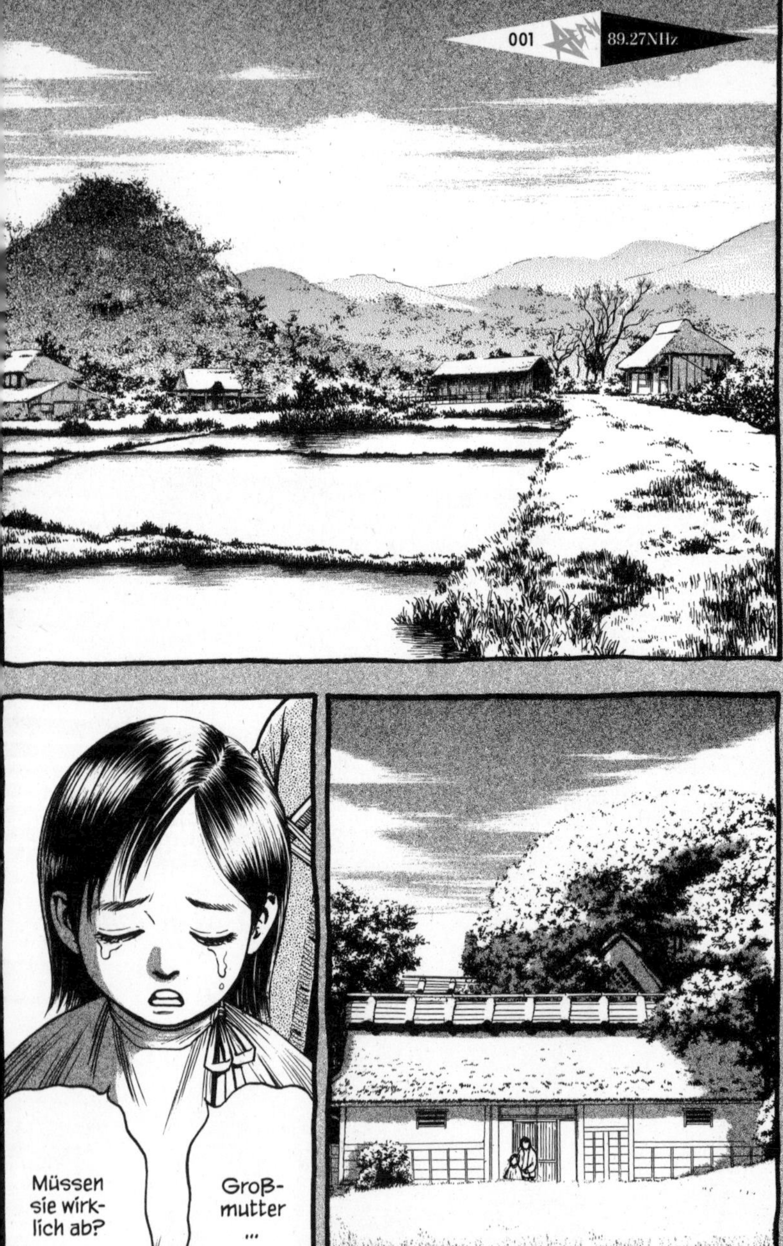
Großmutter …
Müssen sie wirklich ab?

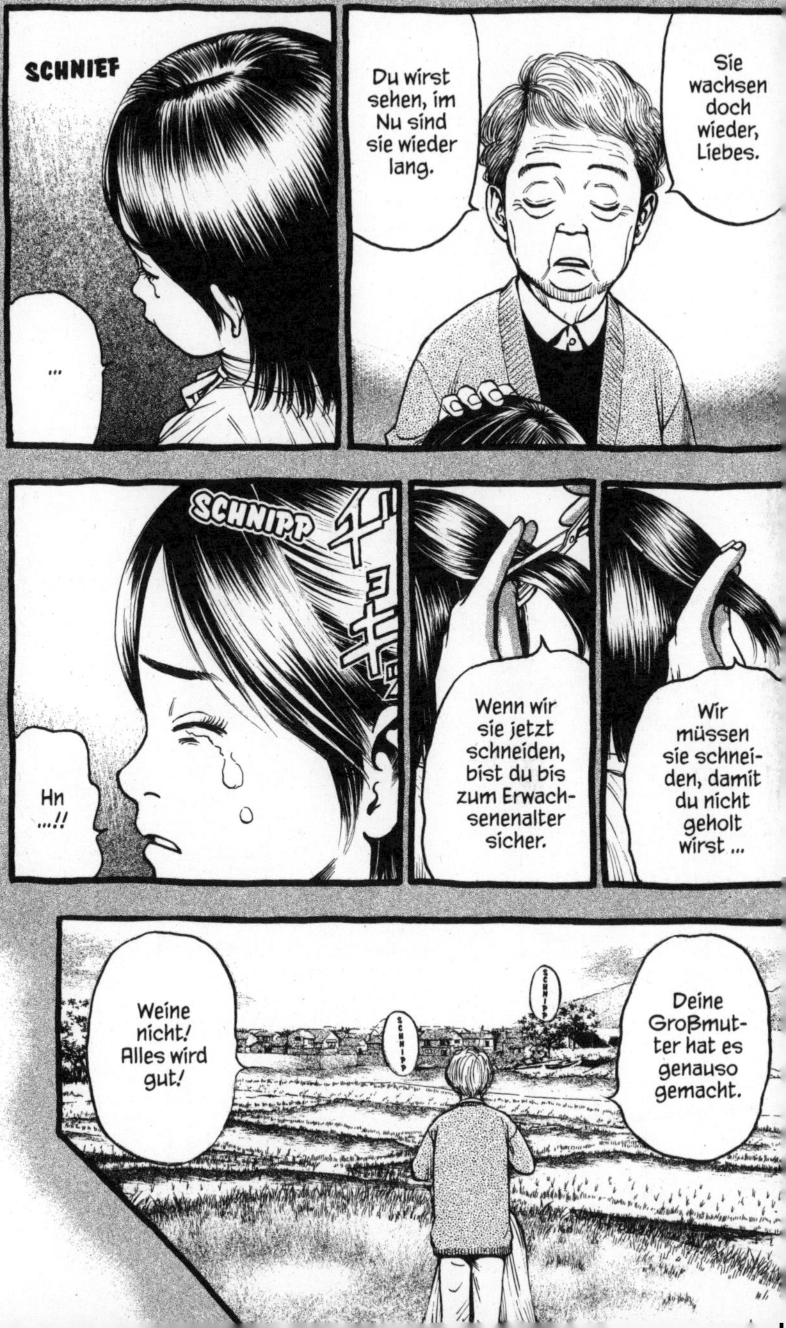
Sie wachsen doch wieder, Liebes.
Du wirst sehen, im Nu sind sie wieder lang.
SCHNIEF
...
Wir müssen sie schneiden, damit du nicht geholt wirst ...
Wenn wir sie jetzt schneiden, bist du bis zum Erwachsenenalter sicher.
SCHNIPP
Hn ...!!
Deine Großmutter hat es genauso gemacht.
SCHNIPP
SCHNIPP
Weine nicht! Alles wird gut!

Nachts vor Tagesanbruch …

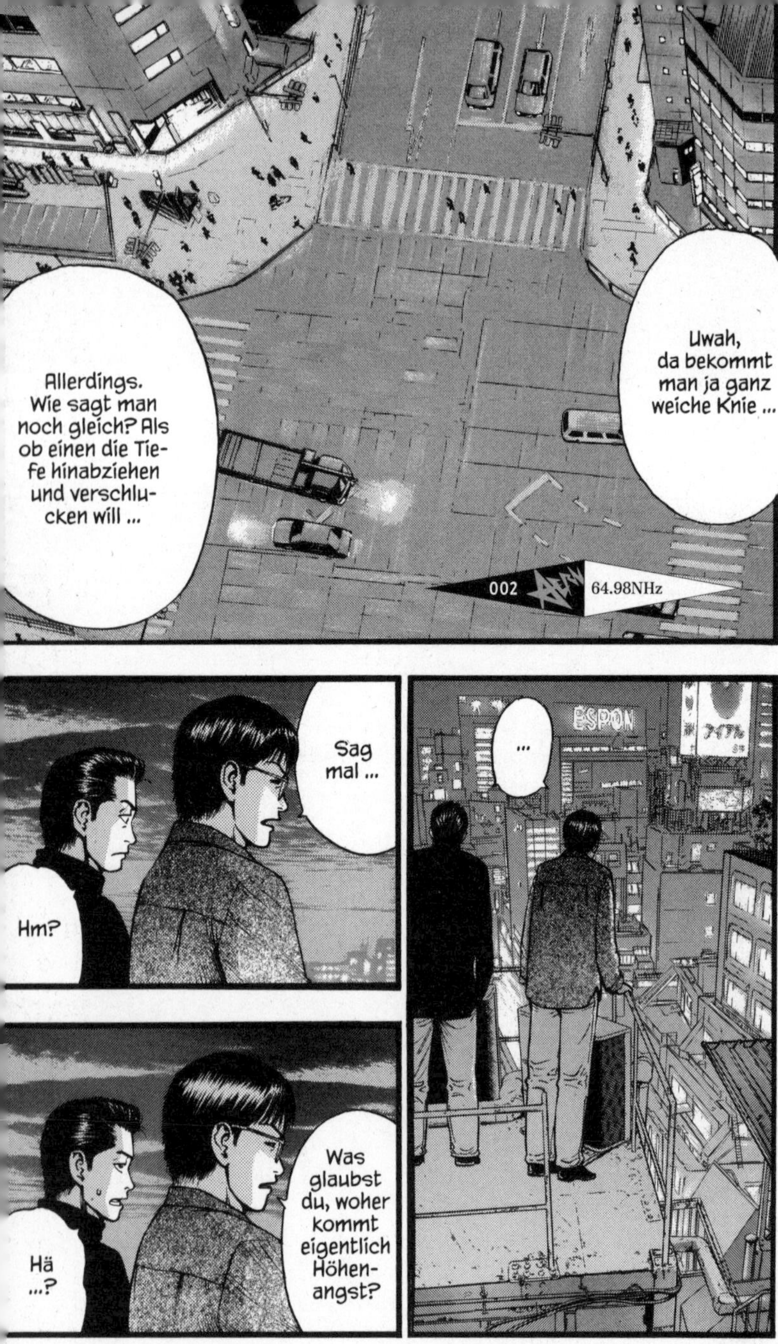
Uwah, da bekommt man ja ganz weiche Knie ...
Allerdings. Wie sagt man noch gleich? Als ob einen die Tiefe hinabziehen und verschlucken will ...
002
64.98NHz
ESPON
...
Sag mal ...
Hm?
Was glaubst du, woher kommt eigentlich Höhenangst?
Hä ...?

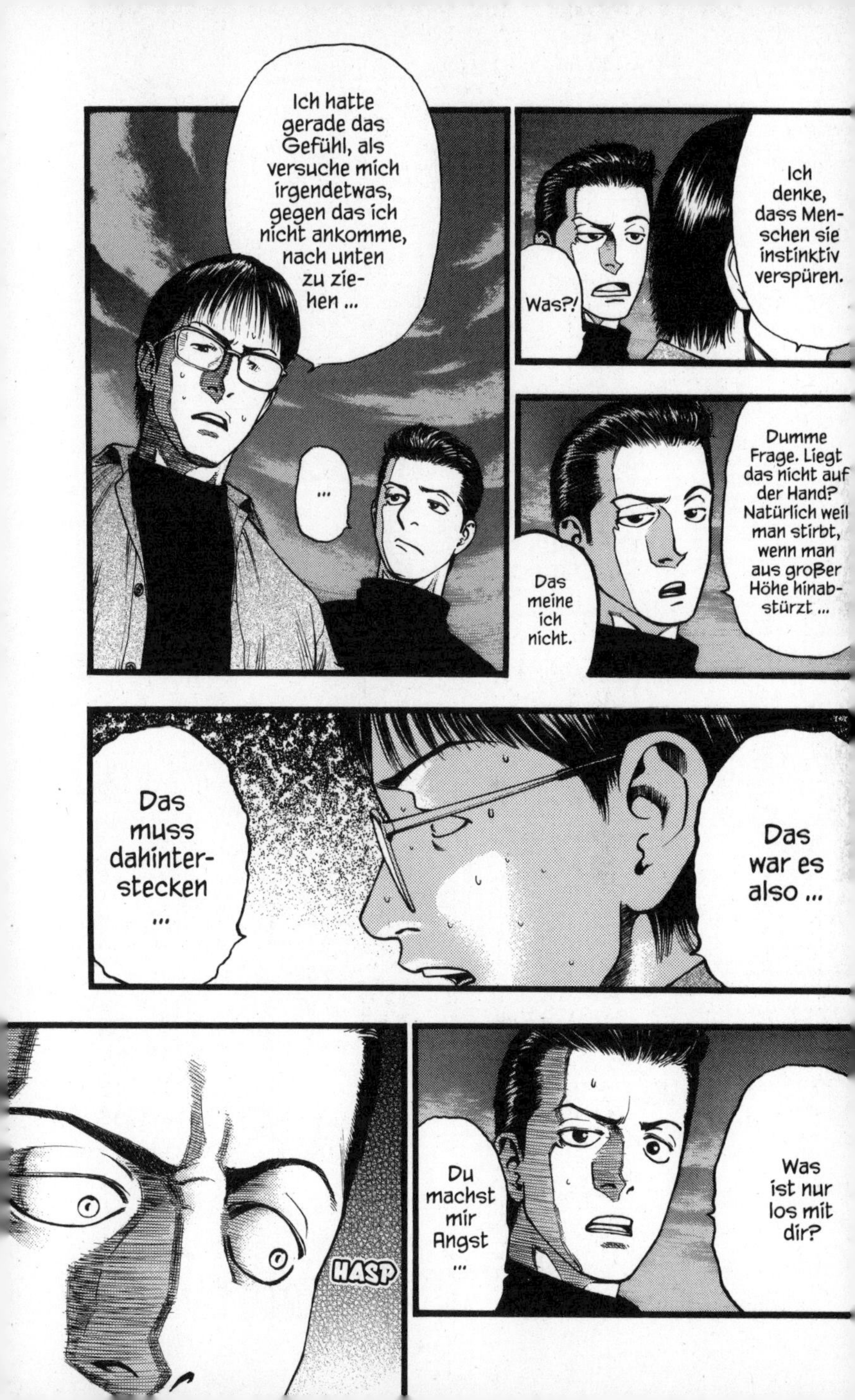
Ich denke, dass Menschen sie instinktiv verspüren.
Was?!
Dumme Frage. Liegt das nicht auf der Hand? Natürlich weil man stirbt, wenn man aus großer Höhe hinabstürzt ...
Das meine ich nicht.
Ich hatte gerade das Gefühl, als versuche mich irgendetwas, gegen das ich nicht ankomme, nach unten zu ziehen ...
...
Das war es also ...
Das muss dahinterstecken ...
Was ist nur los mit dir?
Du machst mir Angst ...
HASP

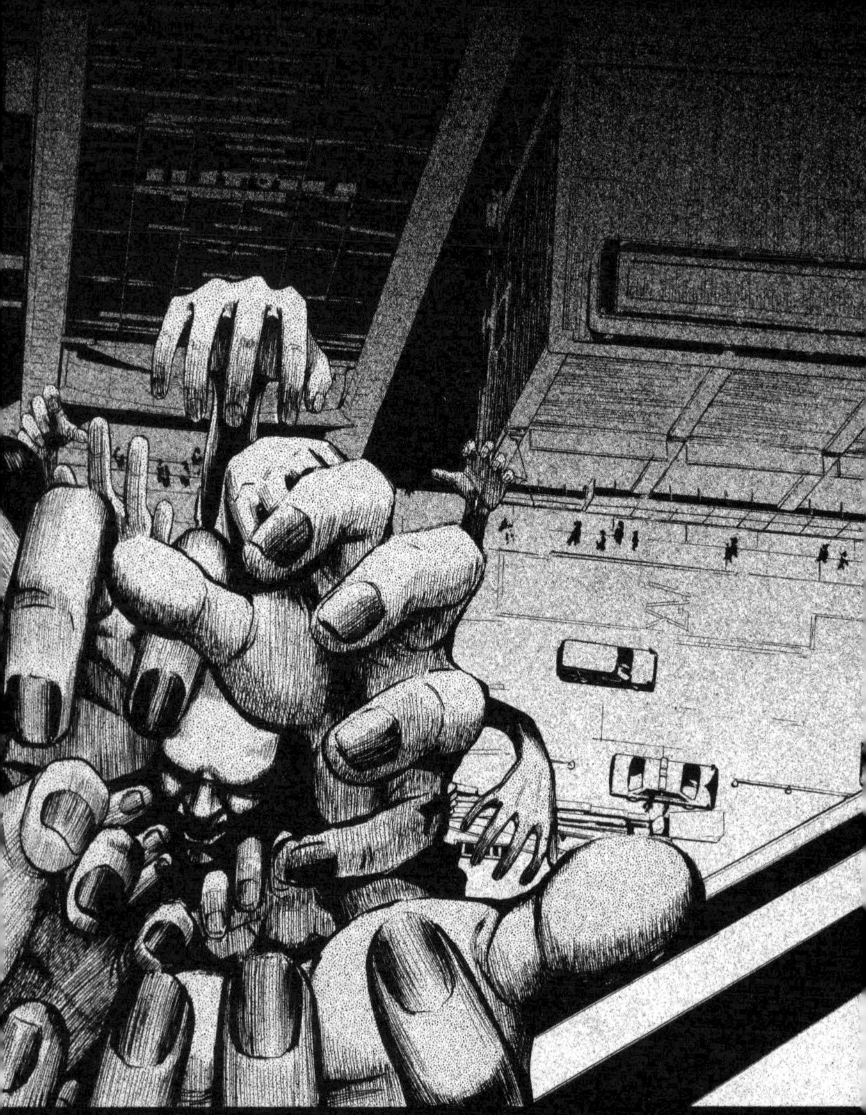

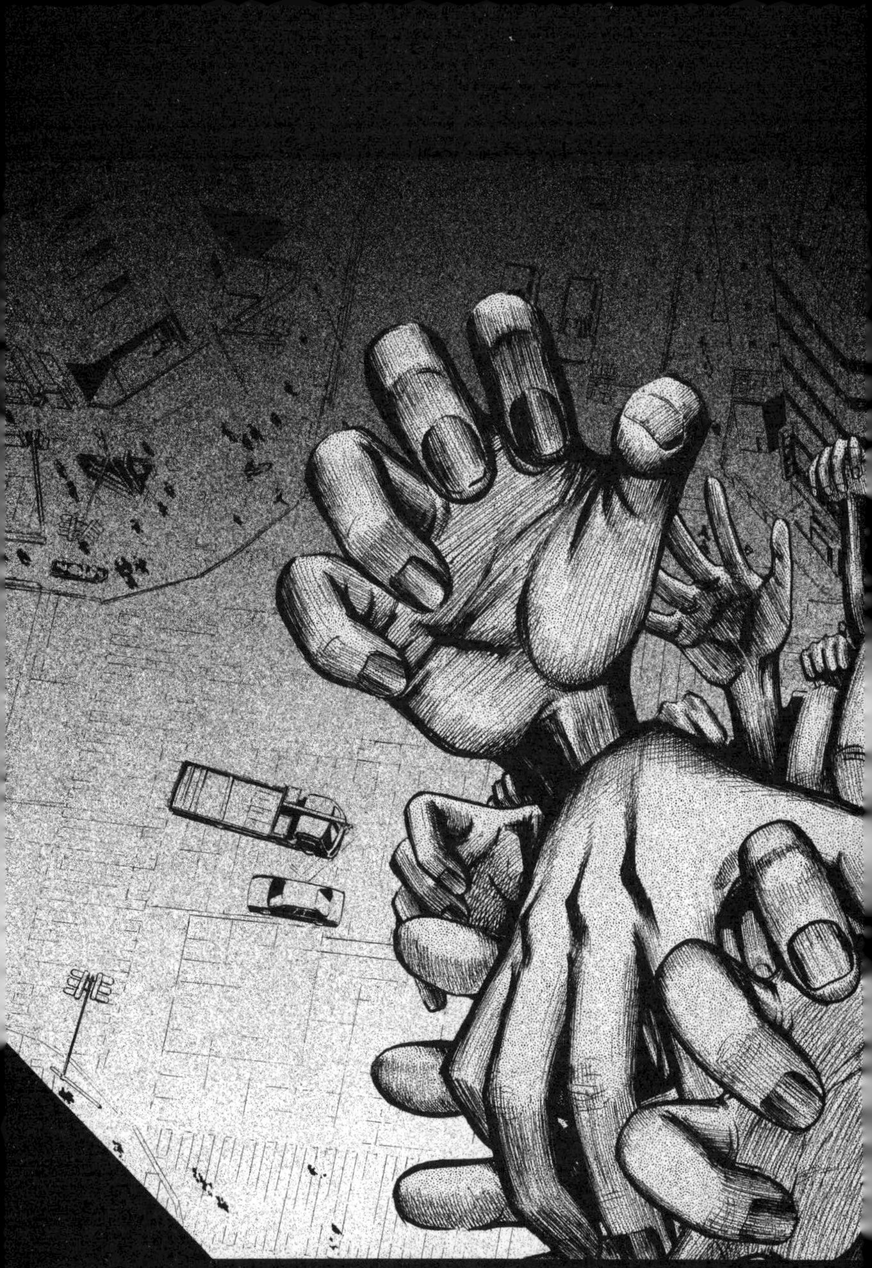

Vorsicht, da vorne hinter dir ...!

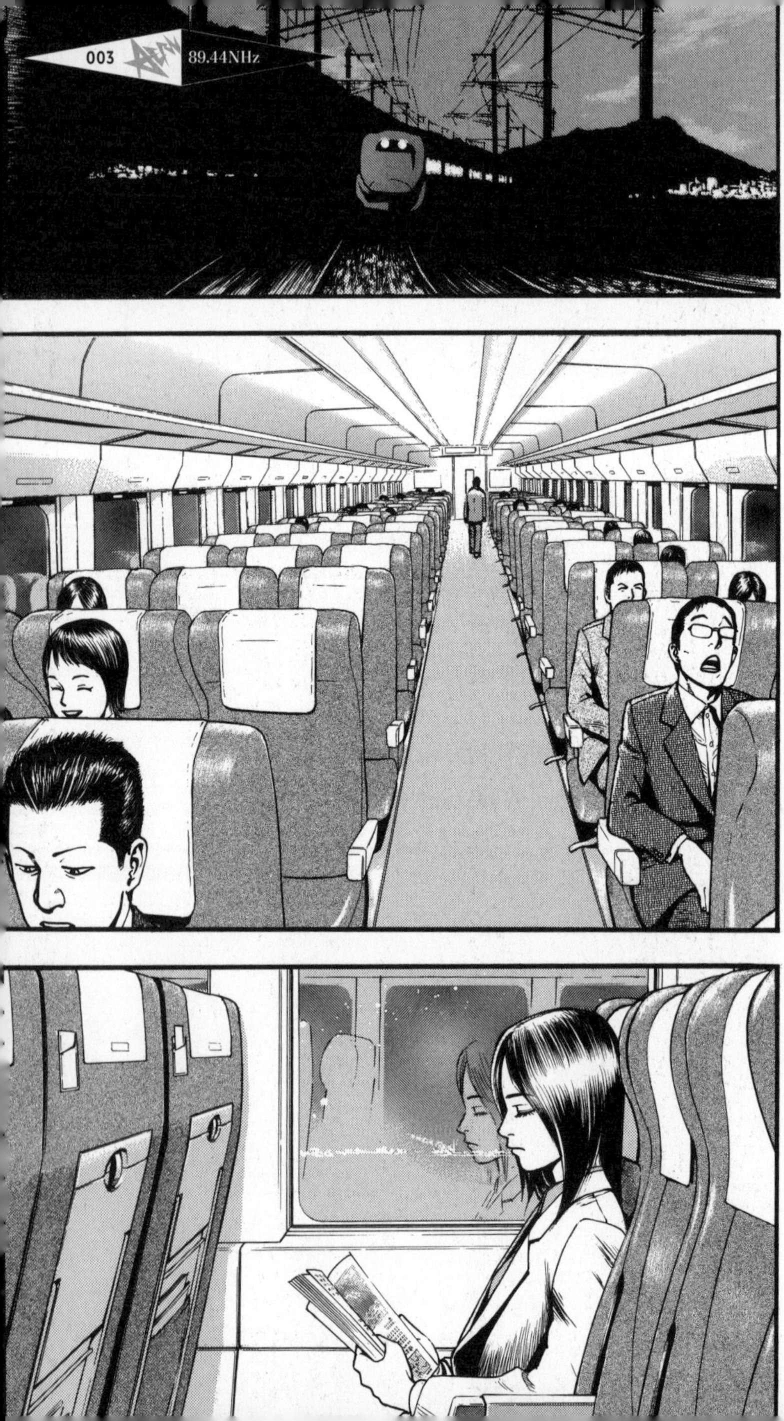
003
89.44NHz

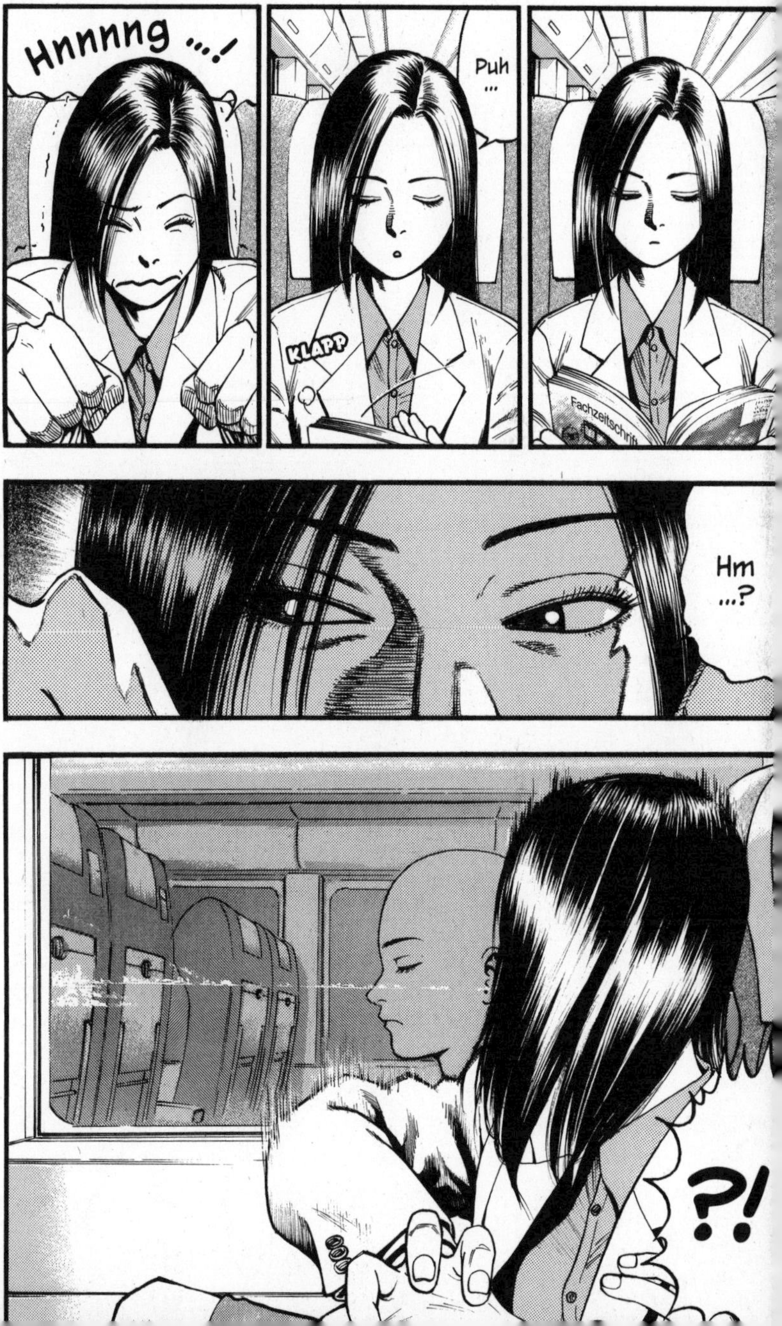
Hnnnng ...!
Puh ...
KLAPP
Fachzeitschrift
Hm ...?
?!

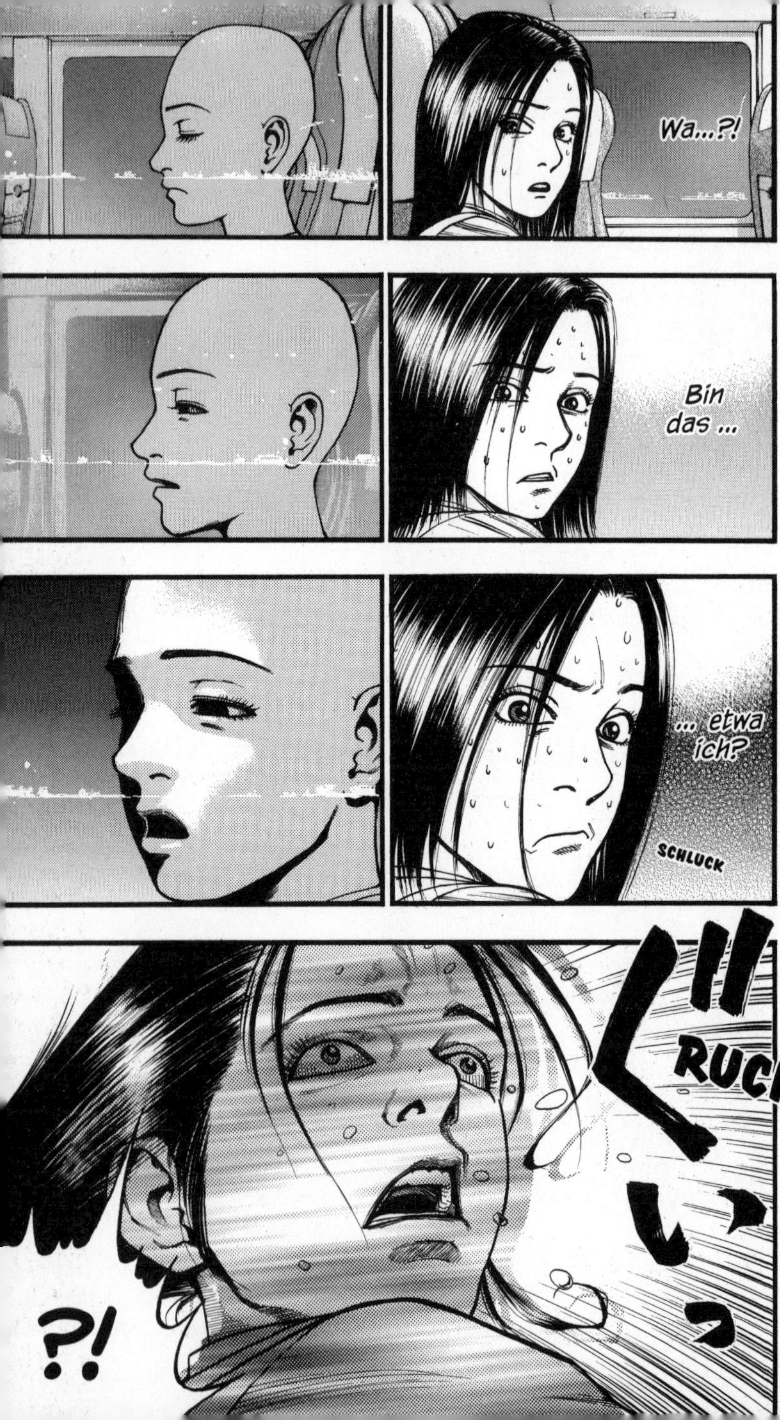
Wa...?!
Bin das ...
... etwa ich?
SCHLUCK
RUCK
?!

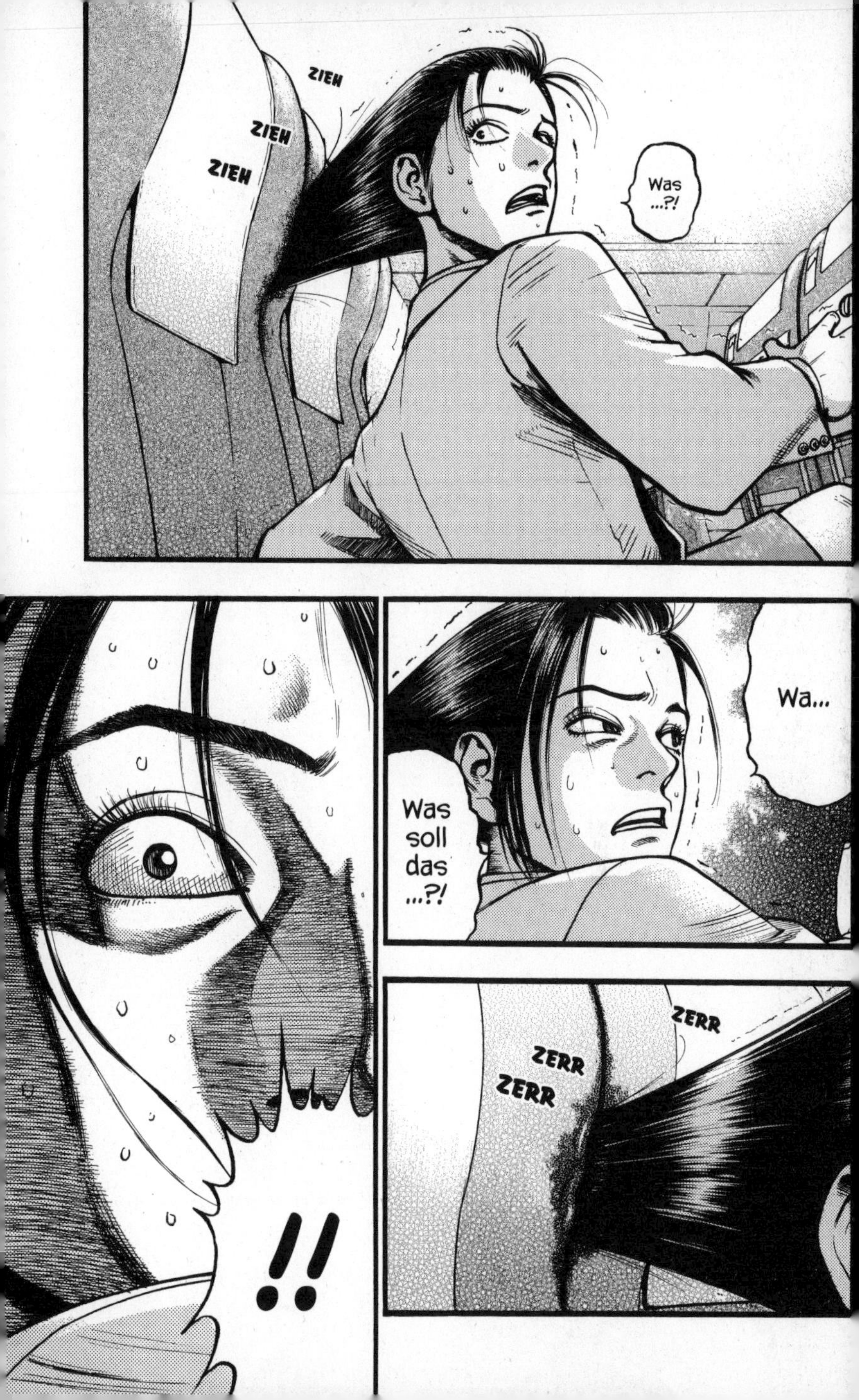
ZIEH
ZIEH
ZIEH
Was ...?!
Wa...
Was soll das ...?!
ZERR
ZERR
ZERR
!!

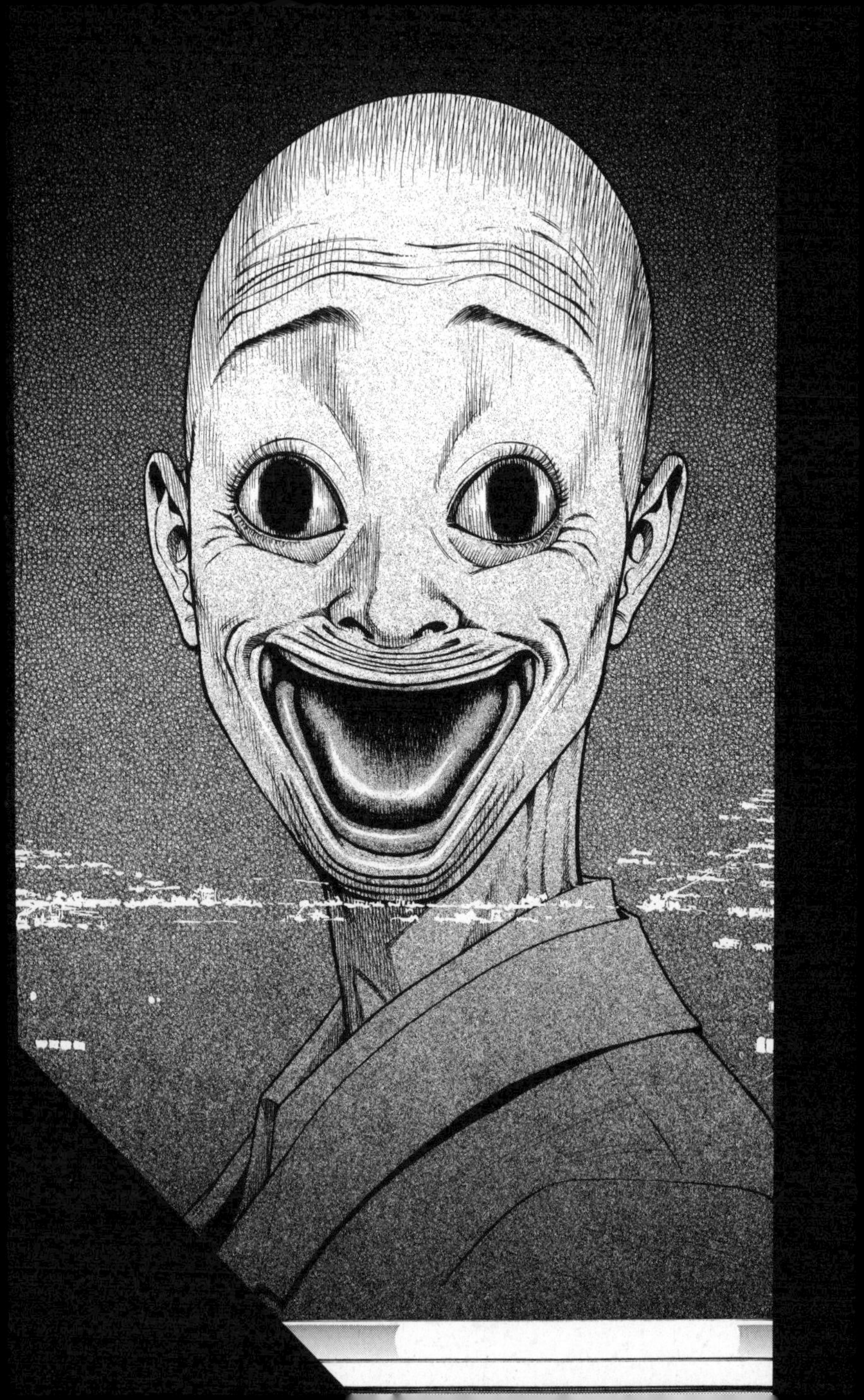

Weit entfernte direkte Nachbarn

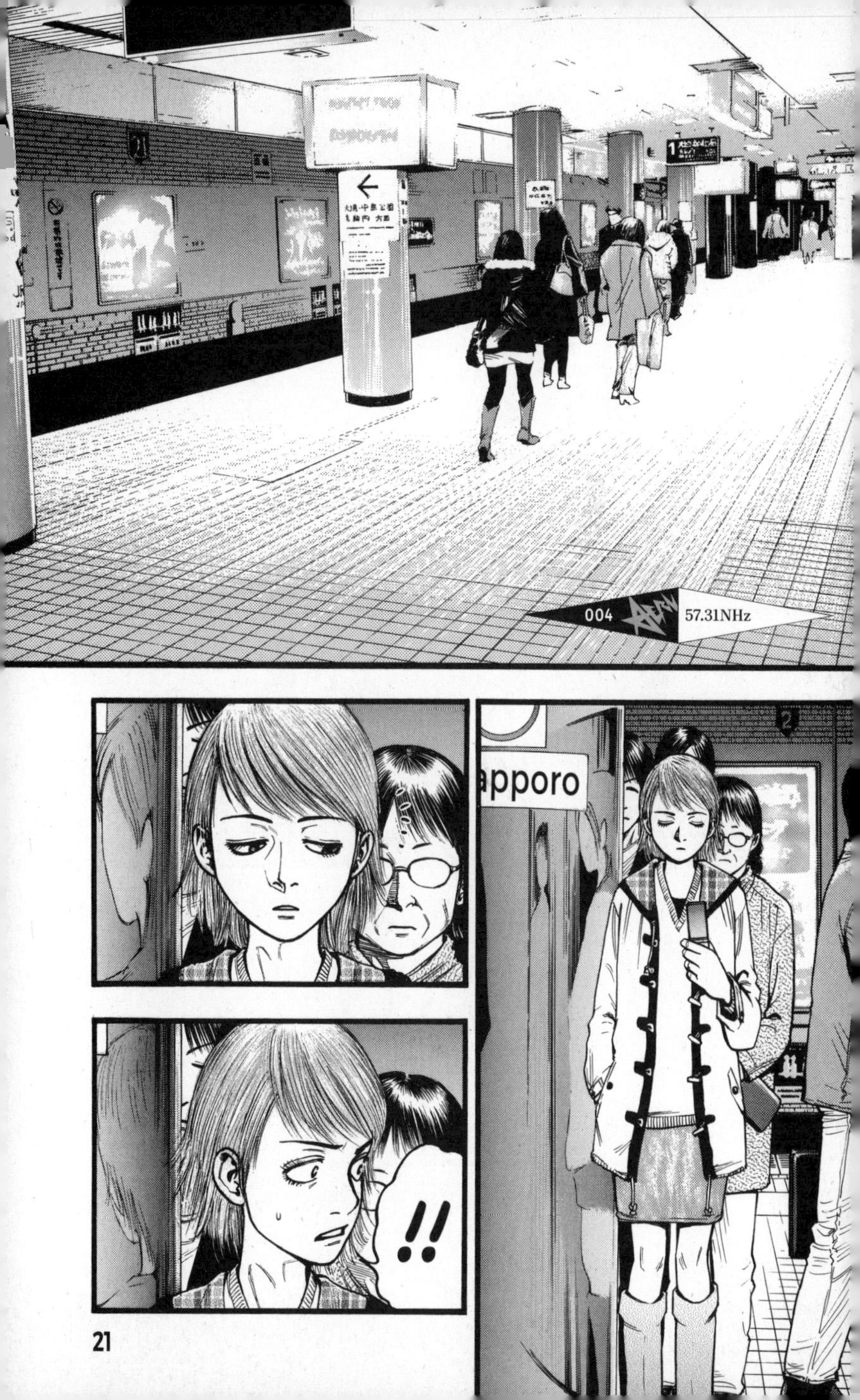
004
57.31NHz
apporo
!!

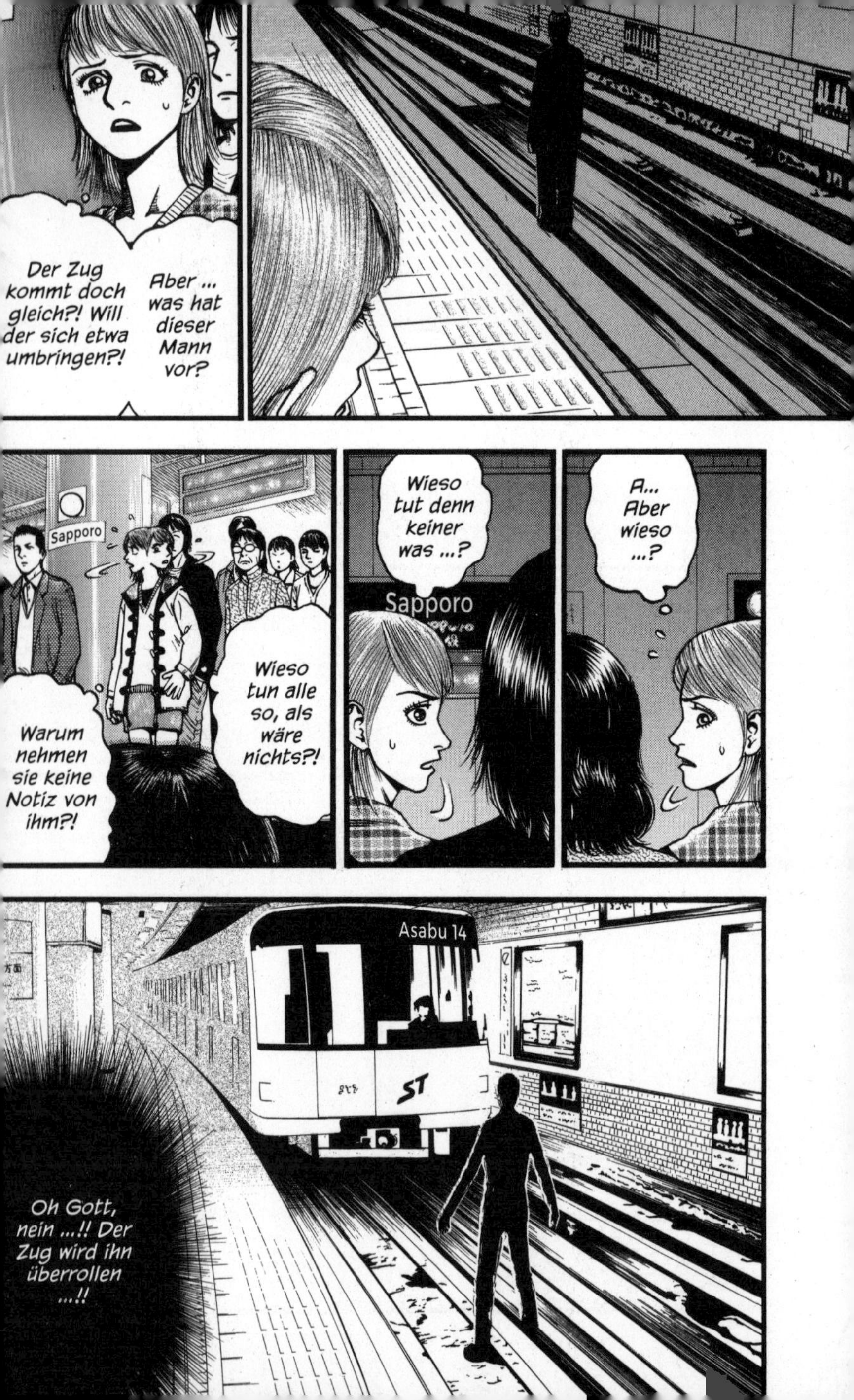
Aber ... was hat dieser Mann vor?
Der Zug kommt doch gleich?! Will der sich etwa umbringen?!
A... Aber wieso ...?
Sapporo
Wieso tut denn keiner was ...?
Wieso tun alle so, als wäre nichts?!
Warum nehmen sie keine Notiz von ihm?!
Sapporo
Asabu 14
ST
Oh Gott, nein ...!! Der Zug wird ihn überrollen ...!!

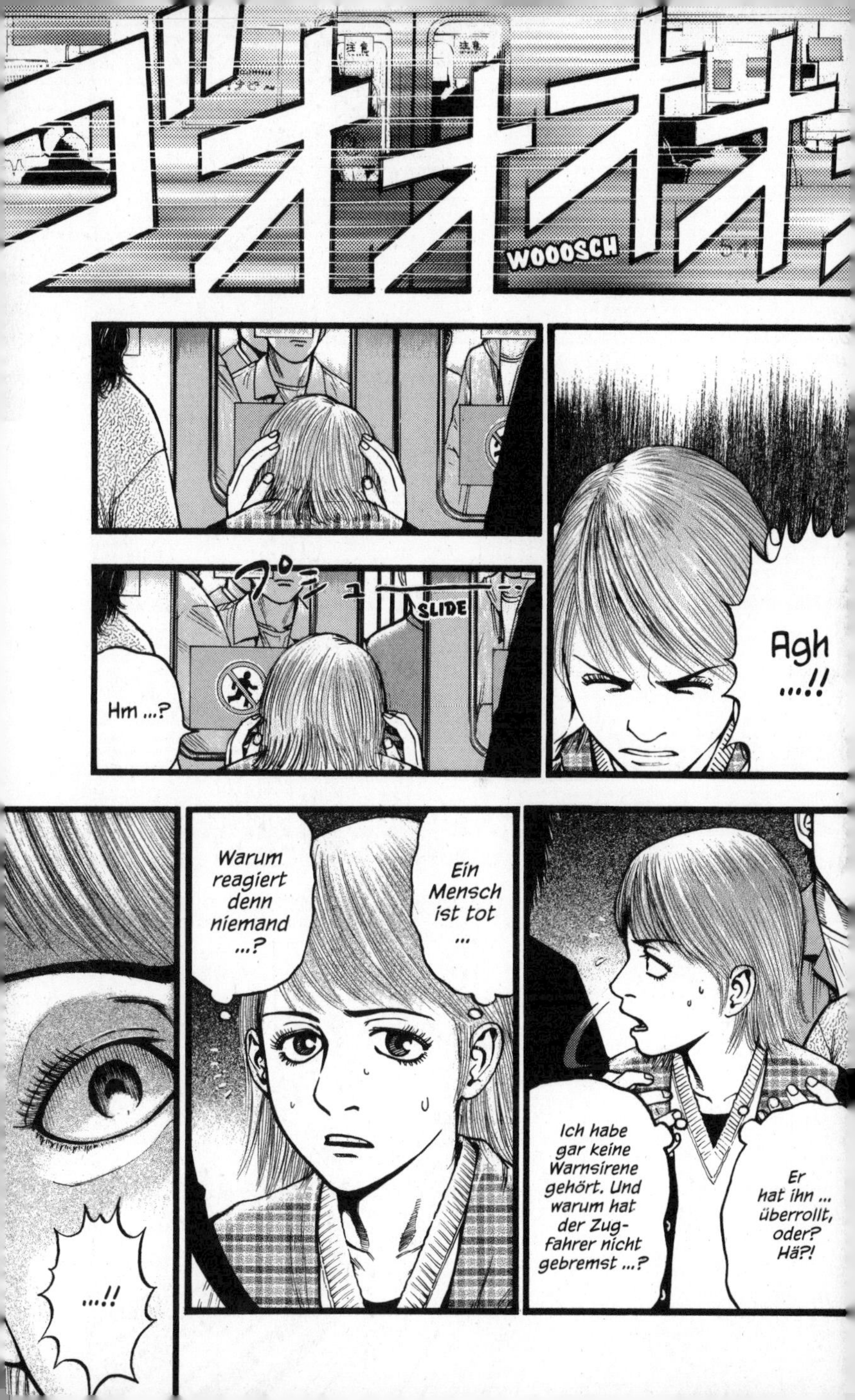
WOOOSCH
Agh ...!!
SLIDE
Hm ...?
Ein Mensch ist tot ...
Warum reagiert denn niemand ...?
...!!
Er hat ihn ... überrollt, oder? Hä?!
Ich habe gar keine Warnsirene gehört. Und warum hat der Zugfahrer nicht gebremst ...?

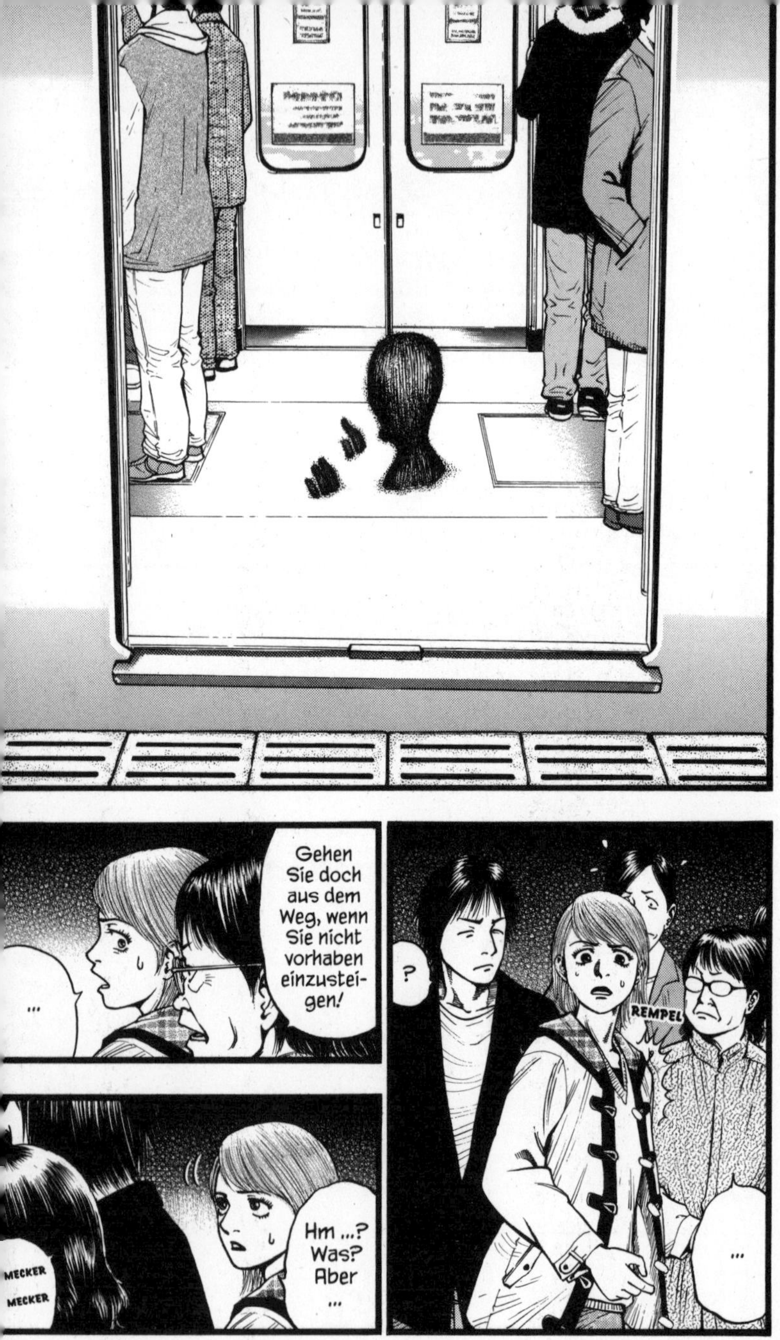
?
REMPEL
...
Gehen Sie doch aus dem Weg, wenn Sie nicht vorhaben einzustei-gen!
...
Hm ...? Was? Aber ...
MECKER
MECKER

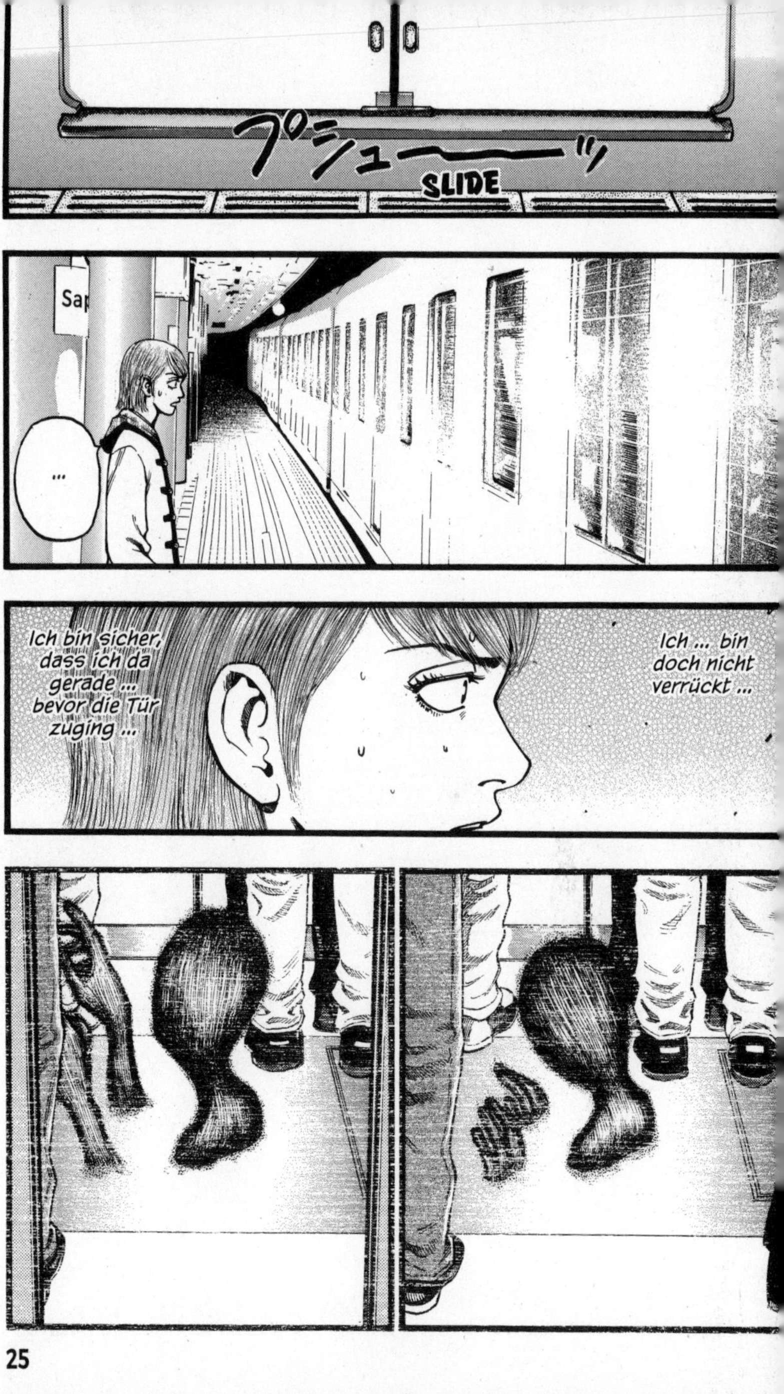
プシューーッ
SLIDE
Sap
...
Ich ... bin doch nicht verrückt ...
Ich bin sicher, dass ich da gerade ... bevor die Tür zuging ...

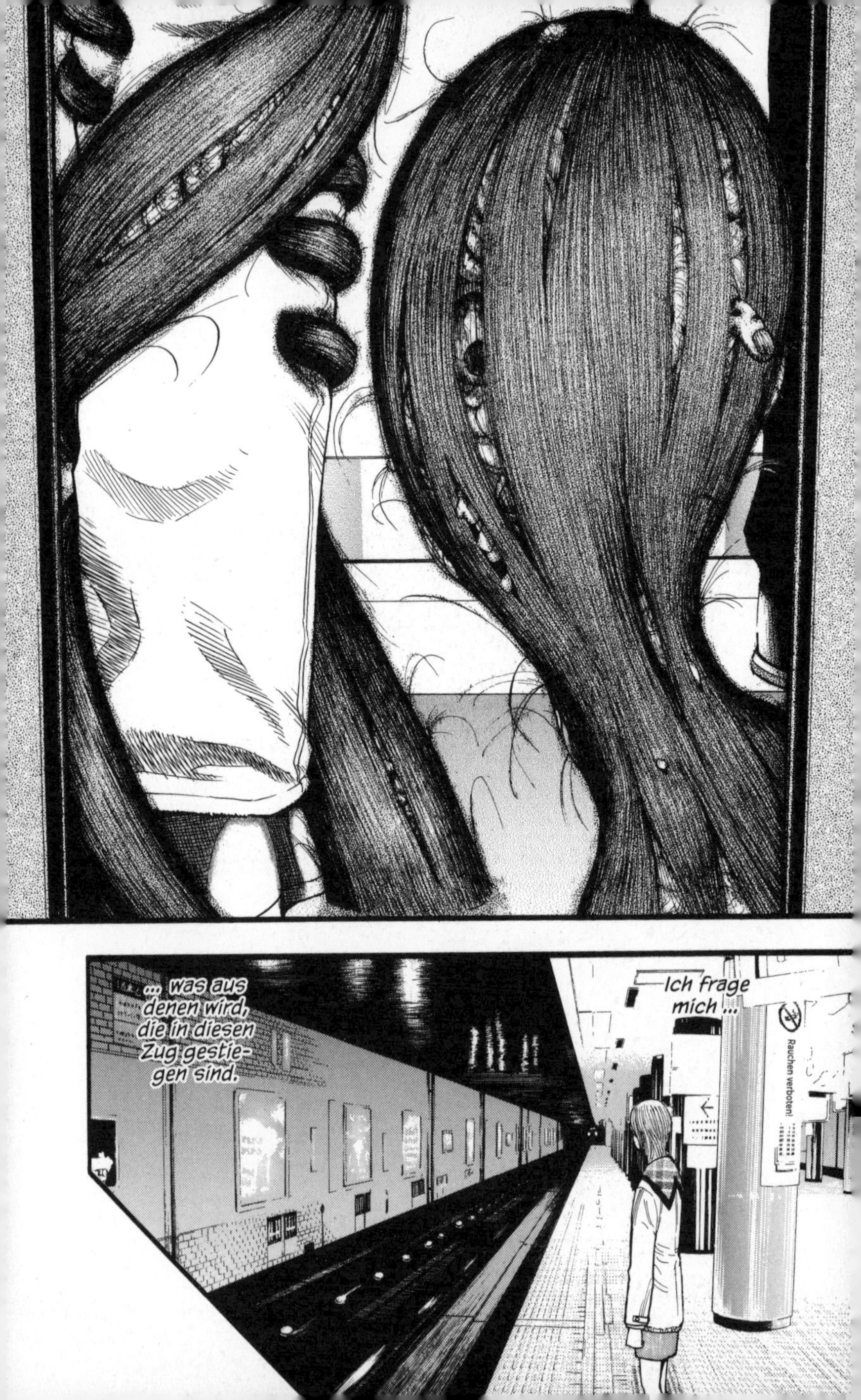
Ich frage mich ...
... was aus denen wird, die in diesen Zug gestiegen sind.
Rauchen verboten!

Zehn Arme und zwölf Finger

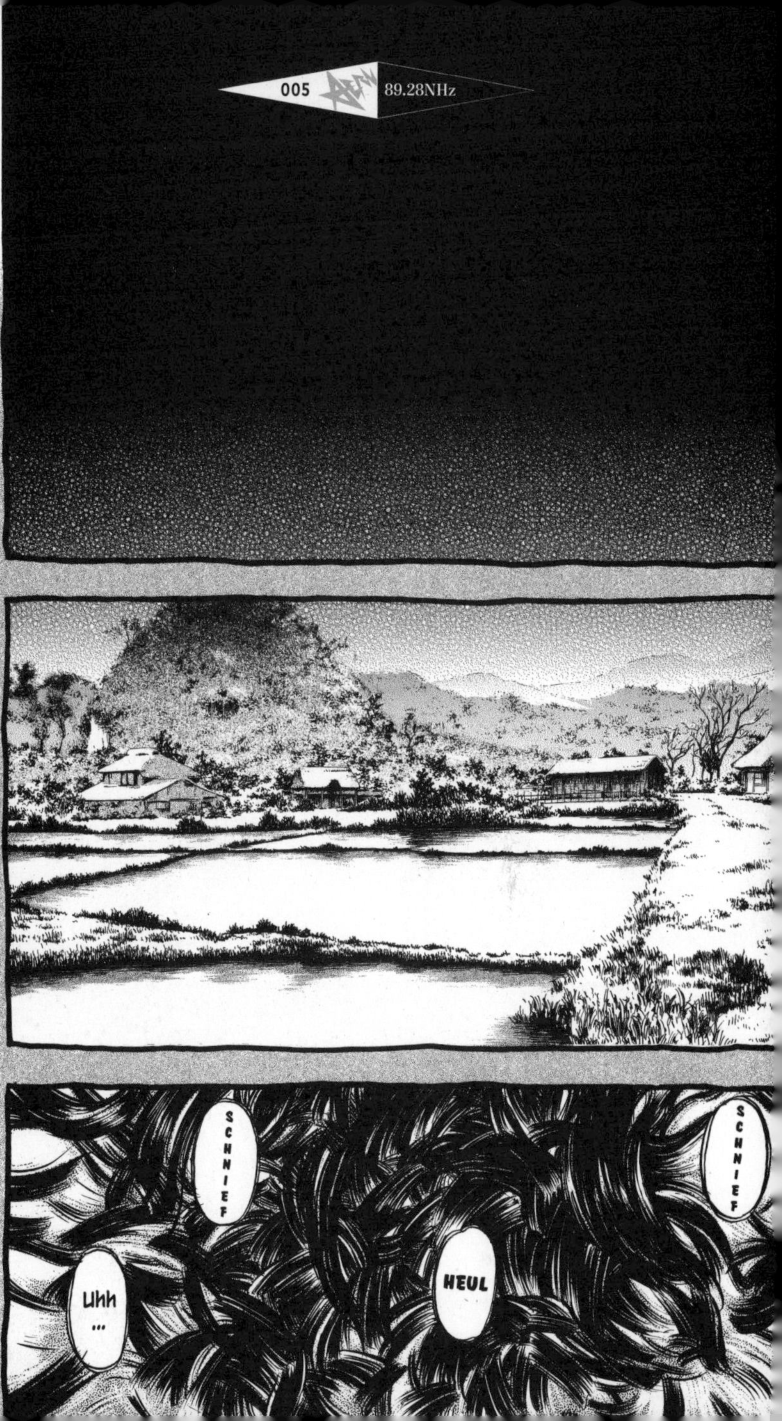
005
89.28NHz
SCHNIEF
HEUL
SCHNIEF
Uhh ...

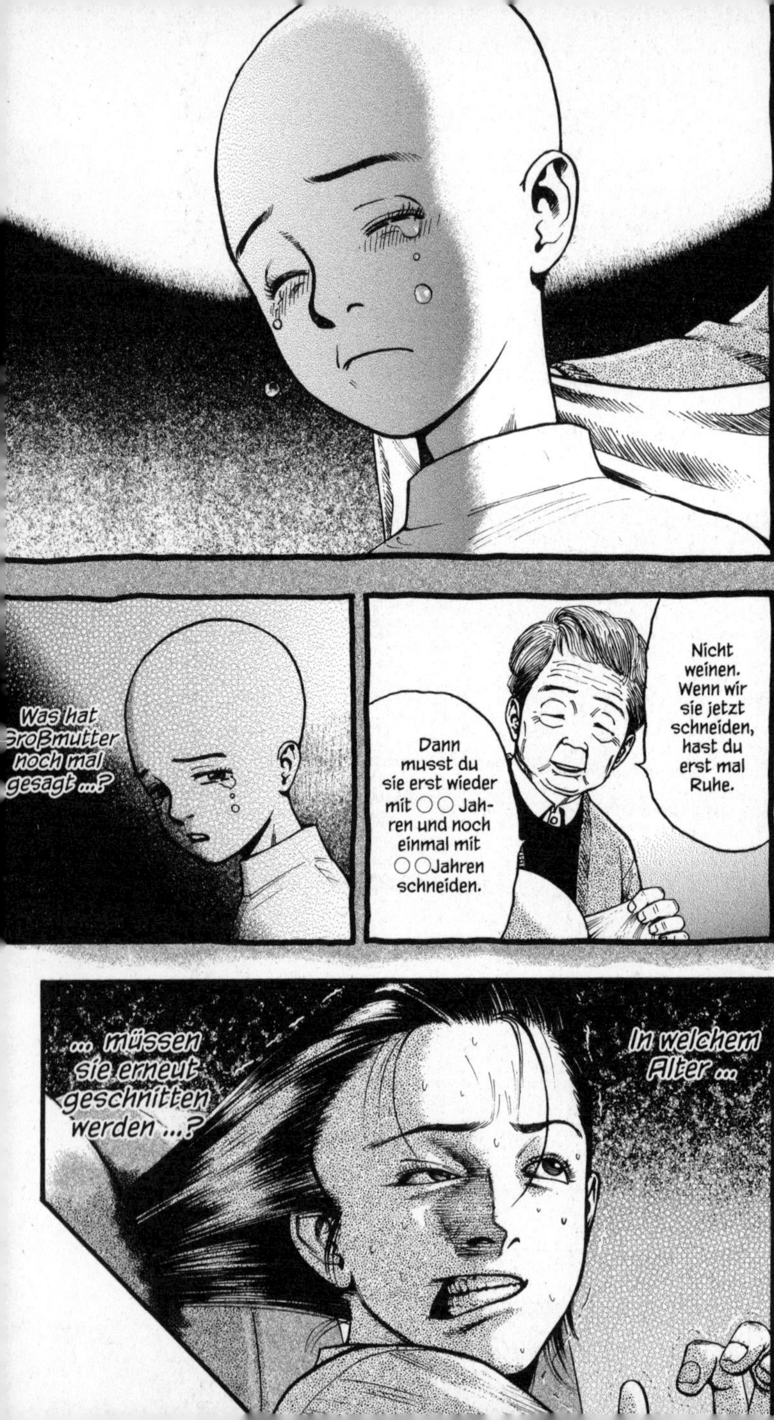

Nicht weinen. Wenn wir sie jetzt schneiden, hast du erst mal Ruhe.
Dann musst du sie erst wieder mit ○○ Jahren und noch einmal mit ○○Jahren schneiden.
Was hat Großmutter noch mal gesagt ...?
In welchem Alter ...
... müssen sie erneut geschnitten werden ...?

Steigt empor aus tiefem Wasser …

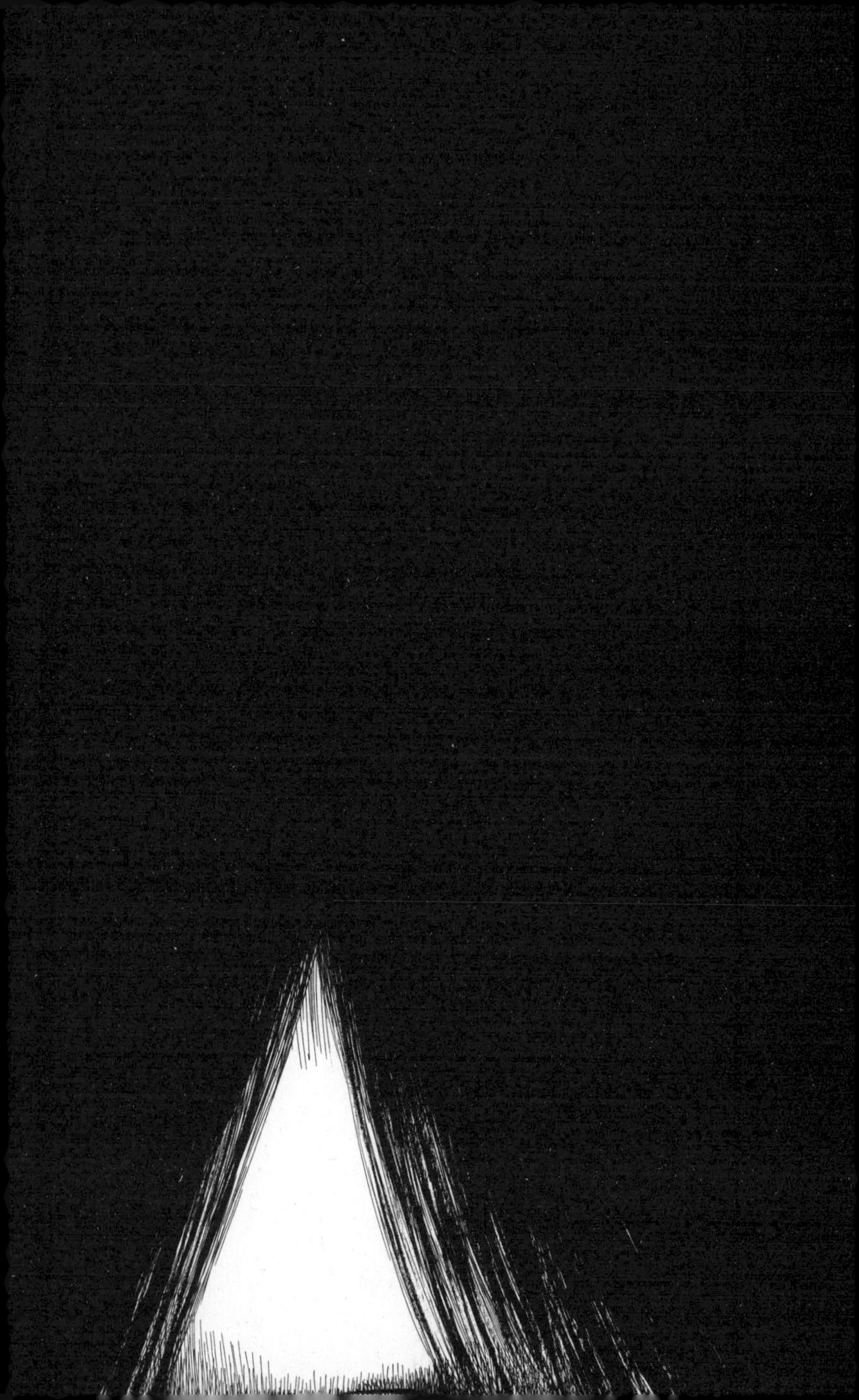

PTSD RADIO
Hihihihihi……Zza
Hihihihihi
Hahahahahaha
Krrk
Gaaa
sterben
Zzaa
Krrk
Arrgh
Dann
Bwww……B

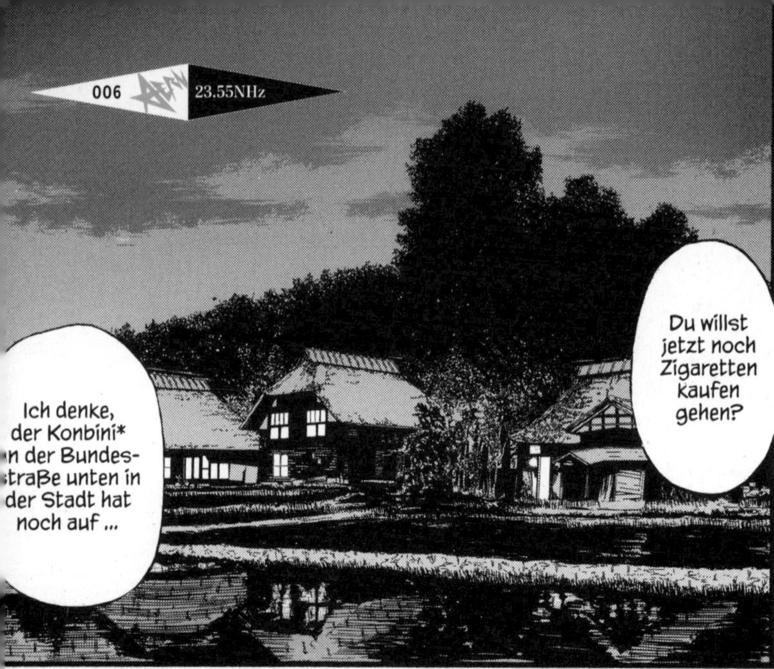

4-Stunden-Supermarkt

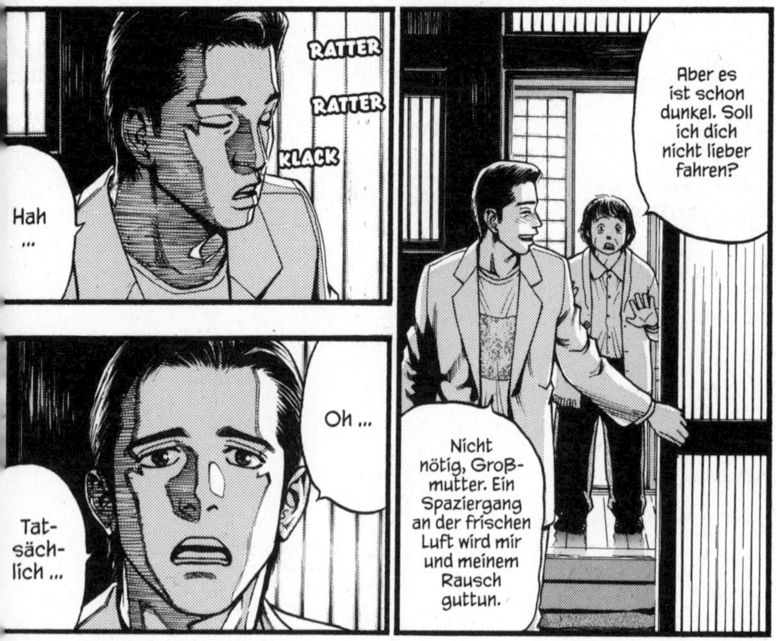

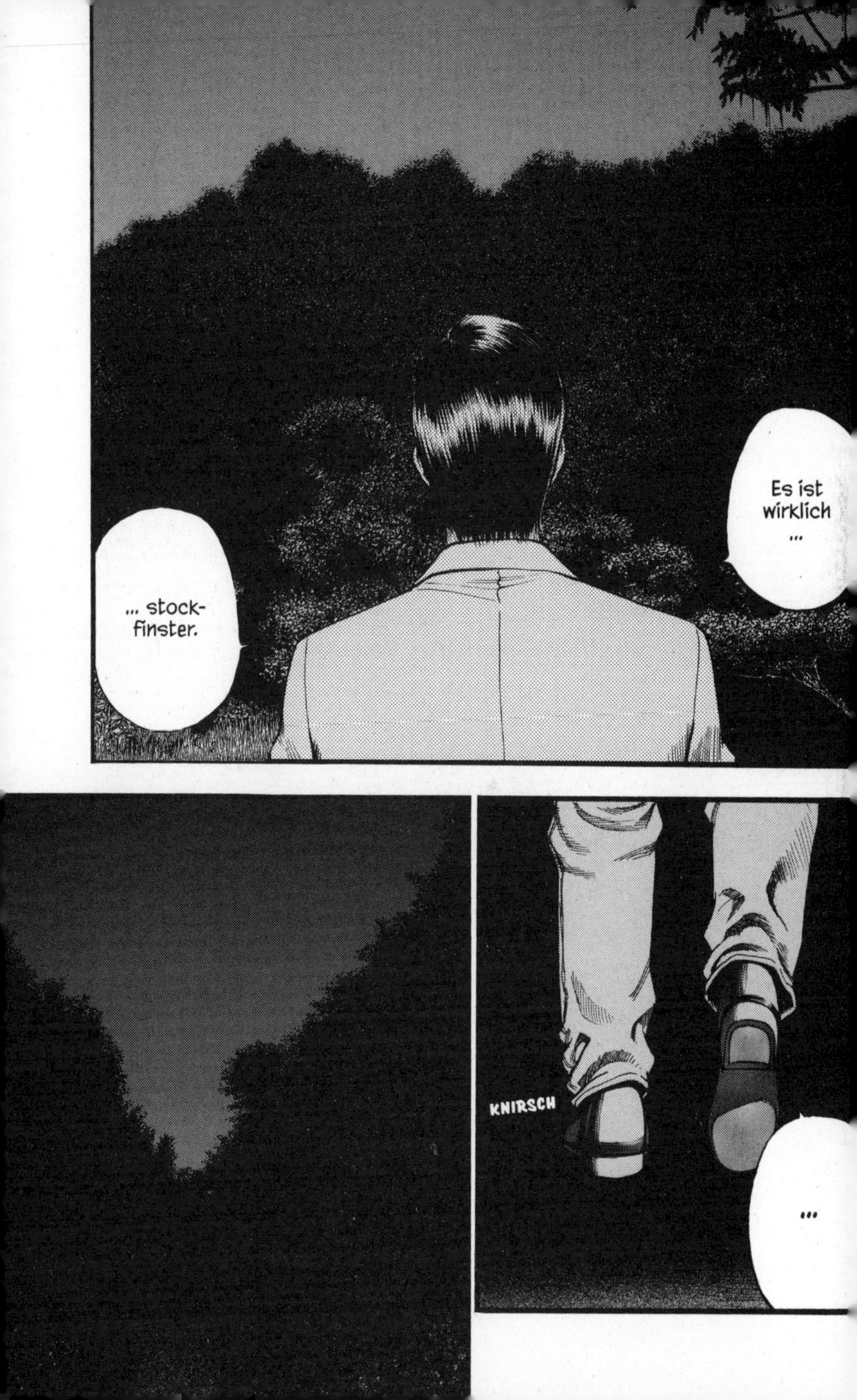
Es ist wirklich ...
... stock-finster.
KNIRSCH
...

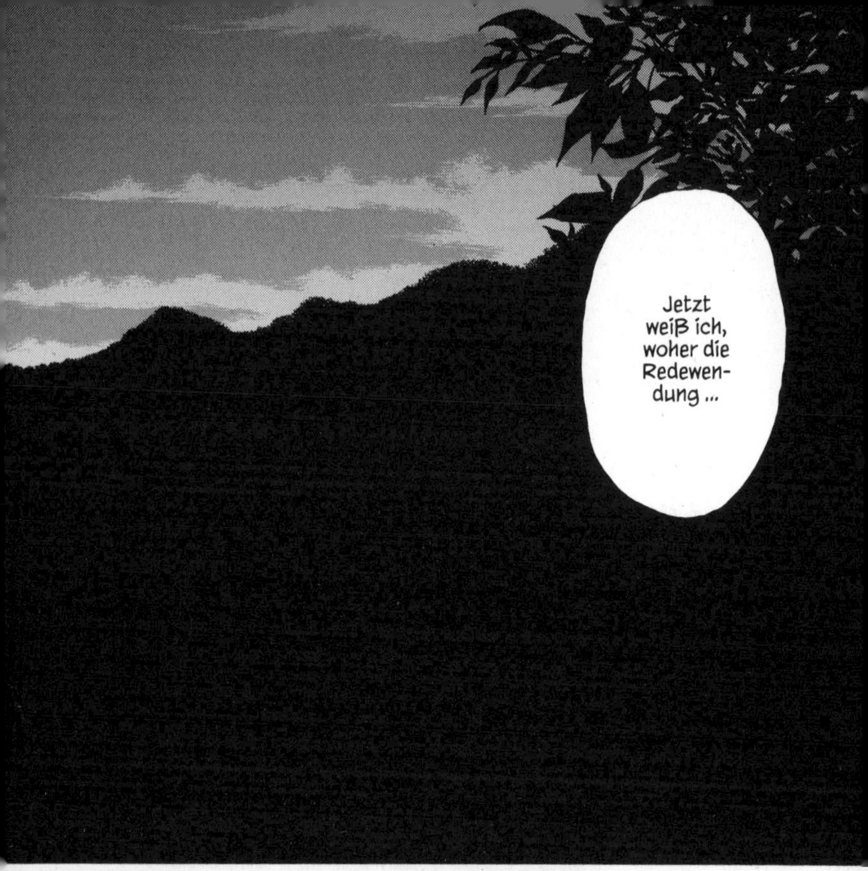
Jetzt weiß ich, woher die Redewendung ...

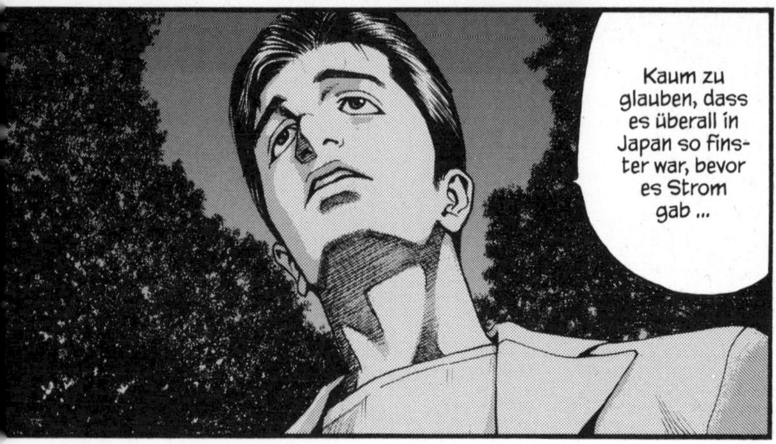
Kaum zu glauben, dass es überall in Japan so finster war, bevor es Strom gab ...

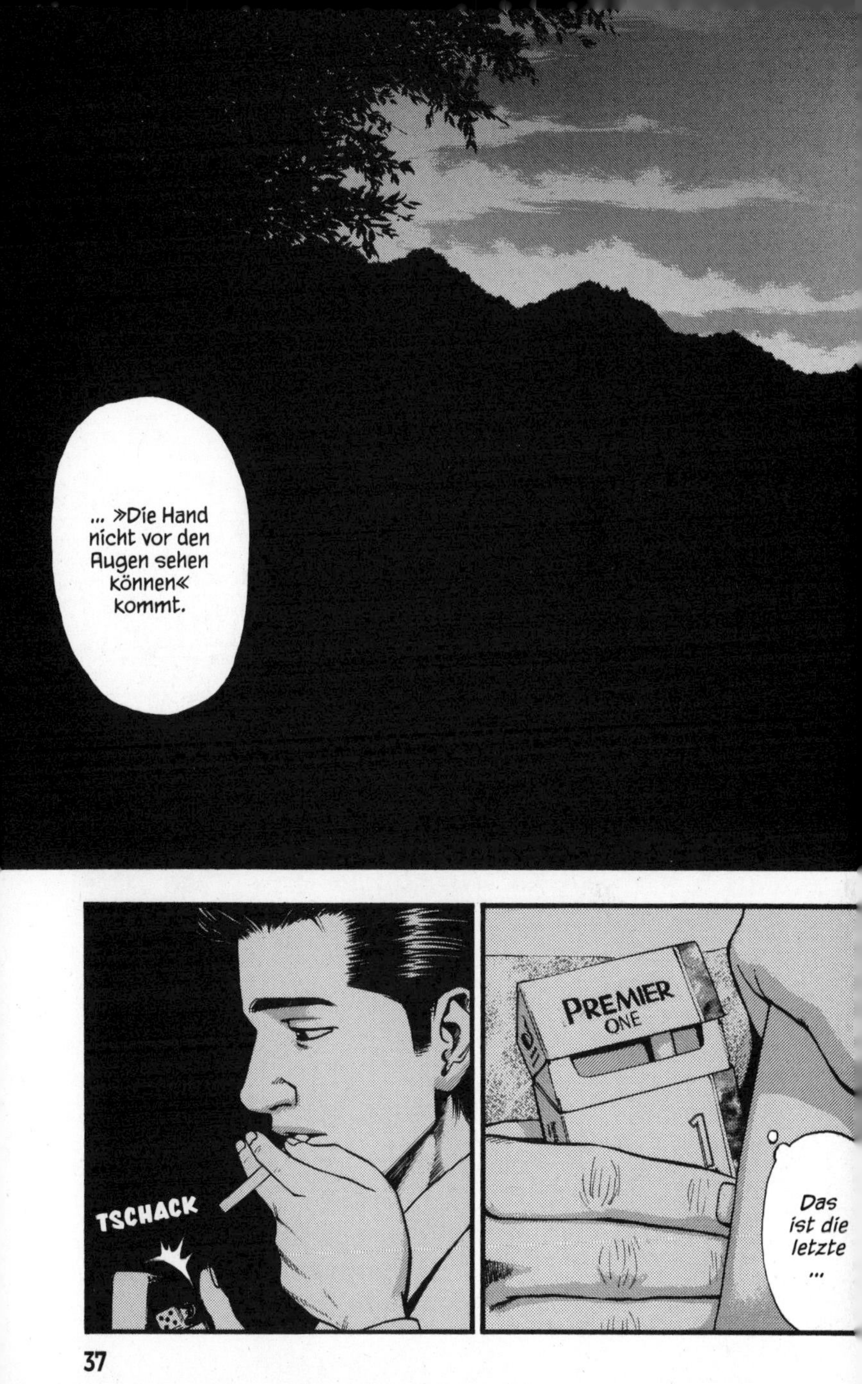
... »Die Hand nicht vor den Augen sehen können« kommt.
Das ist die letzte ...
PREMIER ONE
TSCHACK

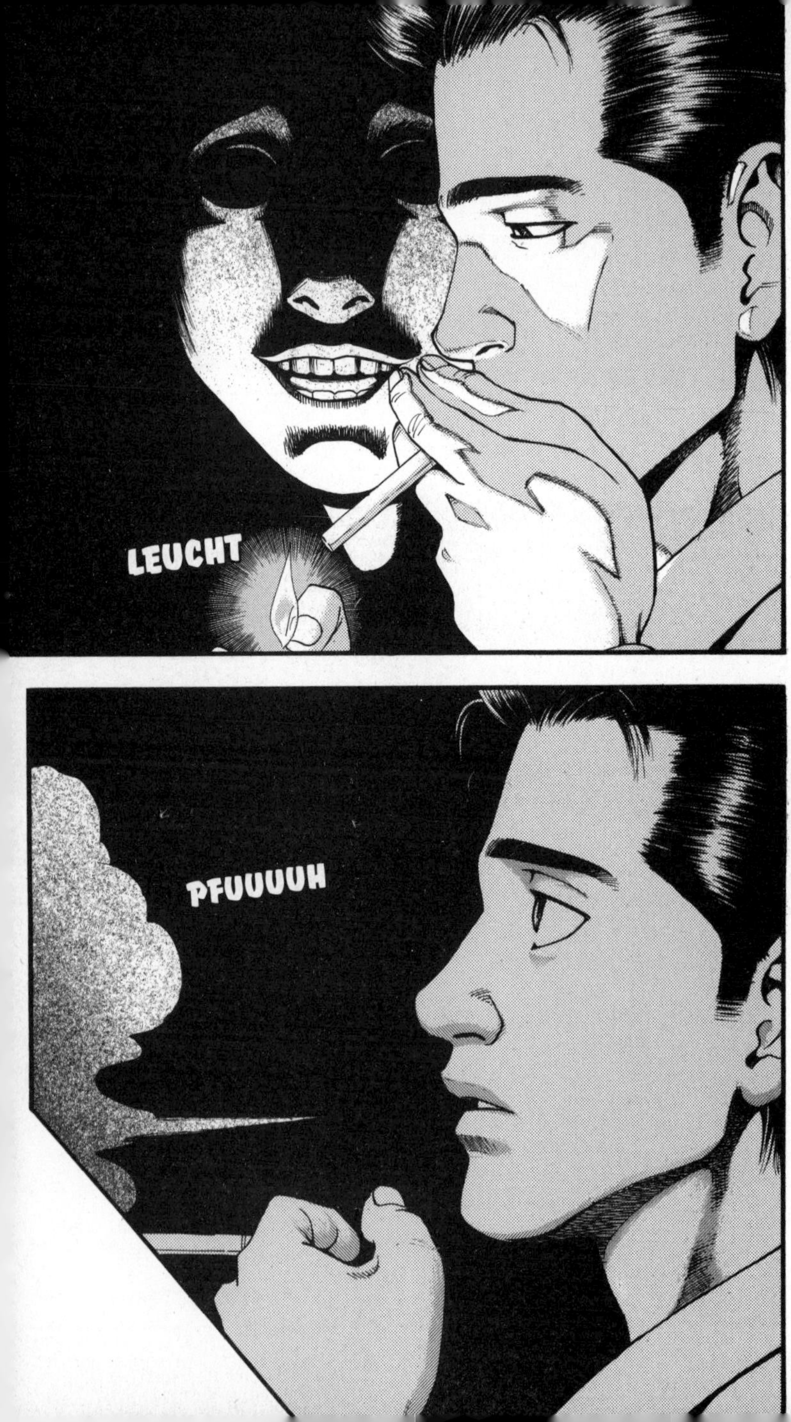
LEUCHT
PFUUUUH

Fest, kalt und schmelzend

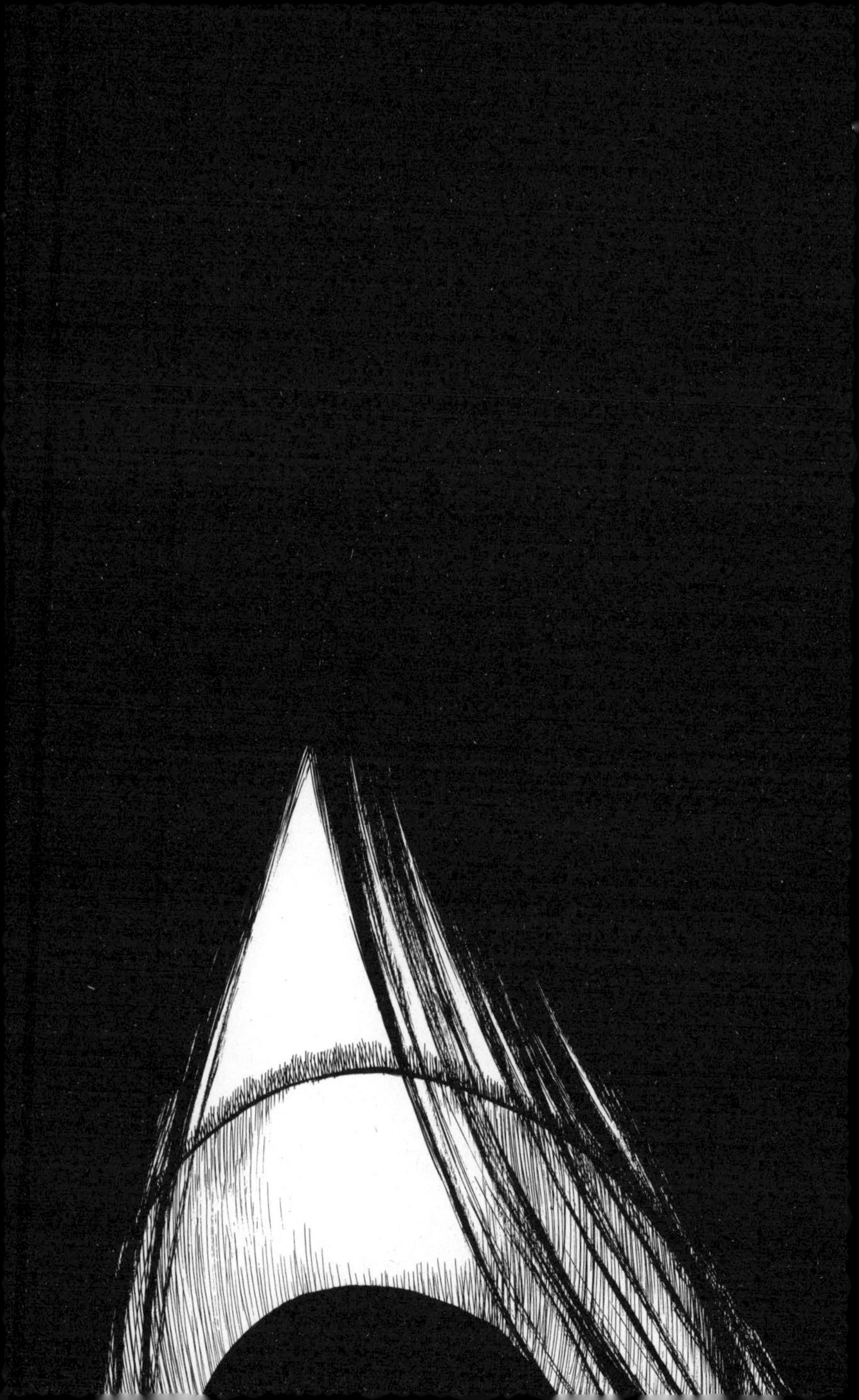

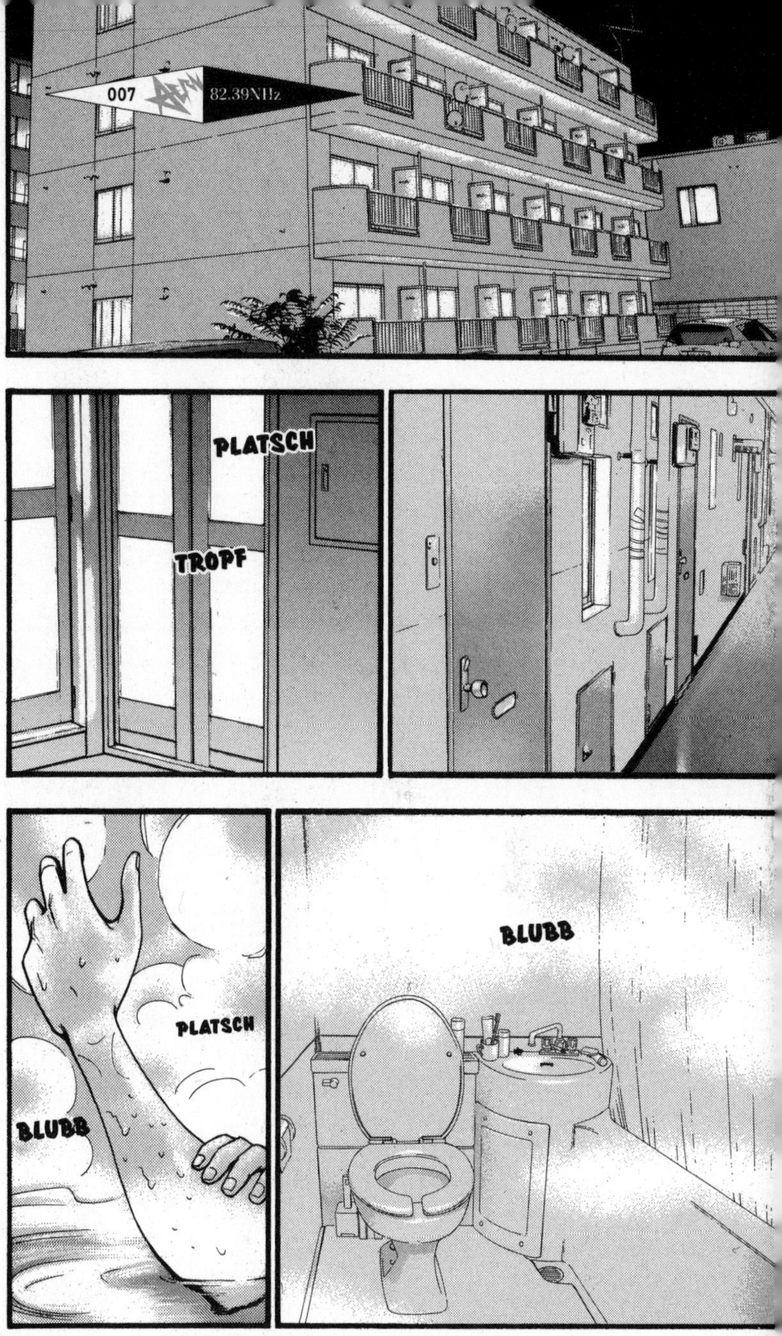
007
82.39NHz
PLATSCH
TROPF
PLATSCH
BLUBB
BLUBB

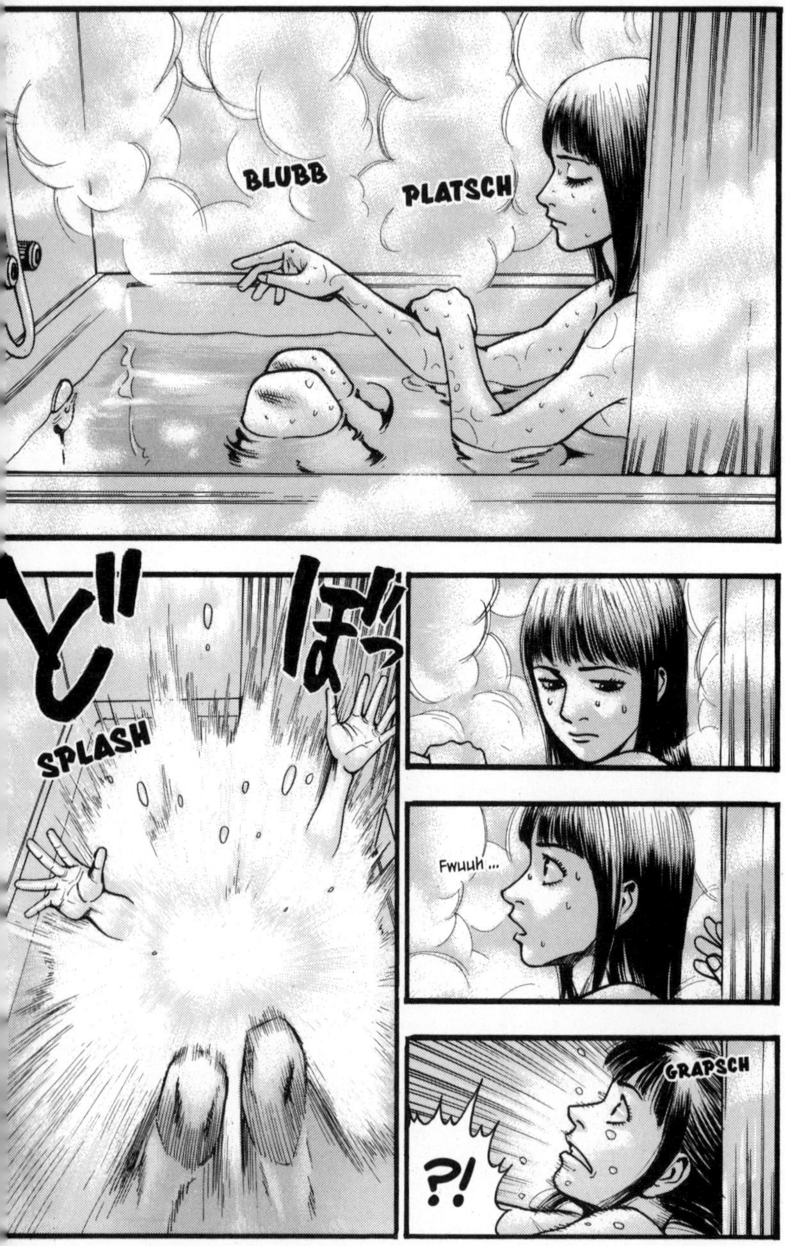
PLATSCH
BLUBB
Fwuuh ...
GRAPSCH
?!
どぼっ
SPLASH

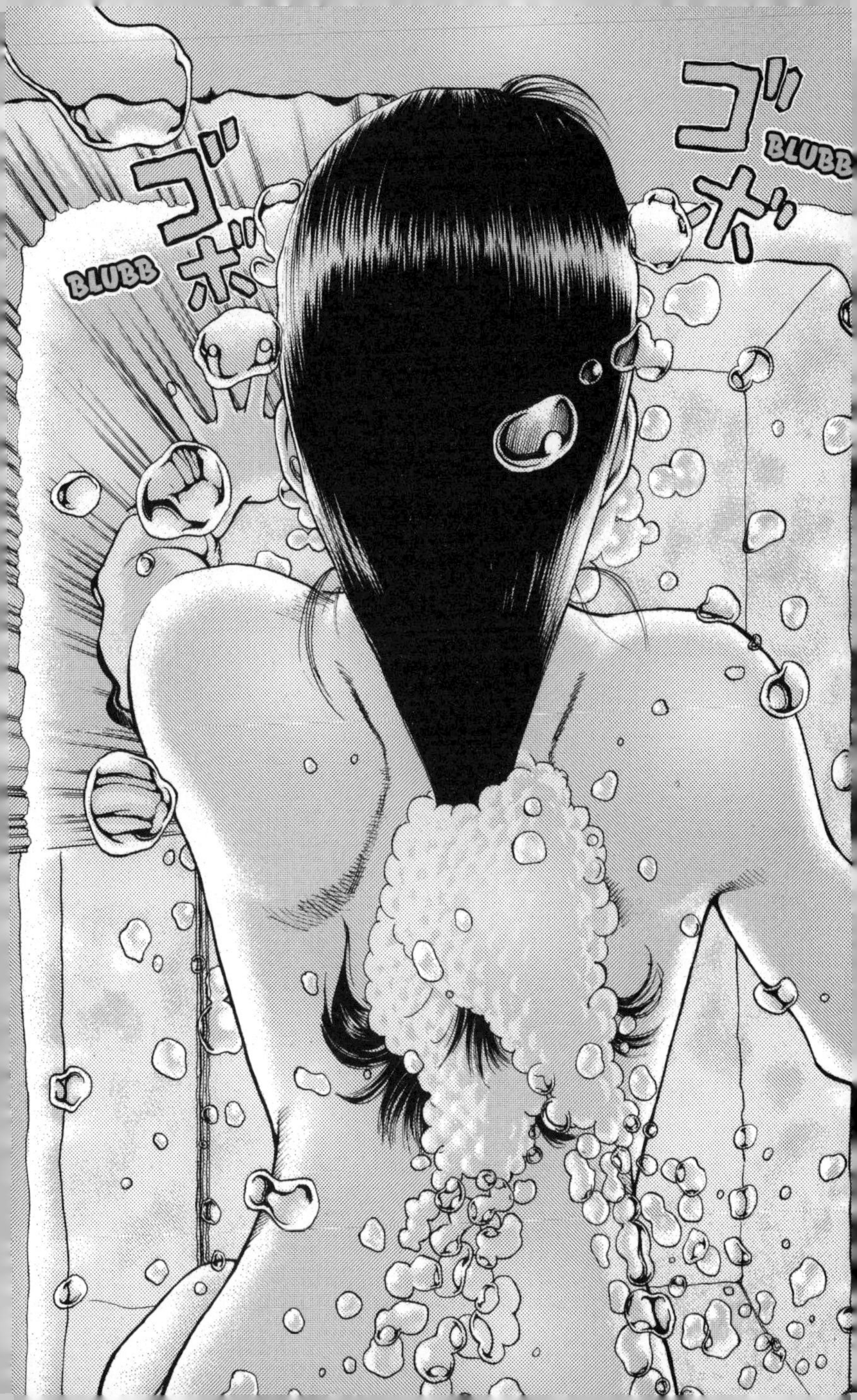
ゴボ
BLUBB
ゴボ
BLUBB

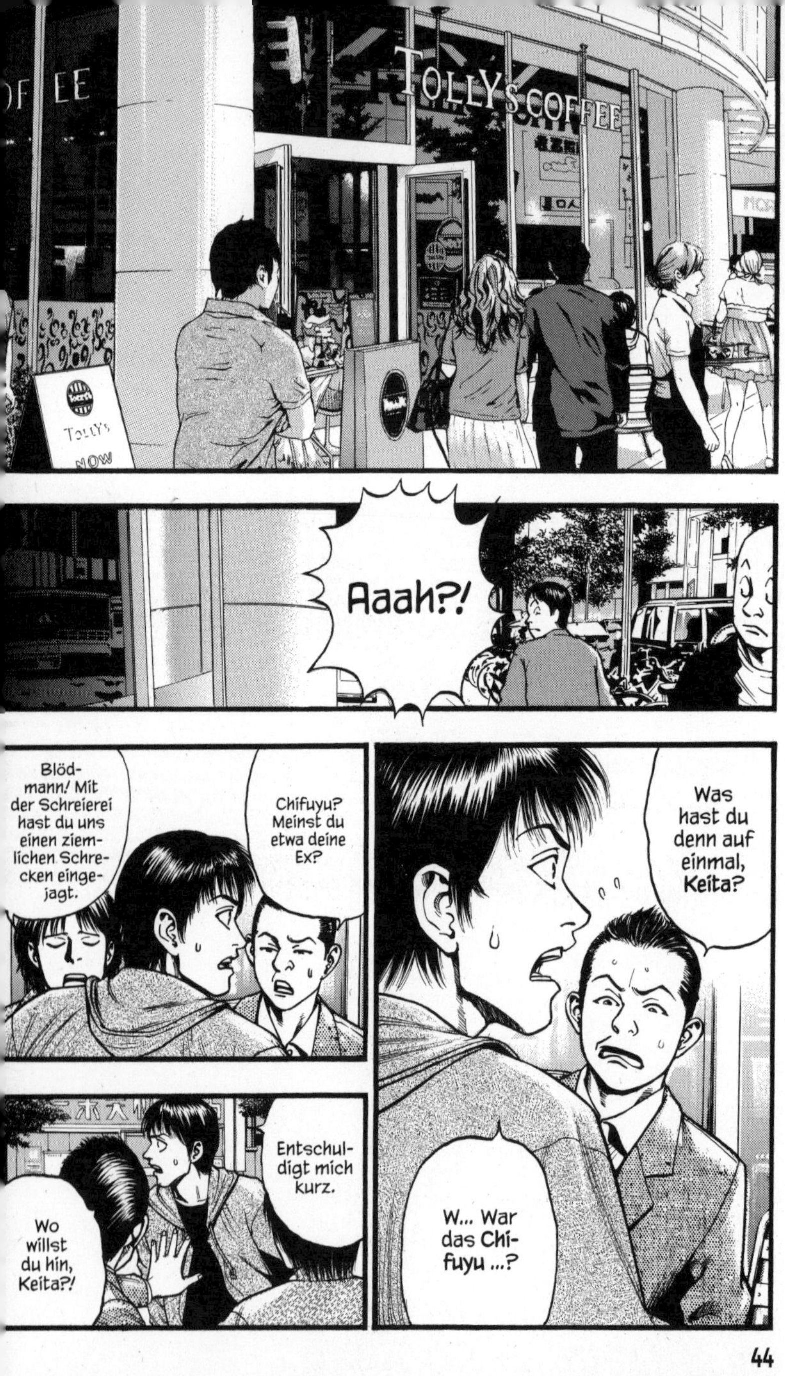
TOLLY'S COFFEE
Aaah?!
Was hast du denn auf einmal, Keita?
W... War das Chi-fuyu ...?
Chifuyu? Meinst du etwa deine Ex?
Blöd-mann! Mit der Schreierei hast du uns einen ziem-lichen Schre-cken einge-jagt.
Entschul-digt mich kurz.
Wo willst du hin, Keita?!

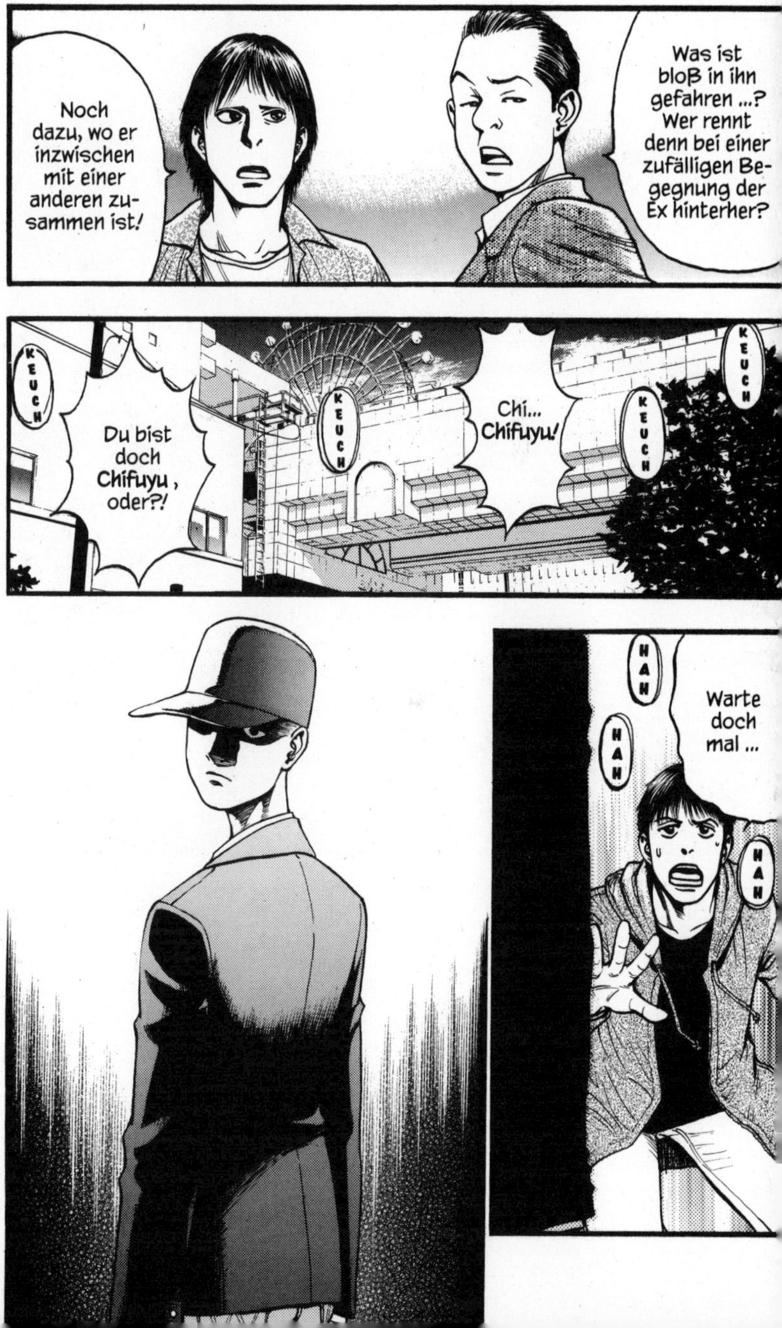

Was ist bloß in ihn gefahren ...? Wer rennt denn bei einer zufälligen Begegnung der Ex hinterher?
Noch dazu, wo er inzwischen mit einer anderen zusammen ist!
KEUCH
KEUCH
Chi... Chifuyu!
KEUCH
Du bist doch Chifuyu, oder?!
KEUCH
HAH
Warte doch mal ...
HAH
HAH

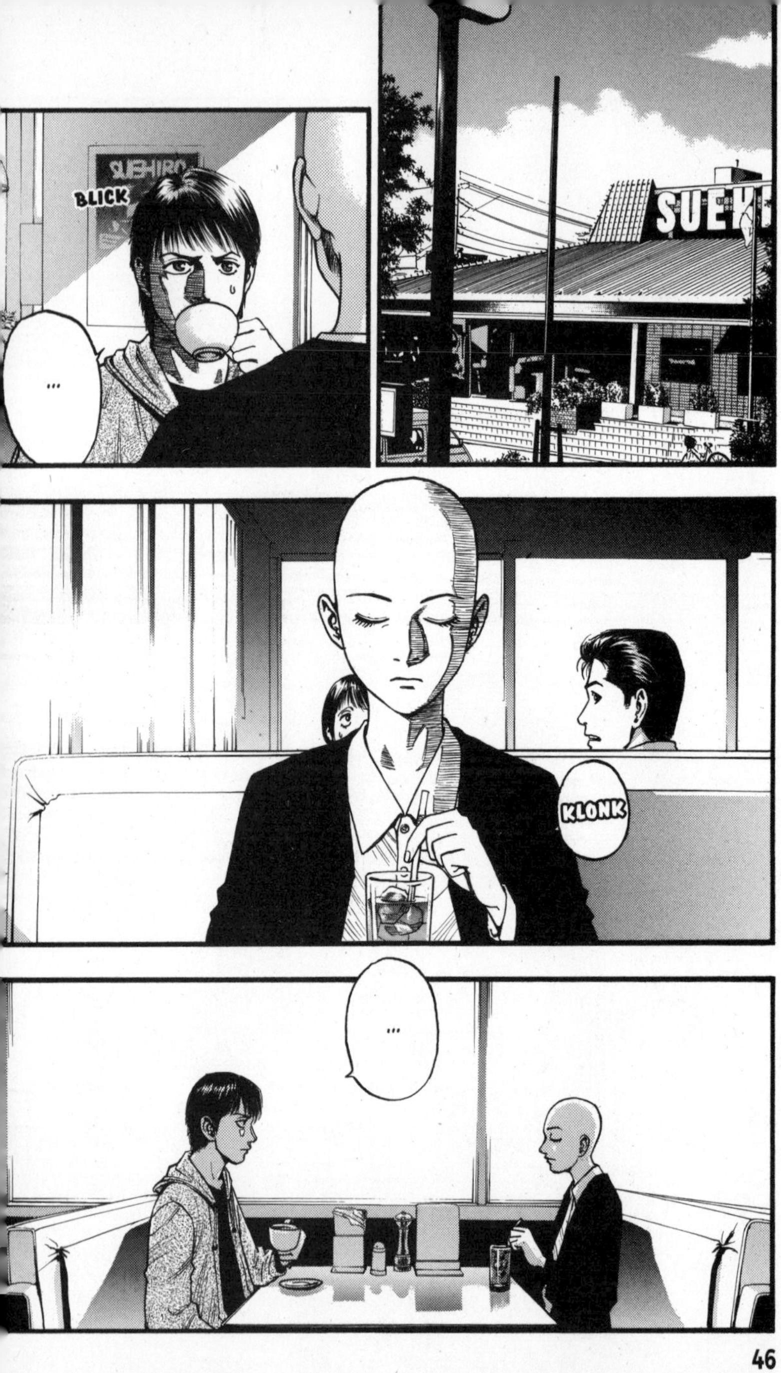
SUEHIRO
BLICK
...
SUEHIRO
KLONK
...

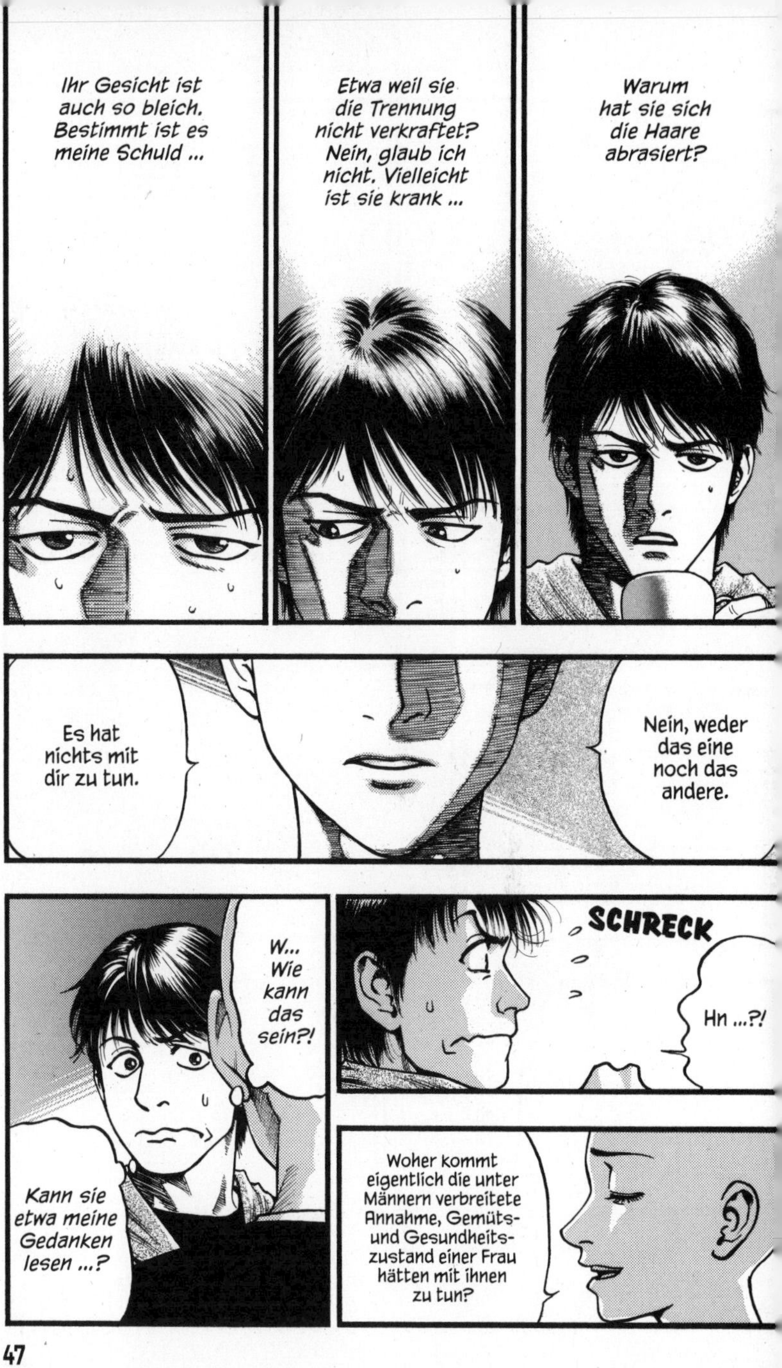

Warum hat sie sich die Haare abrasiert?
Etwa weil sie die Trennung nicht verkraftet? Nein, glaub ich nicht. Vielleicht ist sie krank ...
Ihr Gesicht ist auch so bleich. Bestimmt ist es meine Schuld ...
Nein, weder das eine noch das andere.
Es hat nichts mit dir zu tun.
SCHRECK
Hn ...?!
W... Wie kann das sein?!
Kann sie etwa meine Gedanken lesen ...?
Woher kommt eigentlich die unter Männern verbreitete Annahme, Gemüts- und Gesundheitszustand einer Frau hätten mit ihnen zu tun?

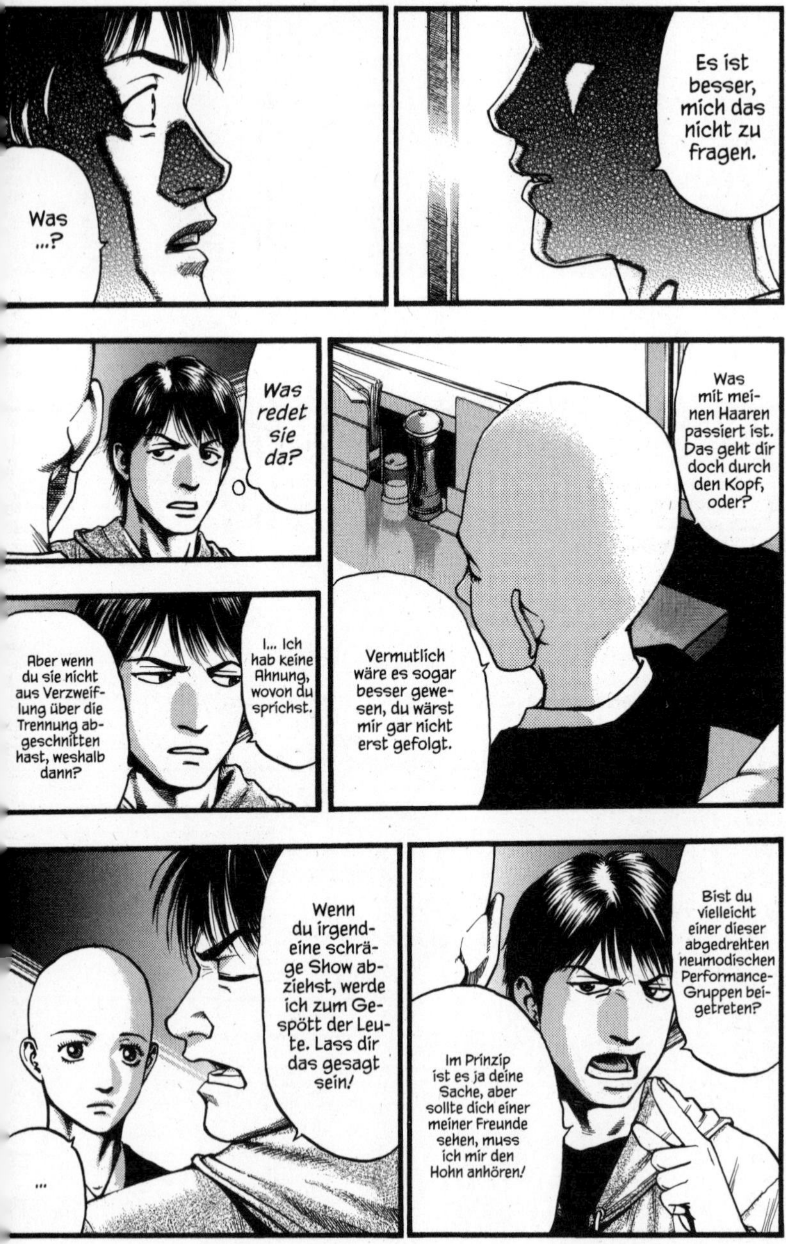
Es ist besser, mich das nicht zu fragen.
Was ...?
Was mit meinen Haaren passiert ist. Das geht dir doch durch den Kopf, oder?
Vermutlich wäre es sogar besser gewesen, du wärst mir gar nicht erst gefolgt.
Was redet sie da?
I... Ich hab keine Ahnung, wovon du sprichst.
Aber wenn du sie nicht aus Verzweiflung über die Trennung abgeschnitten hast, weshalb dann?
Bist du vielleicht einer dieser abgedrehten neumodischen Performance-Gruppen beigetreten?
Im Prinzip ist es ja deine Sache, aber sollte dich einer meiner Freunde sehen, muss ich mir den Hohn anhören!
Wenn du irgendeine schräge Show abziehst, werde ich zum Gespött der Leute. Lass dir das gesagt sein!
...

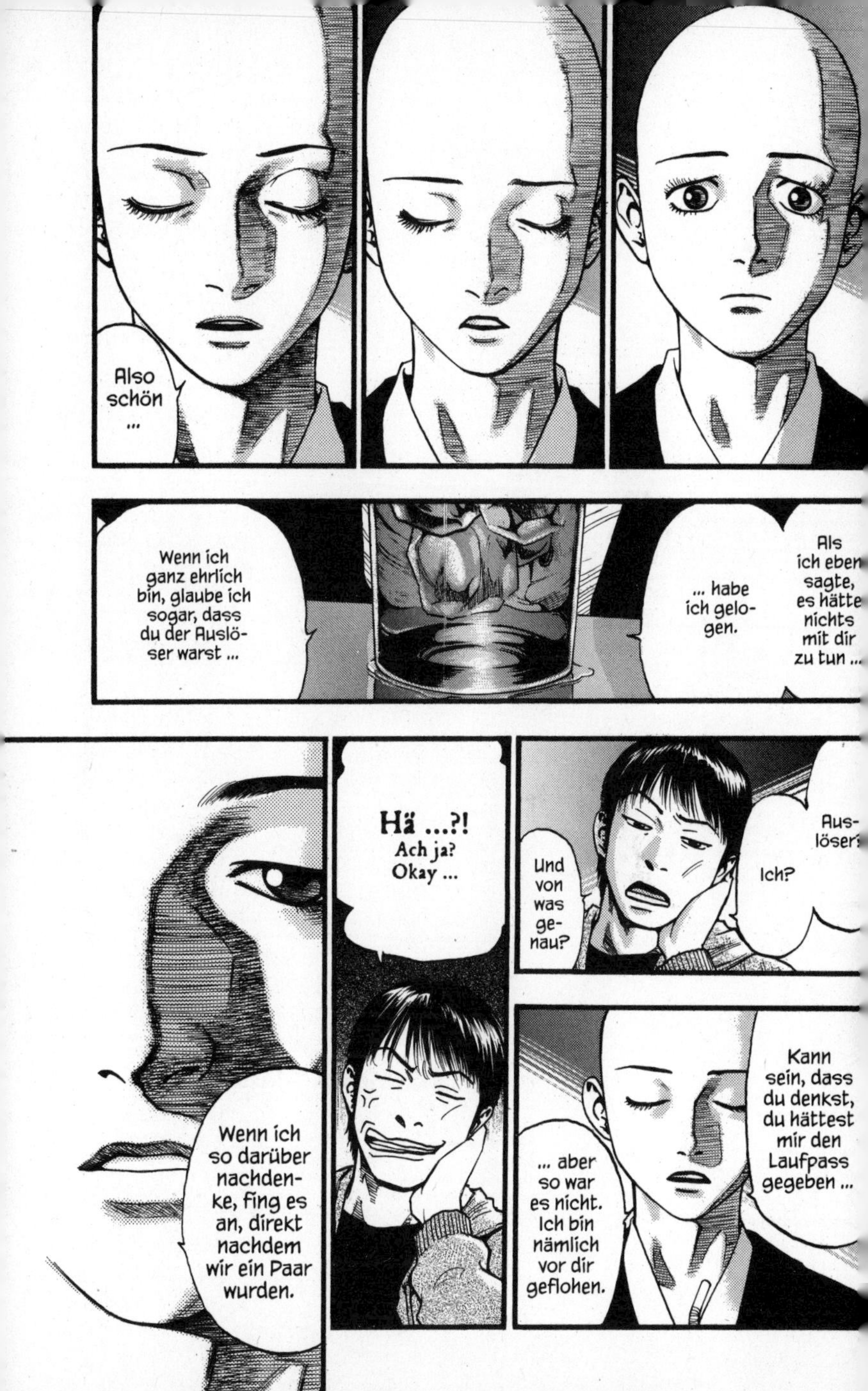
Also schön ...
Als ich eben sagte, es hätte nichts mit dir zu tun ...
... habe ich gelogen.
Wenn ich ganz ehrlich bin, glaube ich sogar, dass du der Auslöser warst ...
Auslöser?
Ich?
Und von was genau?
Kann sein, dass du denkst, du hättest mir den Laufpass gegeben ...
... aber so war es nicht. Ich bin nämlich vor dir geflohen.
Hä ...?! Ach ja? Okay ...
Wenn ich so darüber nachdenke, fing es an, direkt nachdem wir ein Paar wurden.

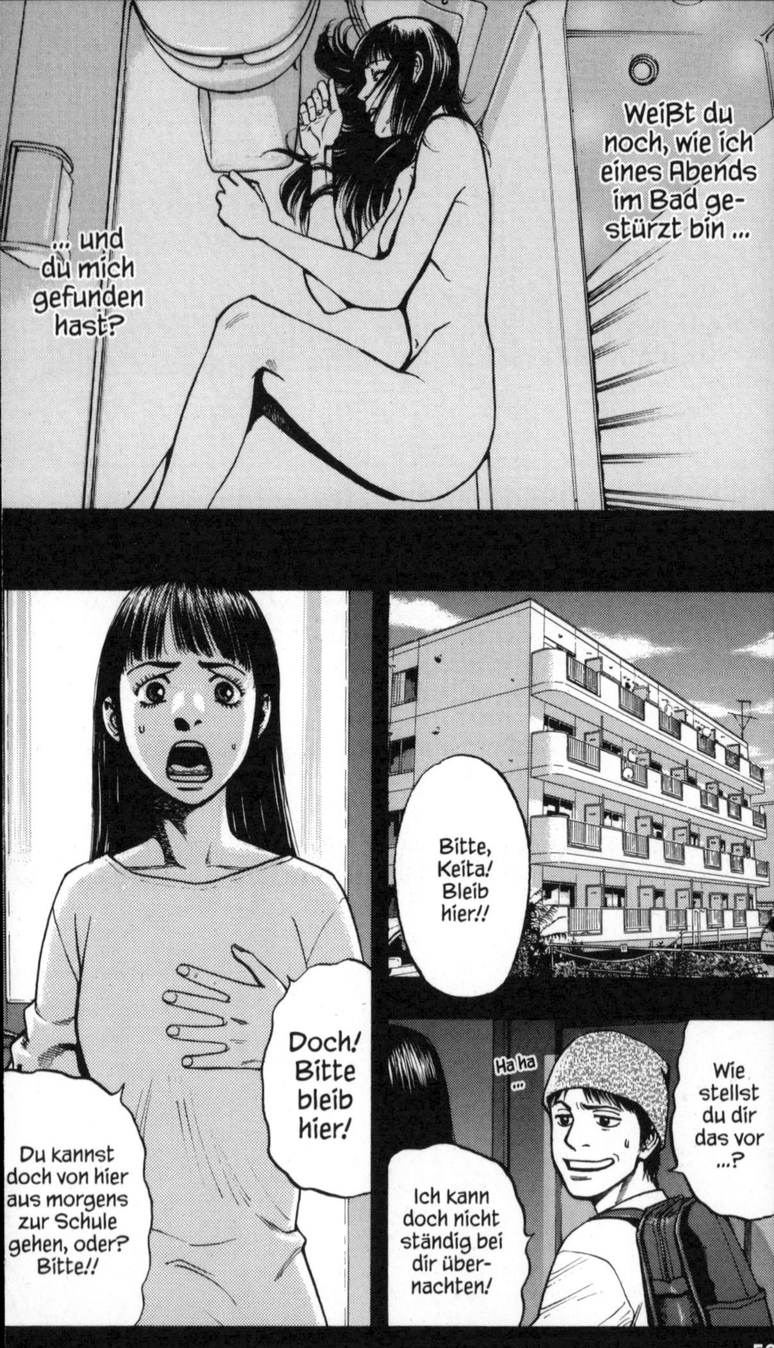
Weißt du noch, wie ich eines Abends im Bad gestürzt bin ...
... und du mich gefunden hast?
Bitte, Keita! Bleib hier!!
Wie stellst du dir das vor ...?
Ha ha ...
Ich kann doch nicht ständig bei dir übernachten!
Doch! Bitte bleib hier!
Du kannst doch von hier aus morgens zur Schule gehen, oder? Bitte!!

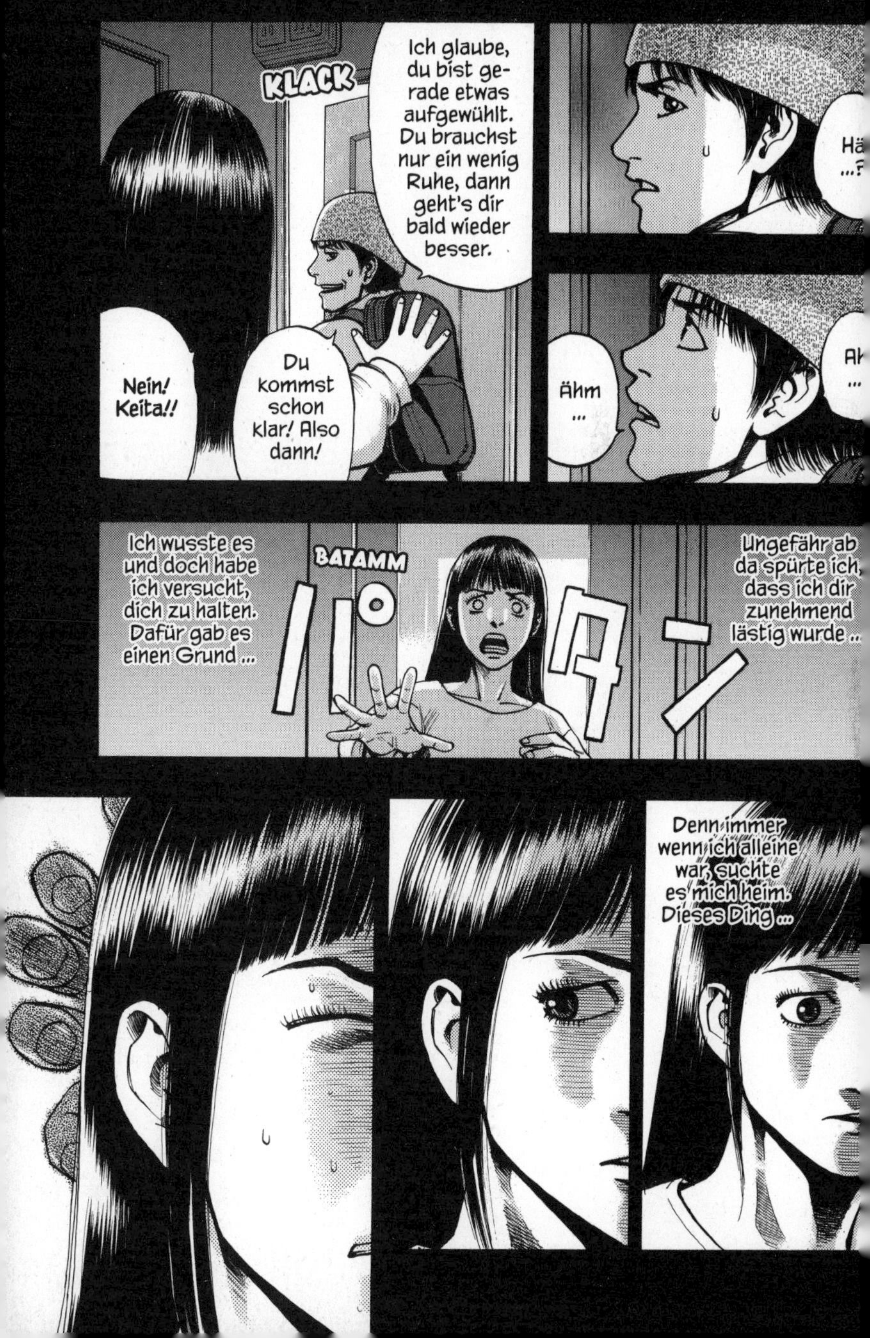
Hä …?
Ich glaube, du bist gerade etwas aufgewühlt. Du brauchst nur ein wenig Ruhe, dann geht's dir bald wieder besser.
KLACK
Ah …
Ähm …
Du kommst schon klar! Also dann!
Nein! Keita!!
Ungefähr ab da spürte ich, dass ich dir zunehmend lästig wurde …
BATAMM
Ich wusste es und doch habe ich versucht, dich zu halten. Dafür gab es einen Grund …
Denn immer wenn ich alleine war, suchte es mich heim. Dieses Ding …

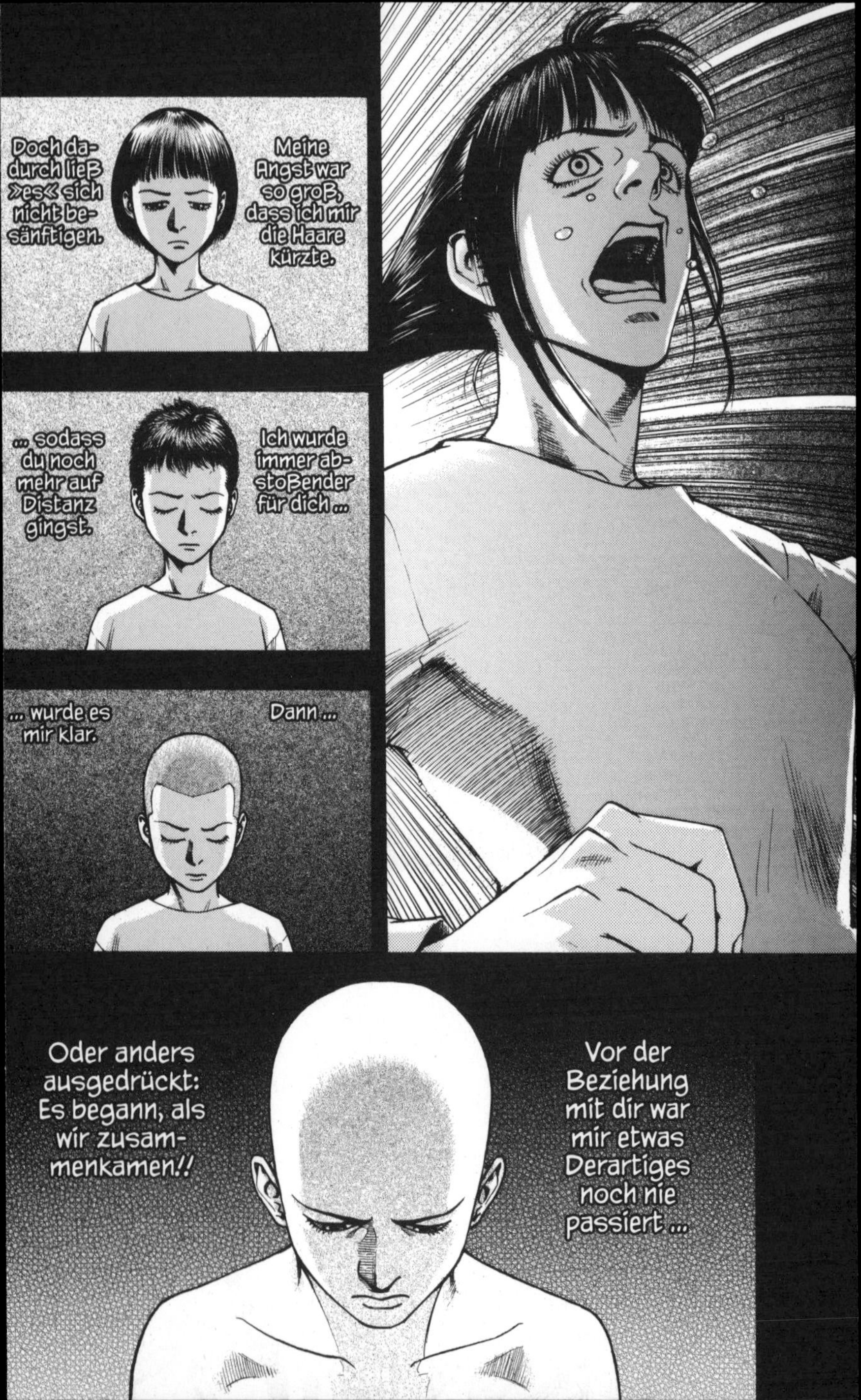
Meine Angst war so groß, dass ich mir die Haare kürzte.
Doch dadurch ließ »es« sich nicht besänftigen.
Ich wurde immer abstoßender für dich ...
... sodass du noch mehr auf Distanz gingst.
Dann ...
... wurde es mir klar.
Vor der Beziehung mit dir war mir etwas Derartiges noch nie passiert ...
Oder anders ausgedrückt: Es begann, als wir zusammenkamen!!

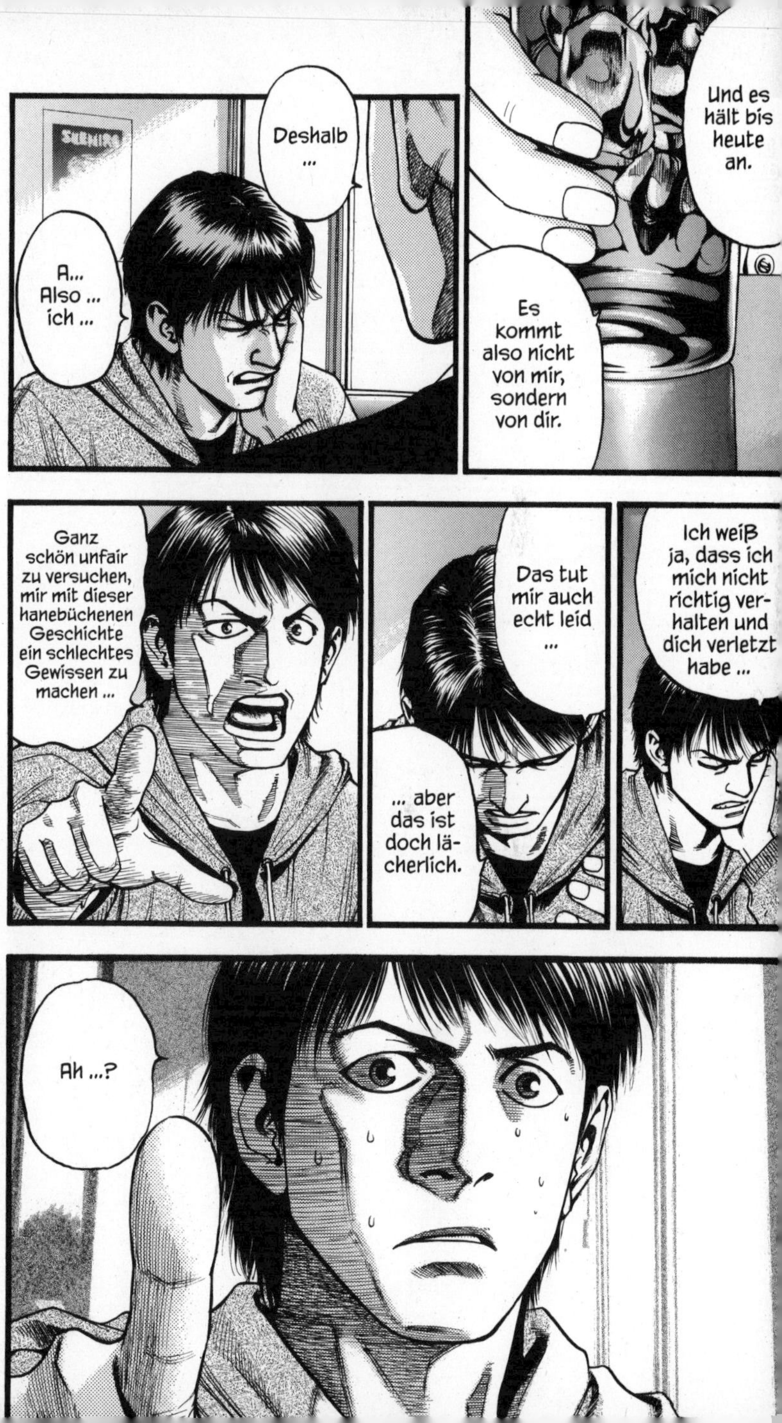
Und es hält bis heute an.
Es kommt also nicht von mir, sondern von dir.
Deshalb ...
A... Also ... ich ...
Ich weiß ja, dass ich mich nicht richtig verhalten und dich verletzt habe ...
Das tut mir auch echt leid ...
... aber das ist doch lächerlich.
Ganz schön unfair zu versuchen, mir mit dieser hanebüchenen Geschichte ein schlechtes Gewissen zu machen ...
Ah ...?

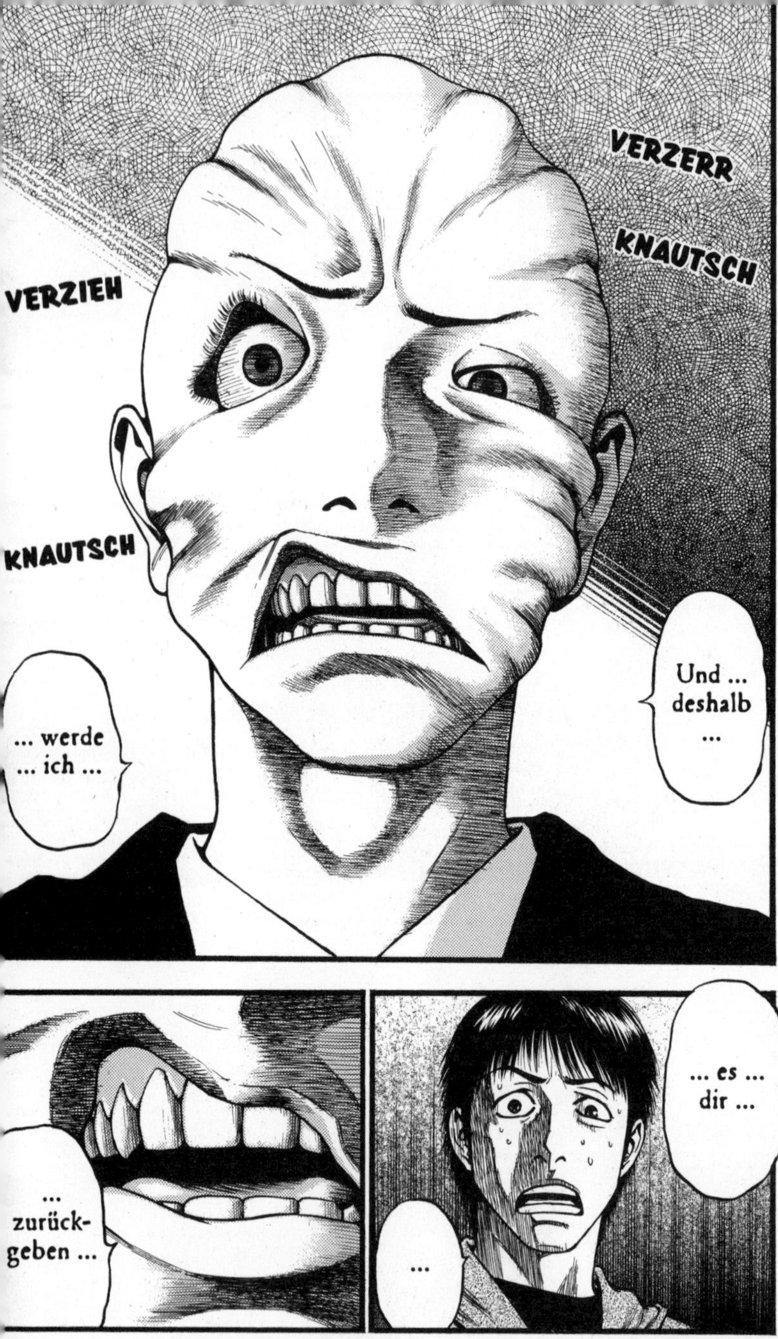
VERZERR
KNAUTSCH
VERZIEH
KNAUTSCH
Und ... deshalb ...
... werde ... ich ...
... es ... dir ...
...
... zurück-geben ...

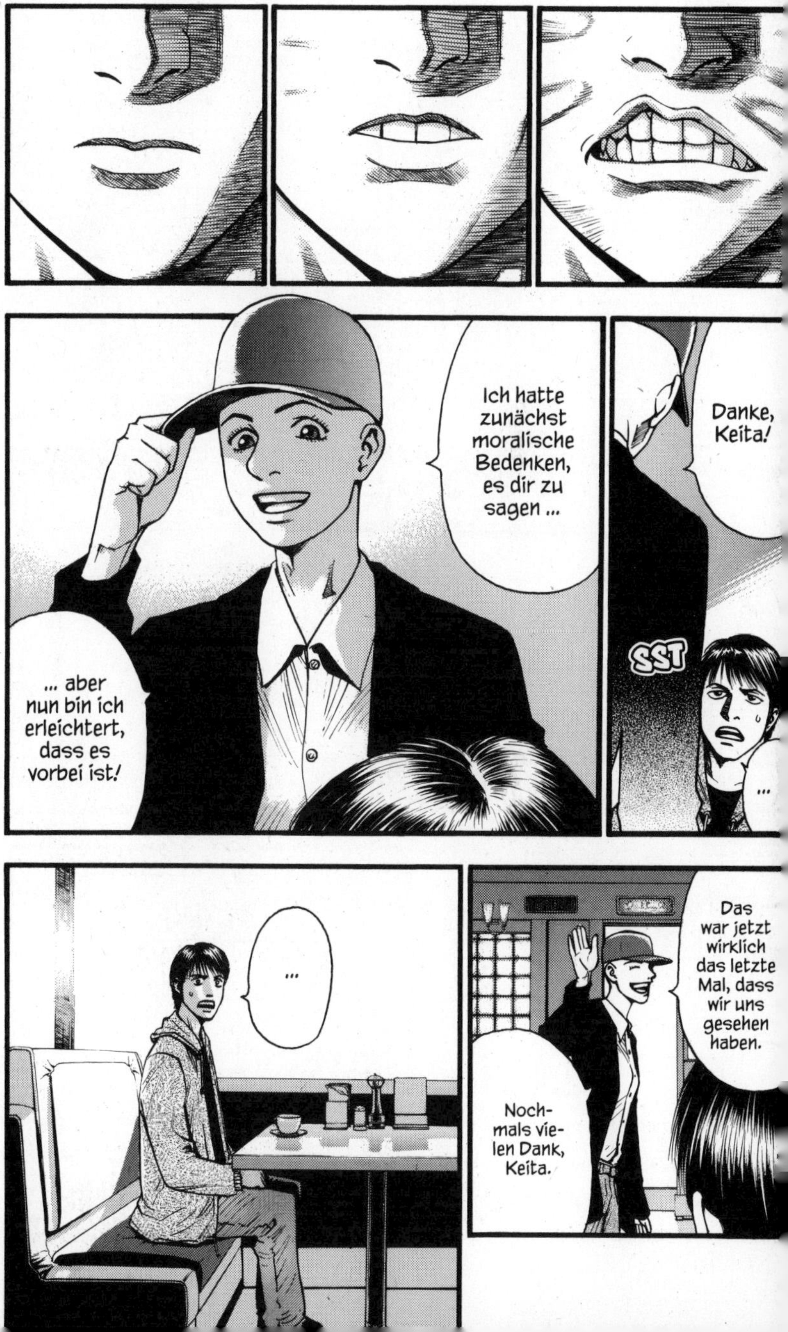
Ich hatte zunächst moralische Bedenken, es dir zu sagen ...
... aber nun bin ich erleichtert, dass es vorbei ist!
Danke, Keita!
SST
...
Das war jetzt wirklich das letzte Mal, dass wir uns gesehen haben.
Noch-mals vie-len Dank, Keita.
...

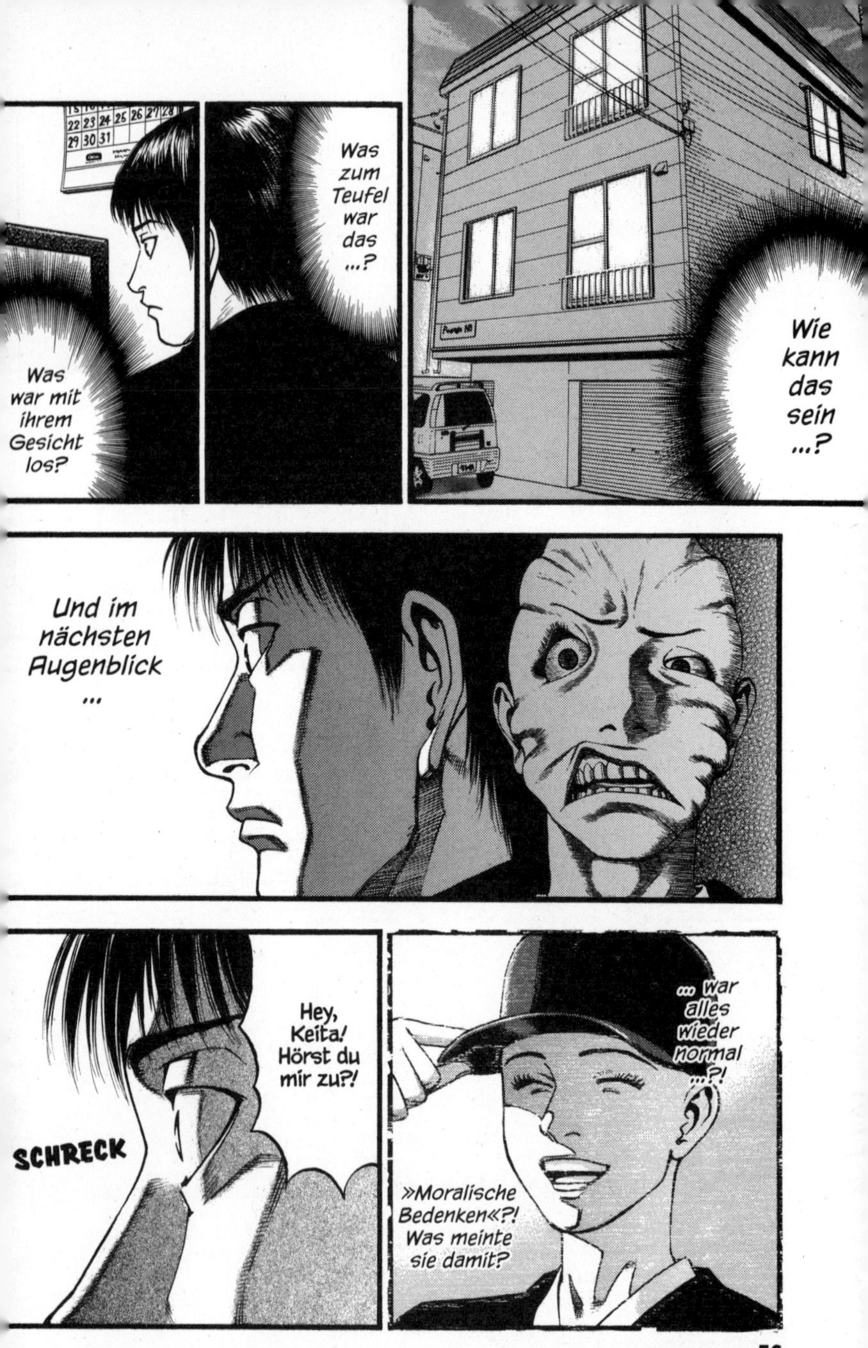
Wie kann das sein …?
Was zum Teufel war das …?
Was war mit ihrem Gesicht los?
Und im nächsten Augenblick …
… war alles wieder normal …?!
Hey, Keita! Hörst du mir zu?!
SCHRECK
»Moralische Bedenken«?! Was meinte sie damit?

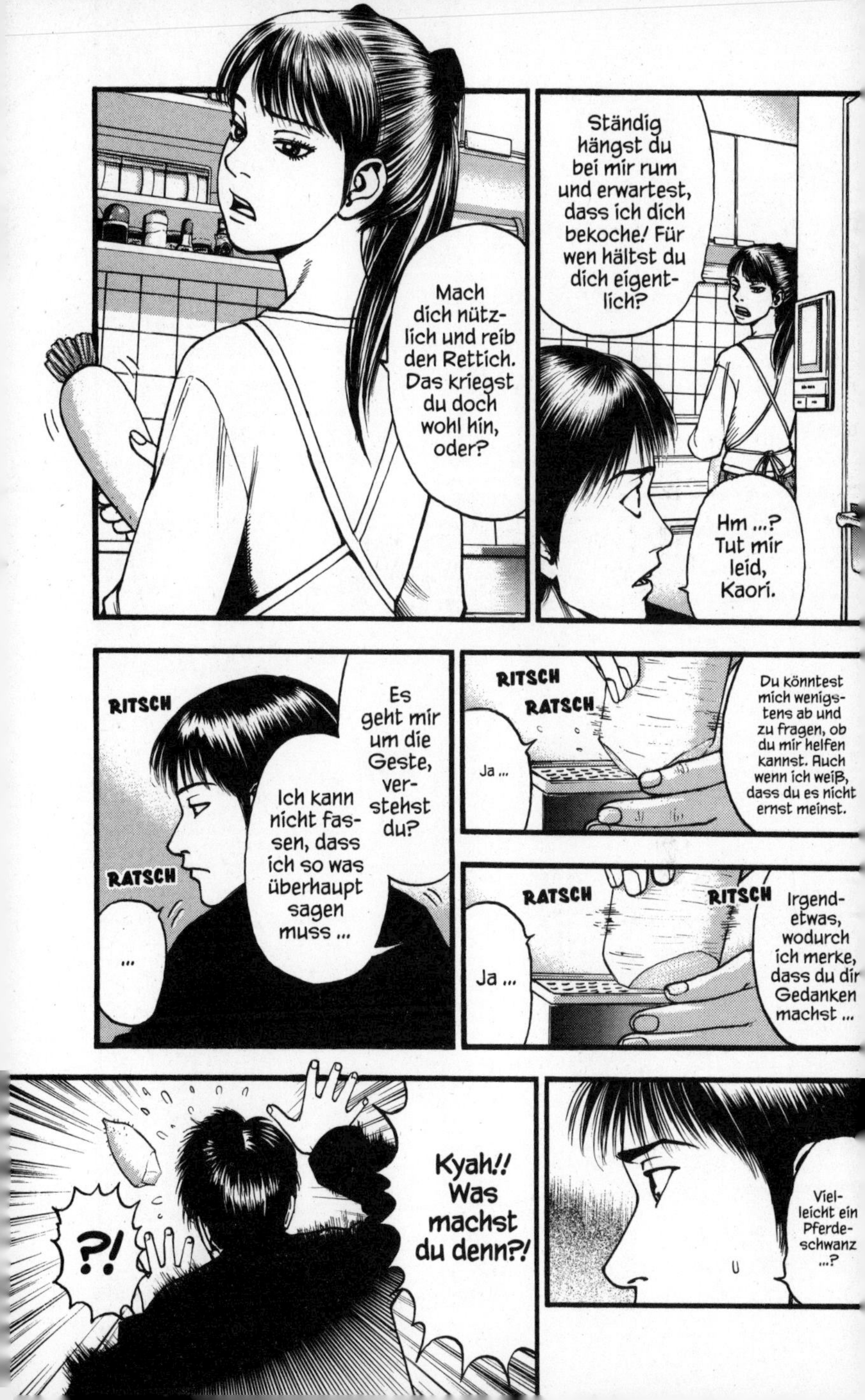
Ständig hängst du bei mir rum und erwartest, dass ich dich bekoche! Für wen hältst du dich eigentlich?
Hm ...? Tut mir leid, Kaori.
Mach dich nützlich und reib den Rettich. Das kriegst du doch wohl hin, oder?
Du könntest mich wenigstens ab und zu fragen, ob du mir helfen kannst. Auch wenn ich weiß, dass du es nicht ernst meinst.
RITSCH
RATSCH
Ja ...
Irgendetwas, wodurch ich merke, dass du dir Gedanken machst ...
RITSCH
RATSCH
Ja ...
Es geht mir um die Geste, verstehst du?
Ich kann nicht fassen, dass ich so was überhaupt sagen muss ...
RITSCH
RATSCH
...
Vielleicht ein Pferdeschwanz ...?
Kyah!! Was machst du denn?!
?!

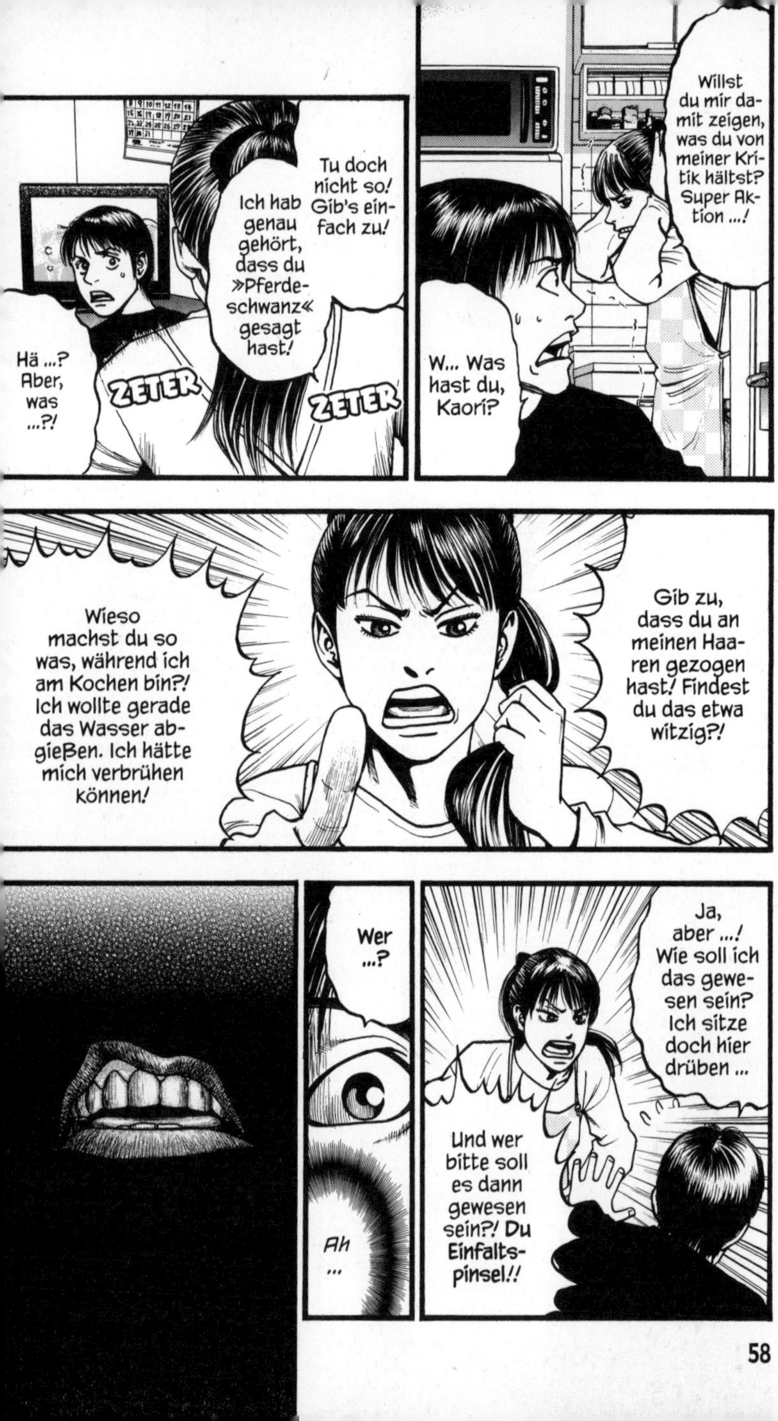
Willst du mir damit zeigen, was du von meiner Kritik hältst? Super Aktion ...!
W... Was hast du, Kaori?
Tu doch nicht so! Gib's einfach zu!
Ich hab genau gehört, dass du »Pferdeschwanz« gesagt hast!
ZETER
ZETER
Hä ...? Aber, was ...?!
Gib zu, dass du an meinen Haaren gezogen hast! Findest du das etwa witzig?!
Wieso machst du so was, während ich am Kochen bin?! Ich wollte gerade das Wasser abgießen. Ich hätte mich verbrühen können!
Ja, aber ...! Wie soll ich das gewesen sein? Ich sitze doch hier drüben ...
Und wer bitte soll es dann gewesen sein?! Du Einfaltspinsel!!
Wer ...?
Ah ...

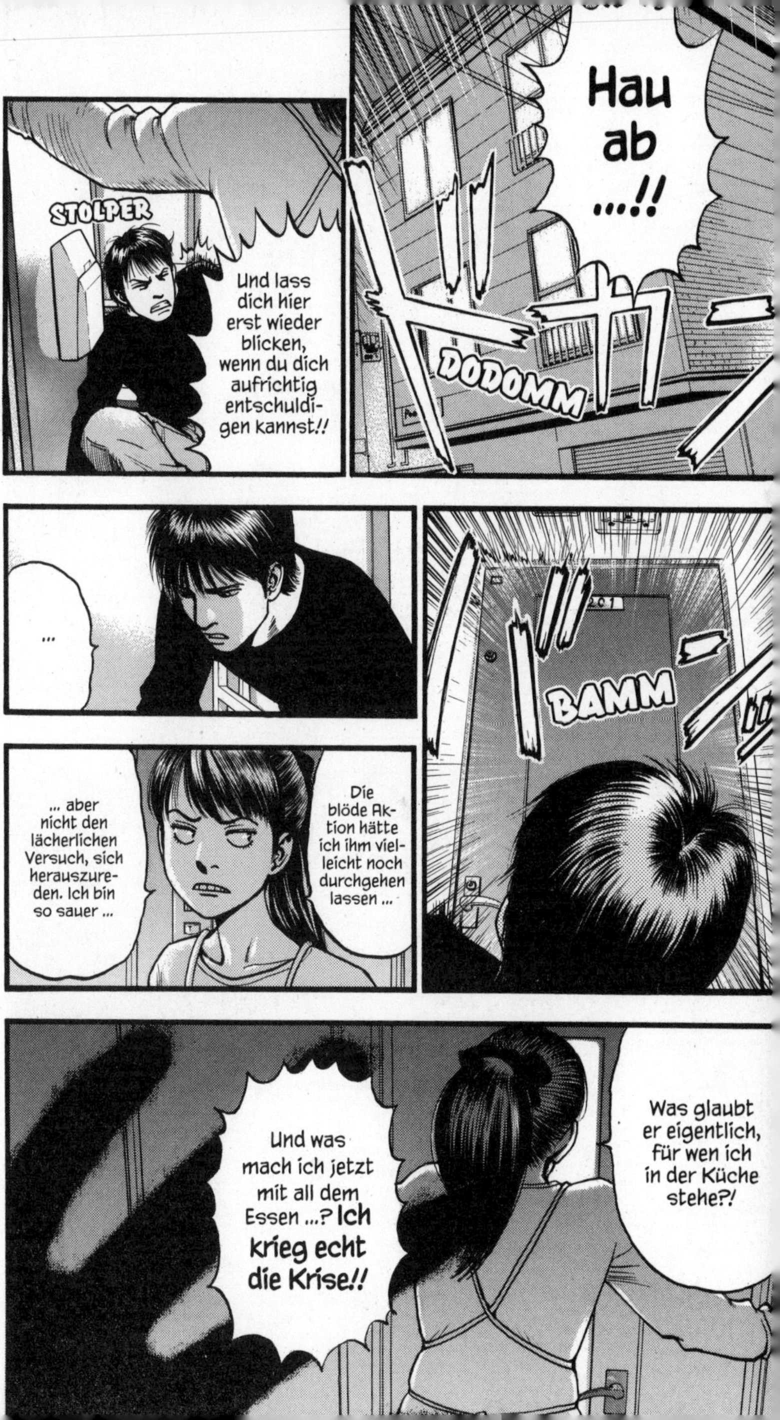

Hau ab ...!!
DODOMM
STOLPER
Und lass dich hier erst wieder blicken, wenn du dich aufrichtig entschuldigen kannst!!
BAMM
...
Die blöde Aktion hätte ich ihm vielleicht noch durchgehen lassen ...
... aber nicht den lächerlichen Versuch, sich herauszureden. Ich bin so sauer ...
Was glaubt er eigentlich, für wen ich in der Küche stehe?!
Und was mach ich jetzt mit all dem Essen ...? Ich krieg echt die Krise!!

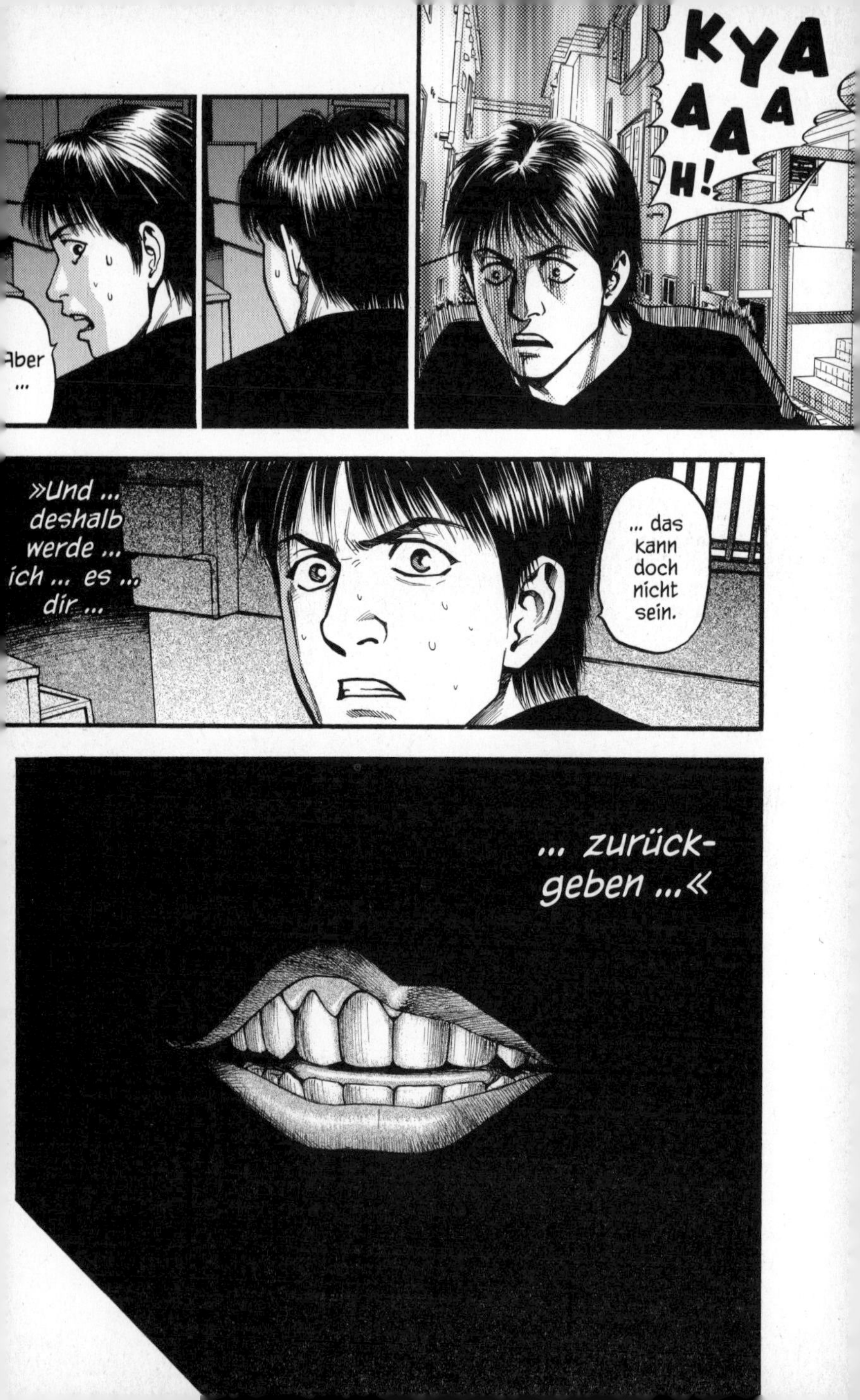
KYAAAAH!
Aber …
»Und … deshalb werde … ich … es … dir …
… das kann doch nicht sein.
… zurück-geben …«

Im Gleichschritt marschiert die Einmannarmee voran …

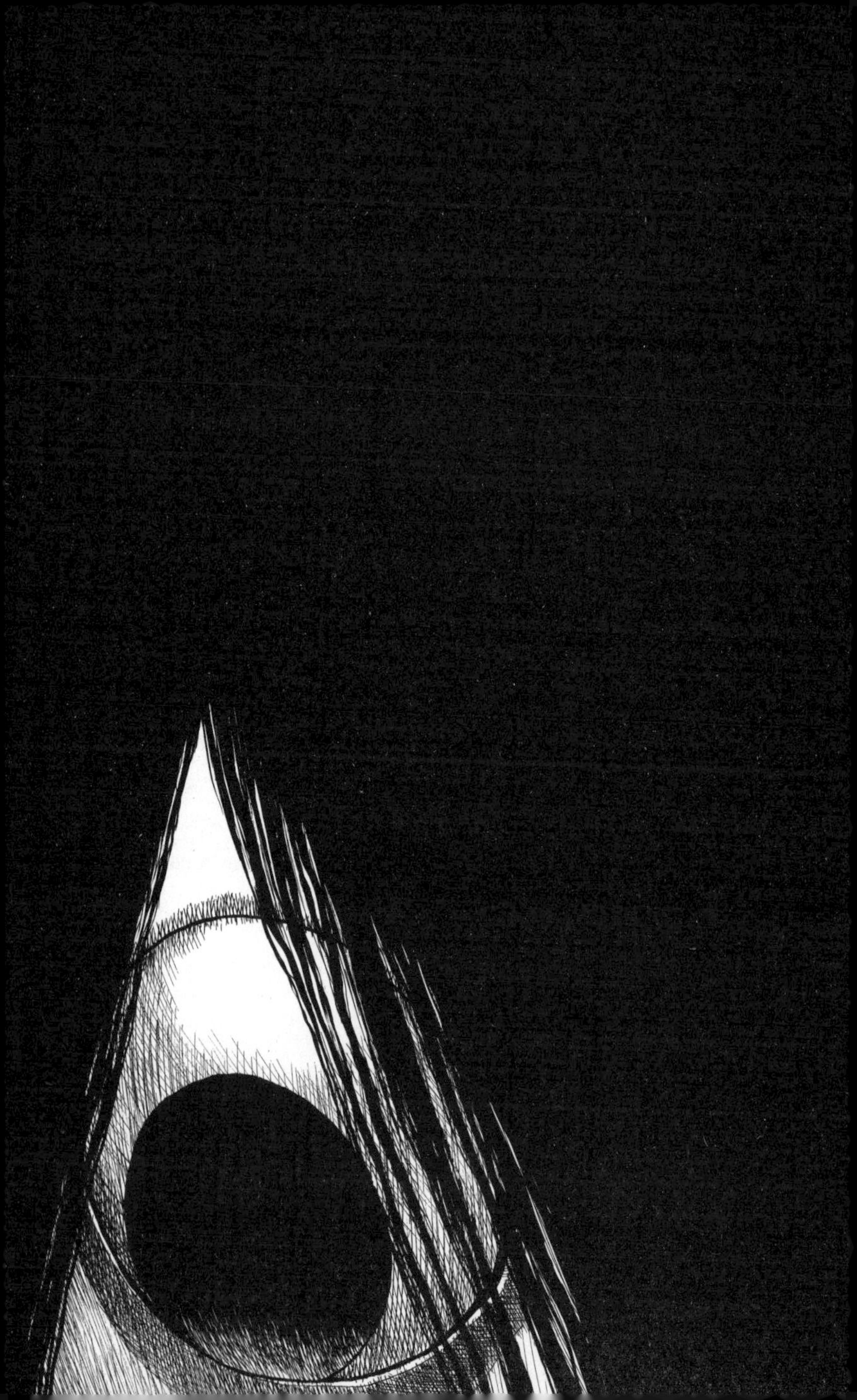

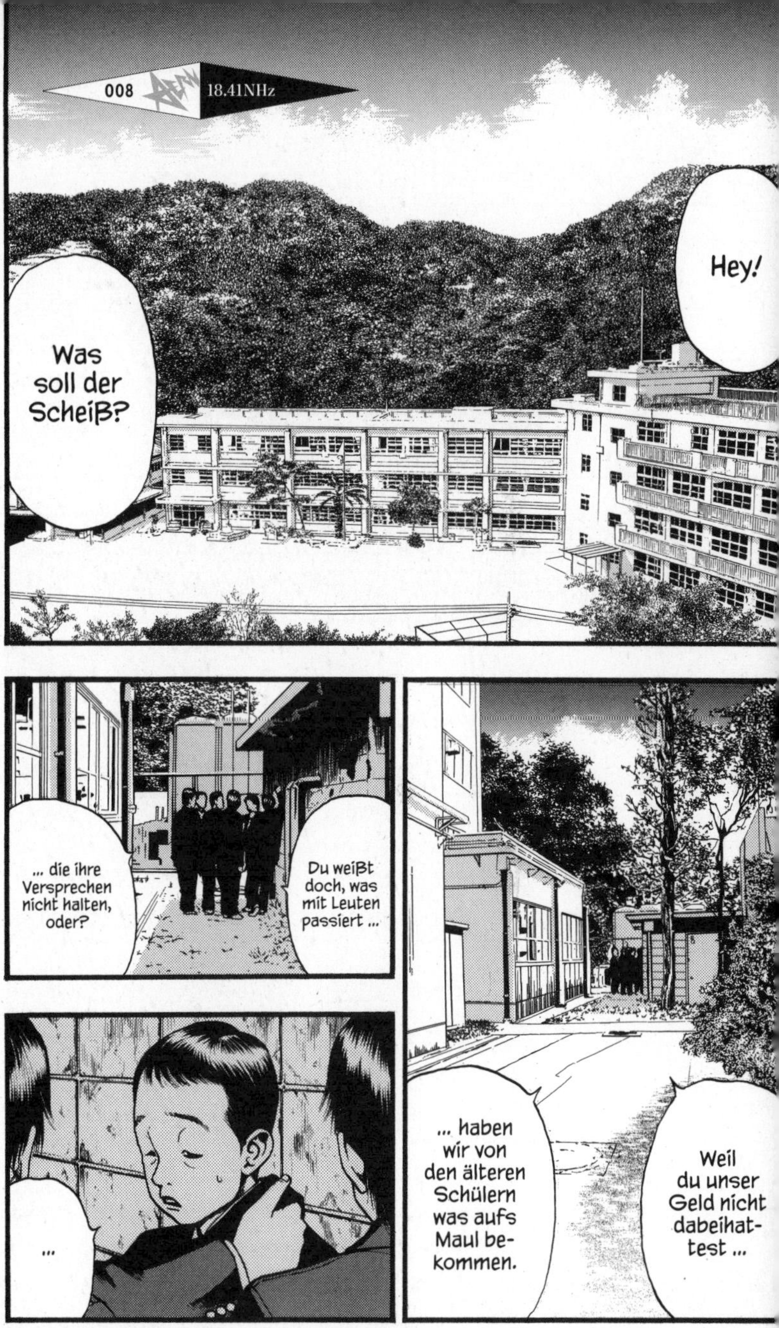
008
18.41NHz
Hey!
Was soll der Scheiß?
Weil du unser Geld nicht dabeihat-test ...
... haben wir von den älteren Schülern was aufs Maul be-kommen.
Du weißt doch, was mit Leuten passiert ...
... die ihre Versprechen nicht halten, oder?
...

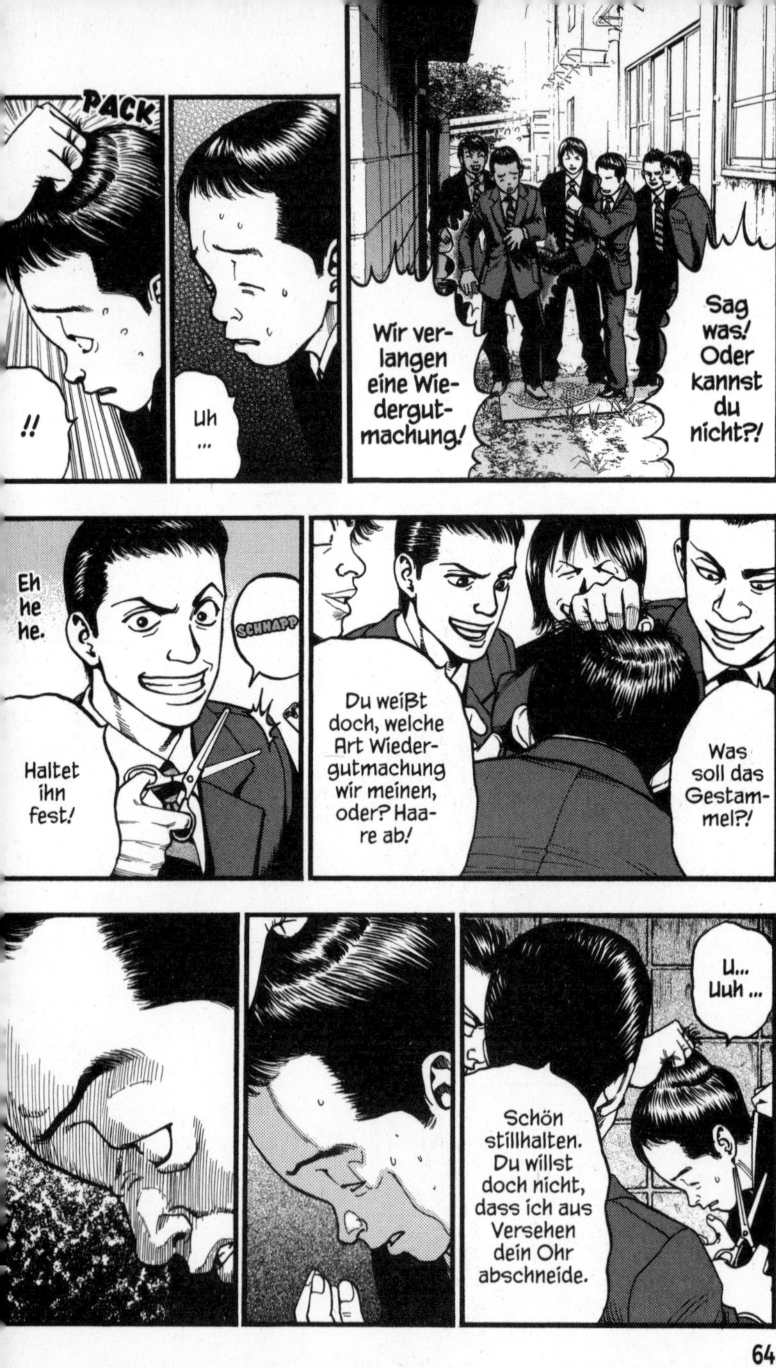
Sag was! Oder kannst du nicht?!
Wir verlangen eine Wiedergutmachung!
Uh …
PACK
!!
Was soll das Gestammel?!
Du weißt doch, welche Art Wiedergutmachung wir meinen, oder? Haare ab!
Eh he he.
SCHNAPP
Haltet ihn fest!
U… Uuh …
Schön stillhalten. Du willst doch nicht, dass ich aus Versehen dein Ohr abschneide.

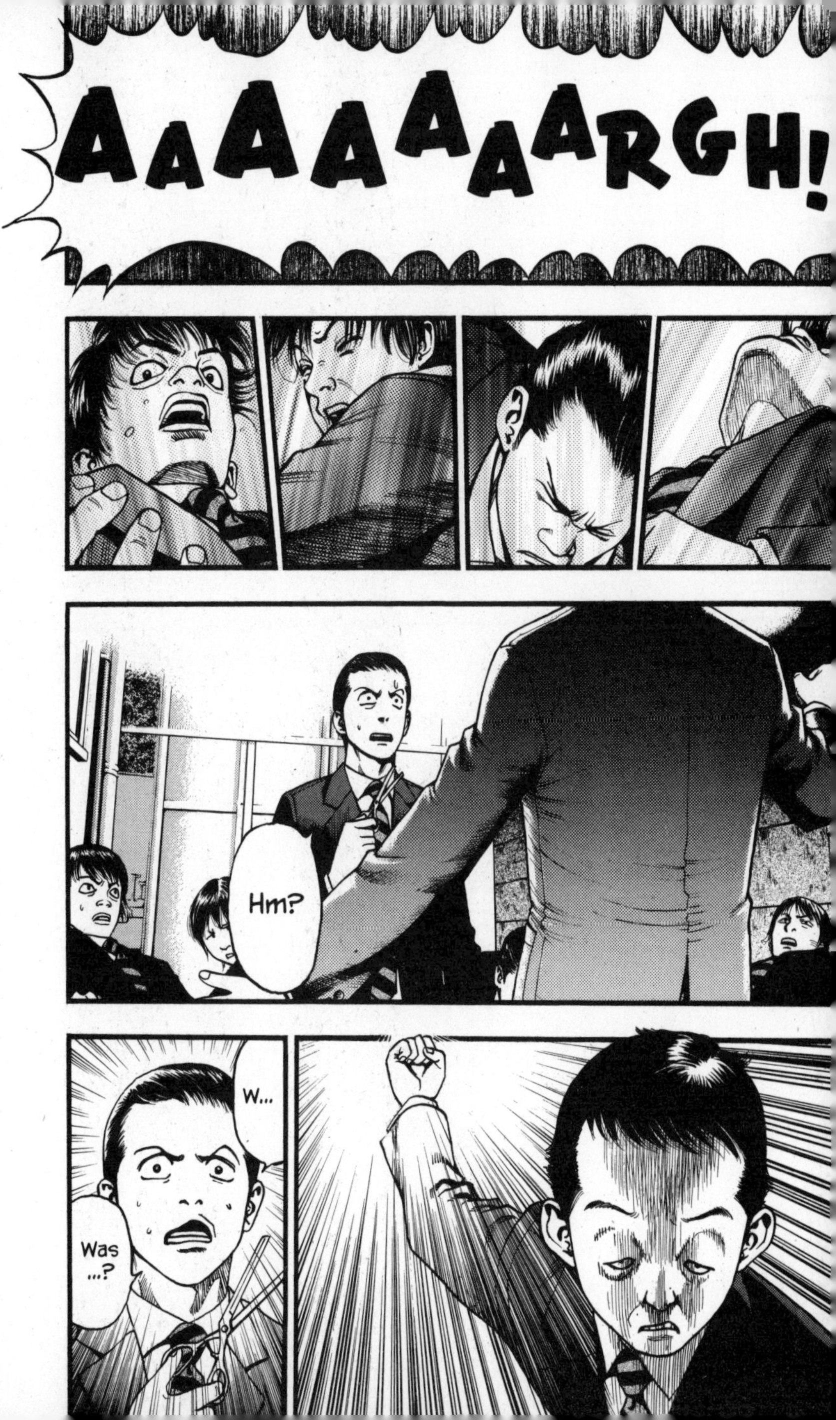
AAAAAAARGH!
Hm?
W...
Was ...?

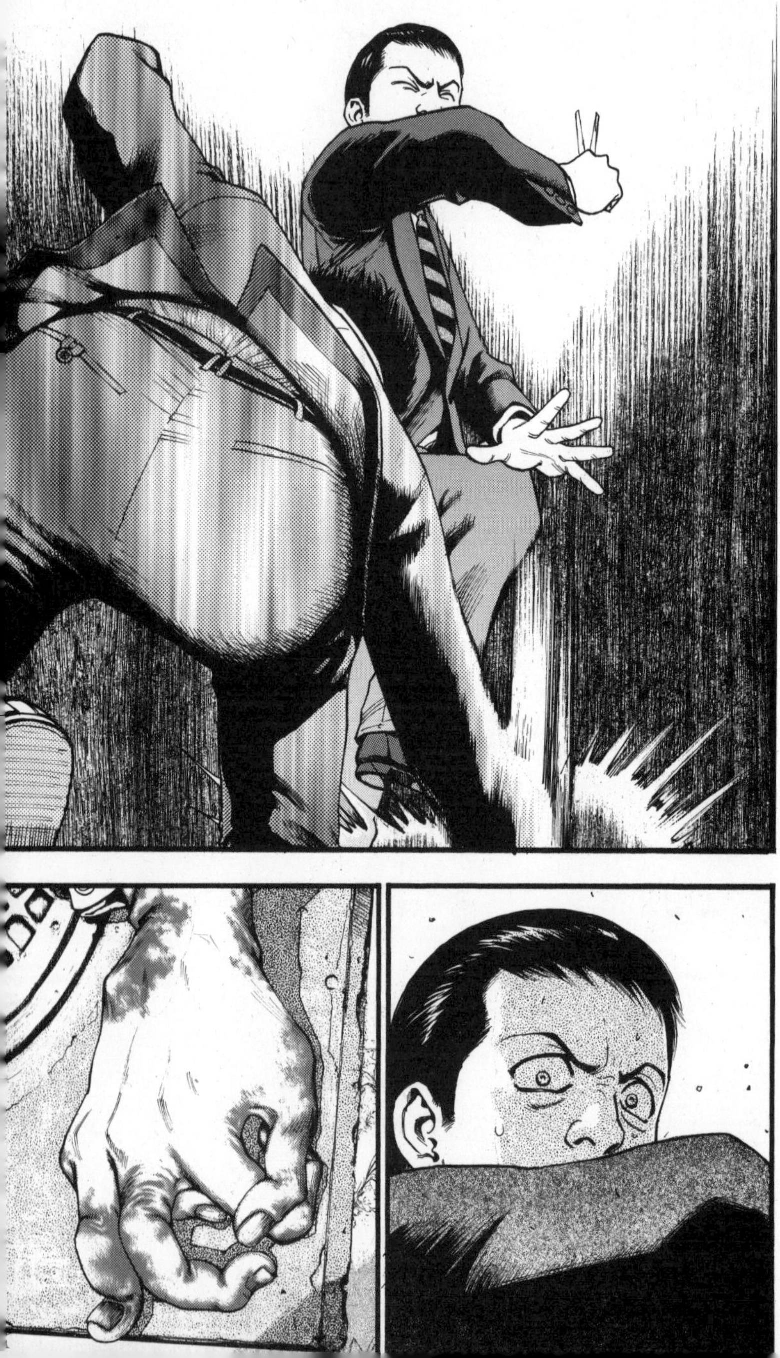

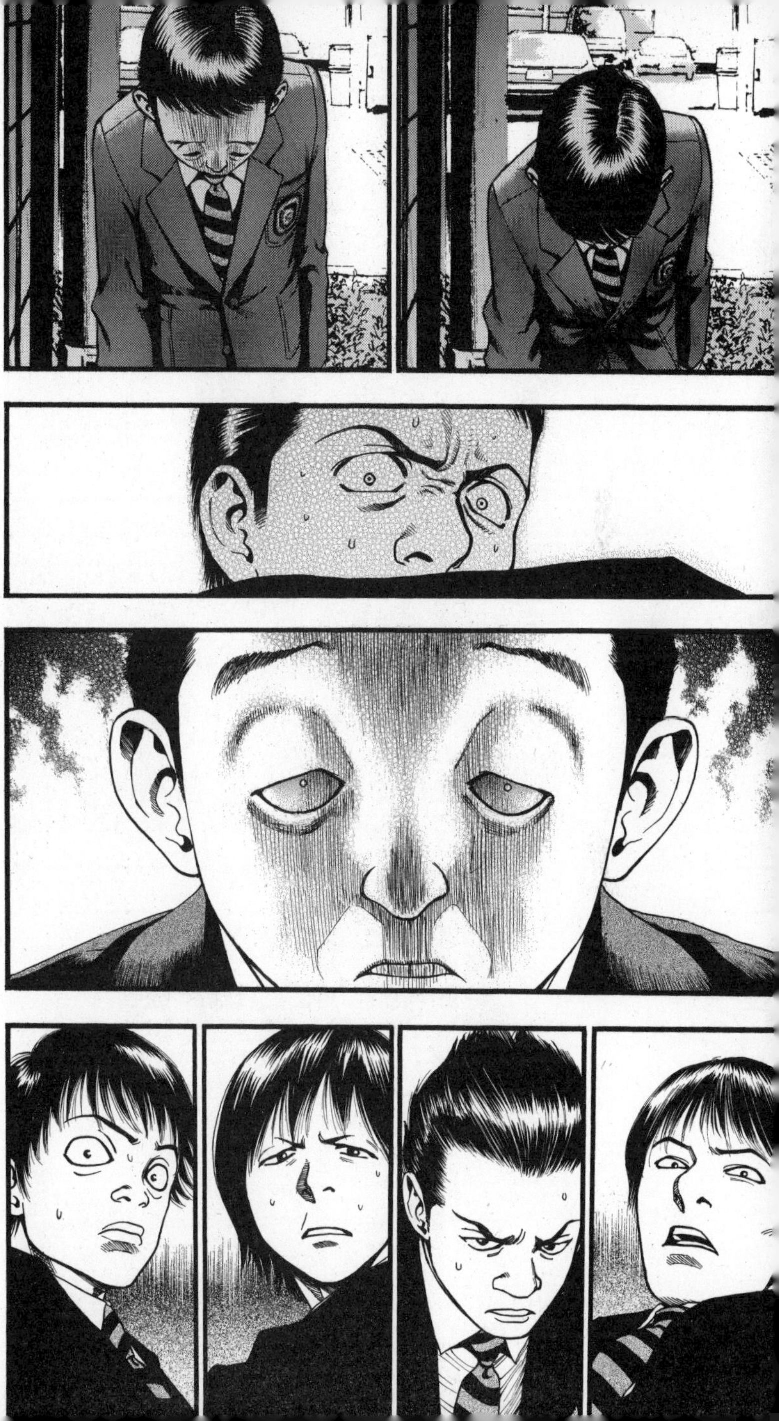

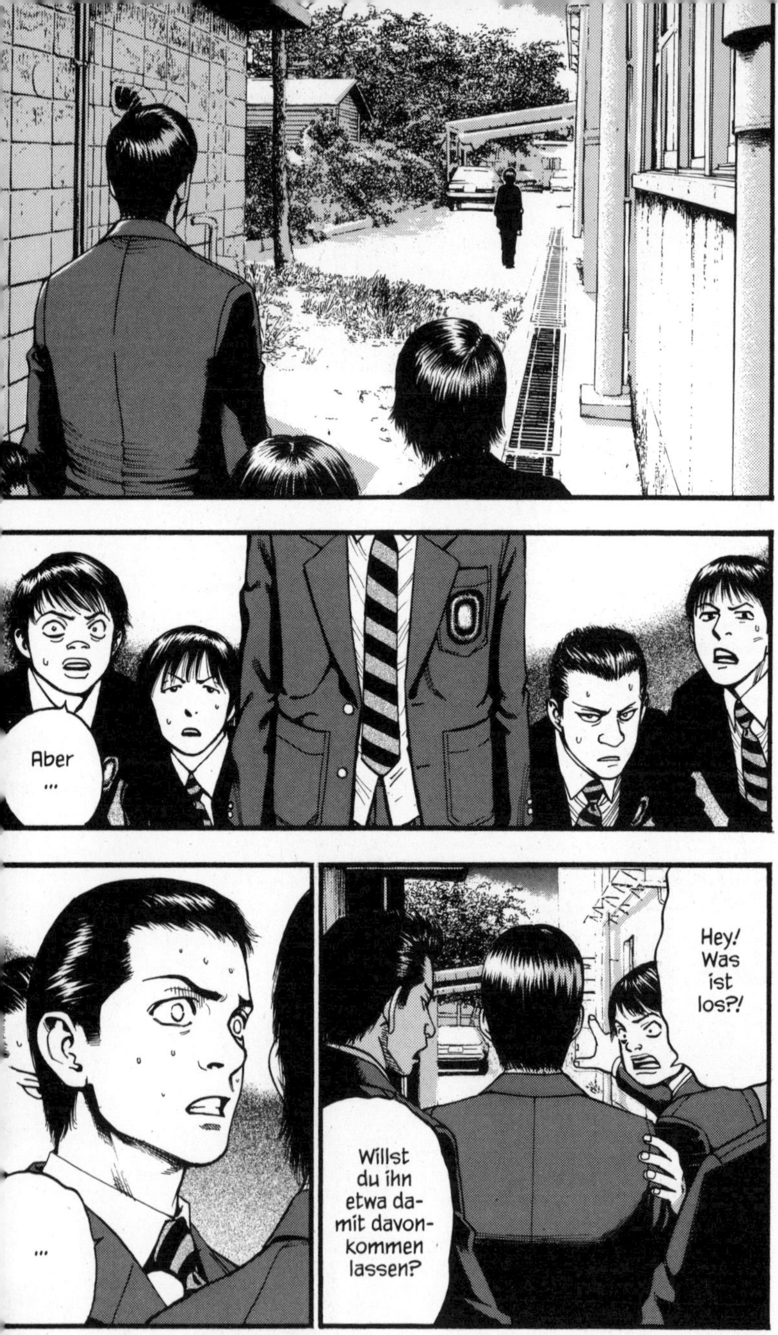
Aber ...
Hey! Was ist los?!
Willst du ihn etwa damit davonkommen lassen?
...

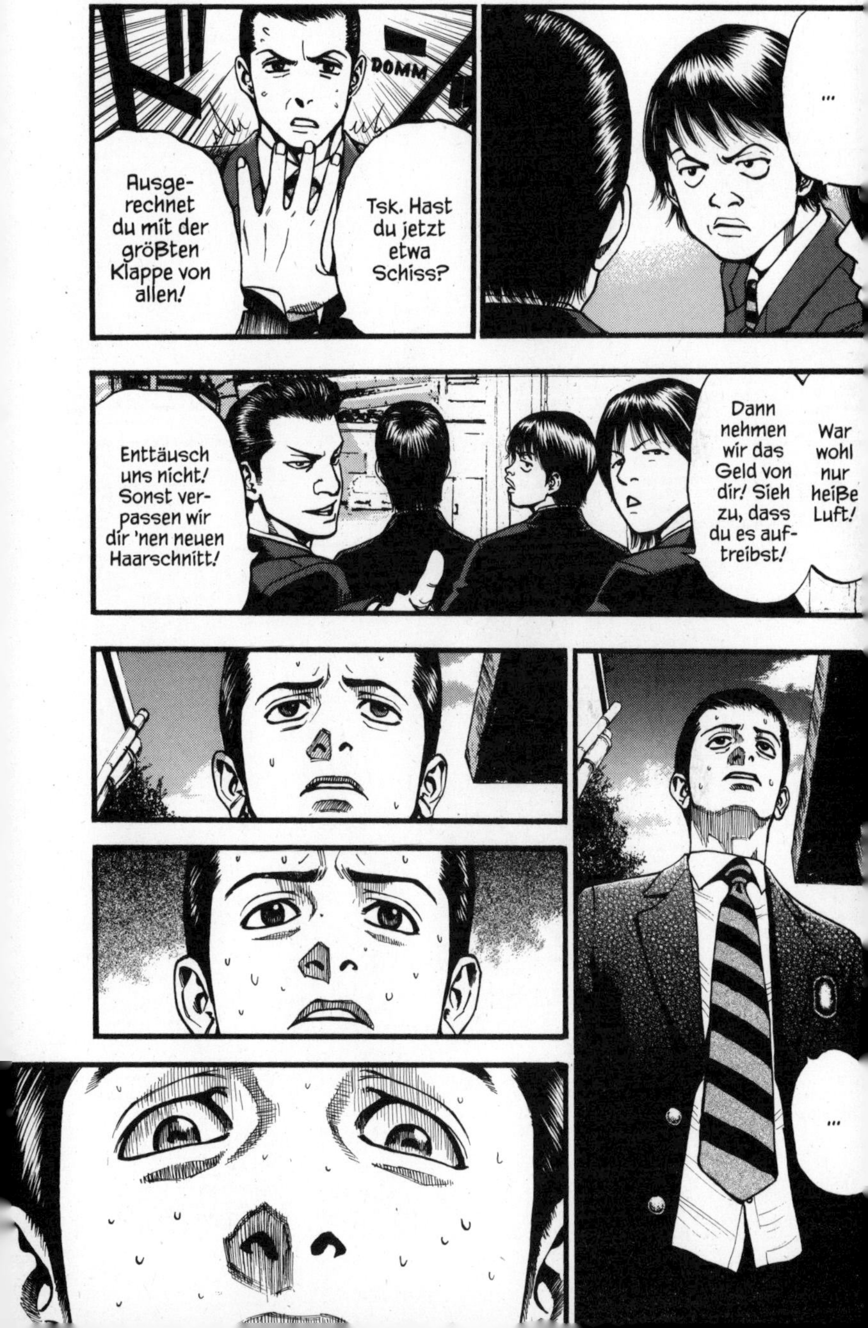
...
DOMM
Tsk. Hast du jetzt etwa Schiss?
Ausgerechnet du mit der größten Klappe von allen!
War wohl nur heiße Luft!
Dann nehmen wir das Geld von dir! Sieh zu, dass du es auftreibst!
Enttäusch uns nicht! Sonst verpassen wir dir 'nen neuen Haarschnitt!
...

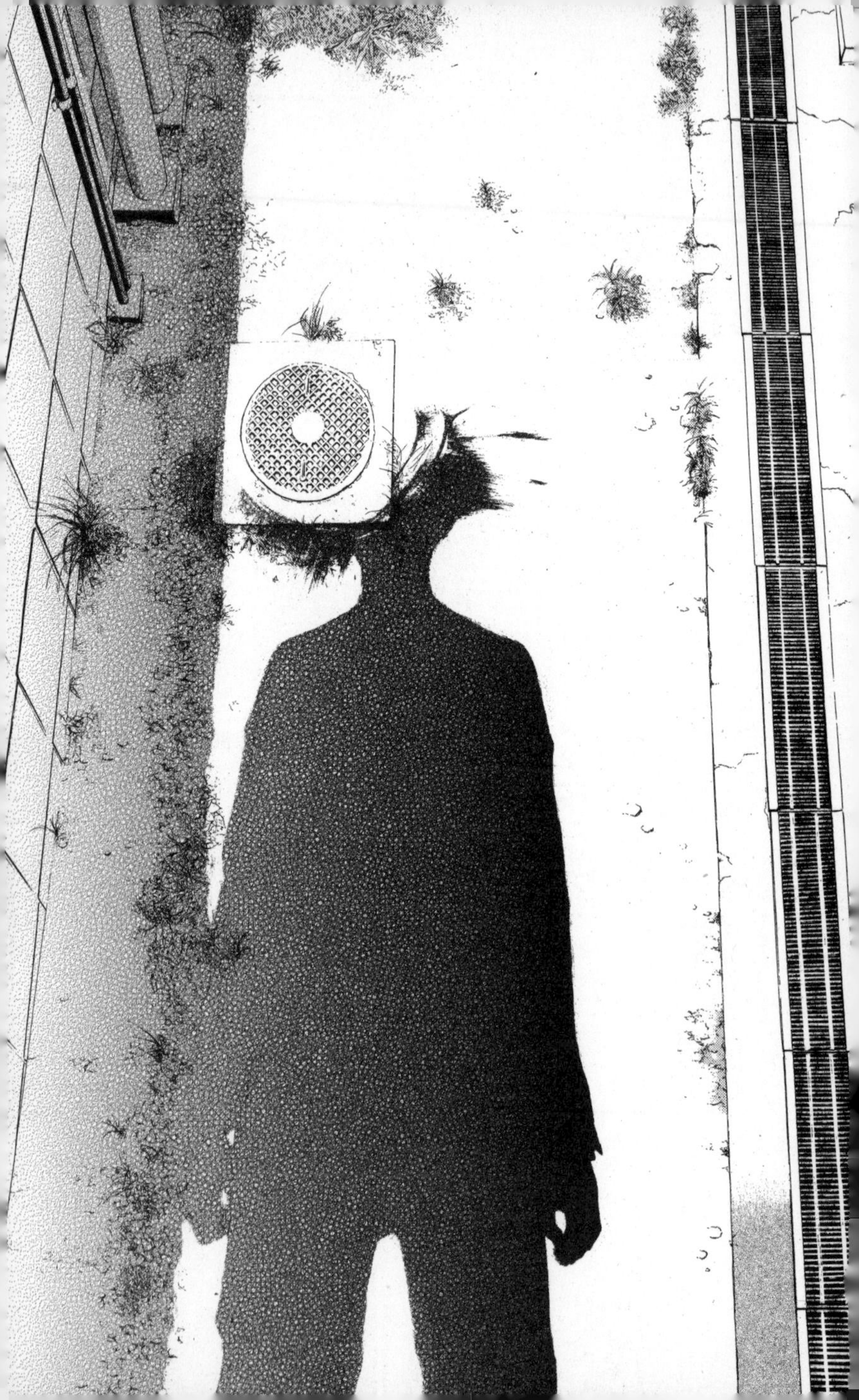

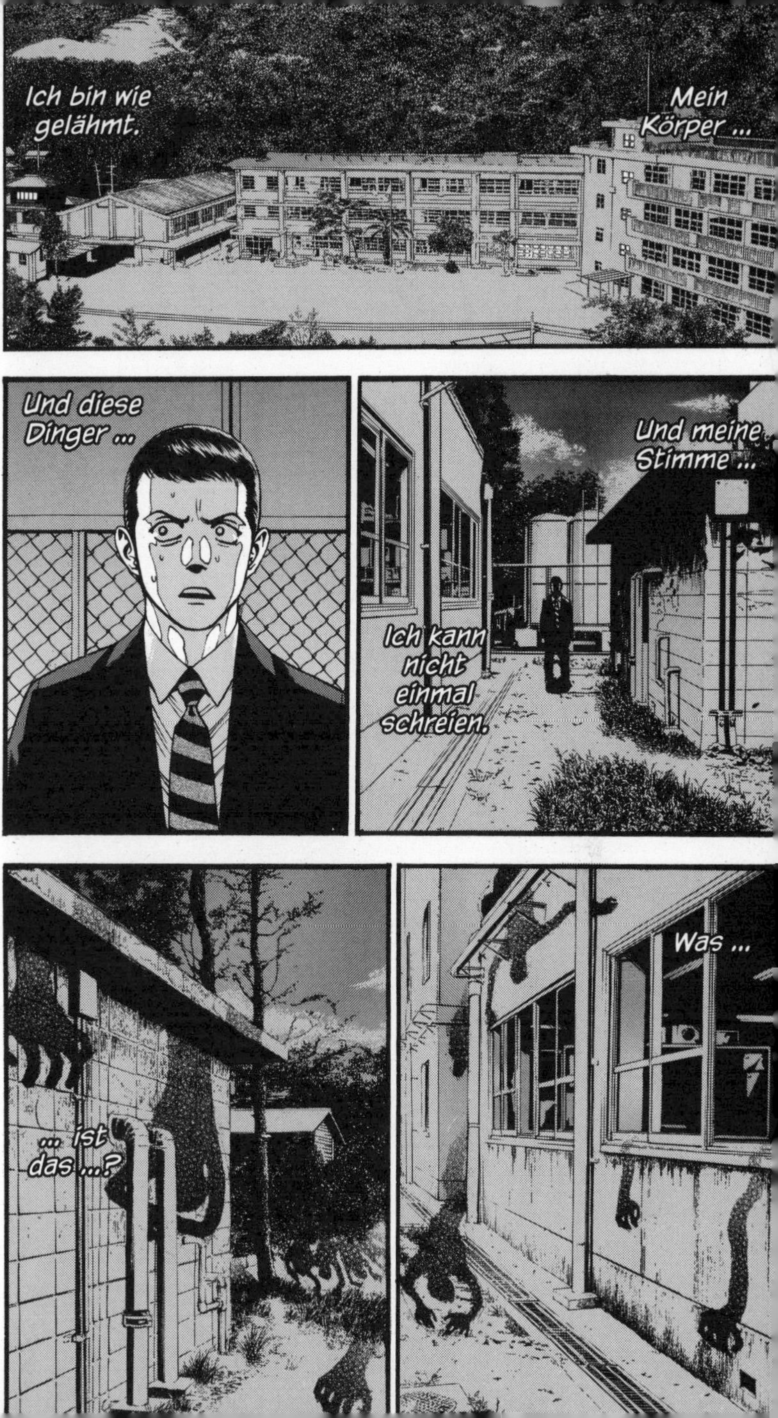
Mein Körper ...
Ich bin wie gelähmt.
Und meine Stimme ...
Ich kann nicht einmal schreien.
Und diese Dinger ...
Was ...
... ist das ...?

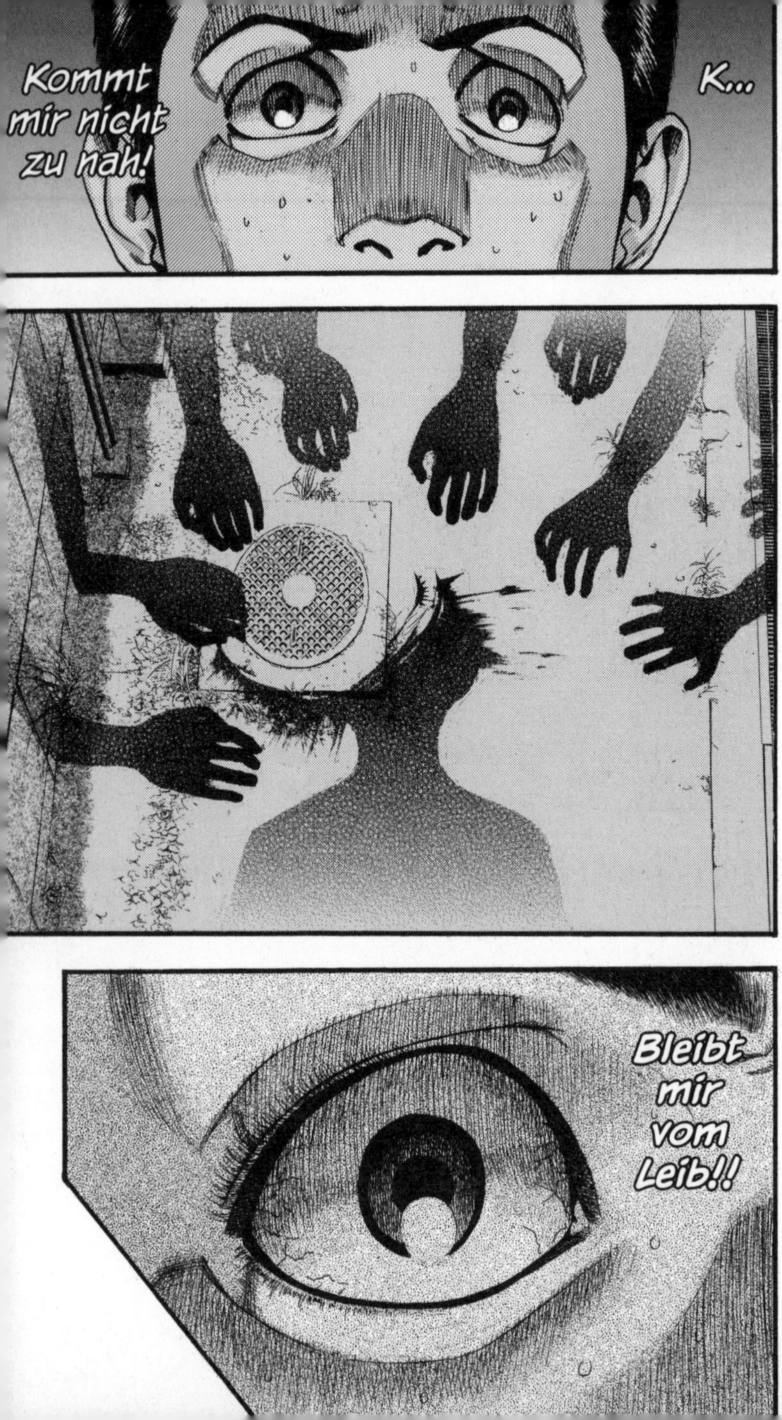
K...
Kommt mir nicht zu nah!
Bleibt mir vom Leib!!

... und tritt hinaus durch das verschlossene Tor.

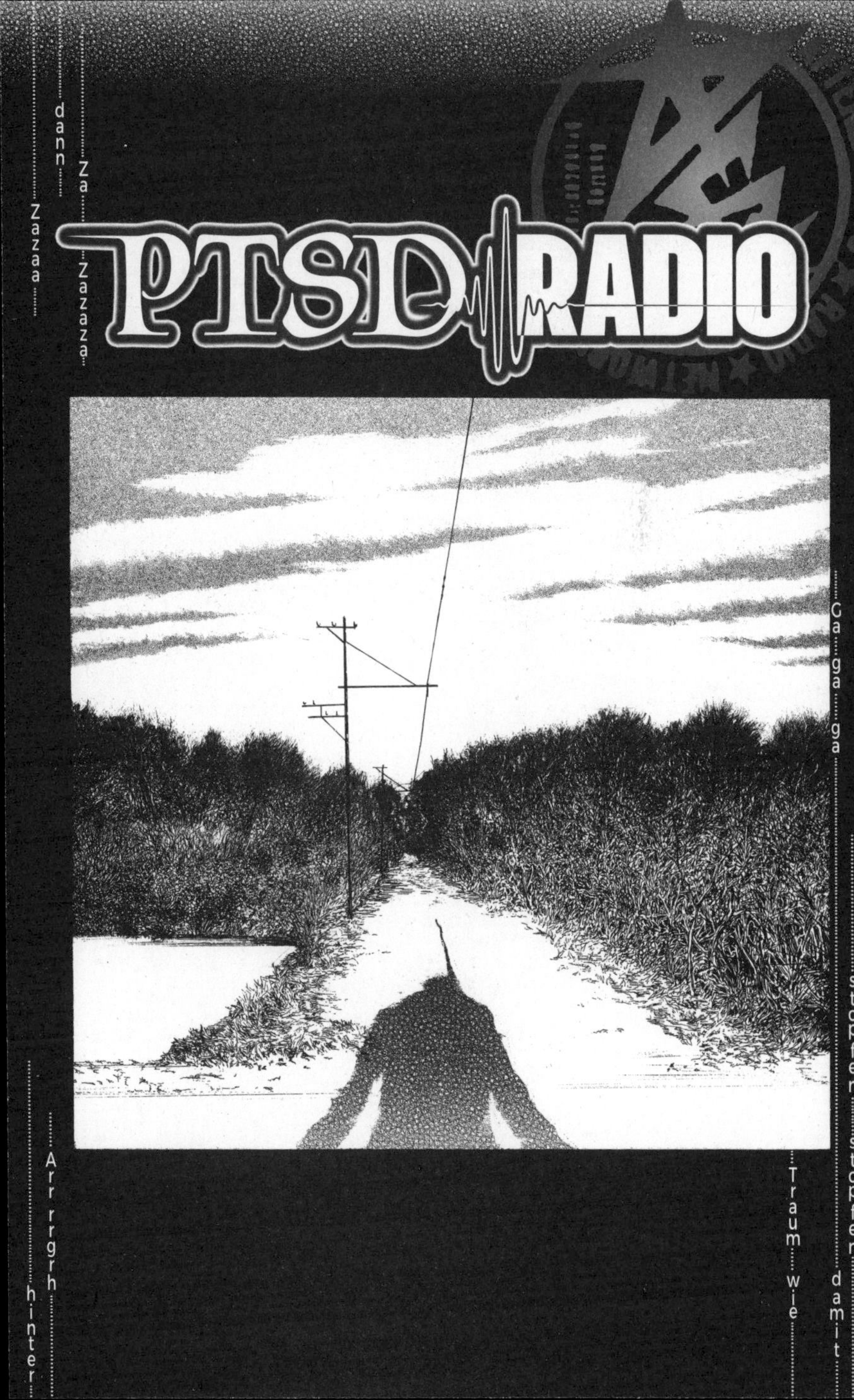
PTSD RADIO
dann
Za
Zazaa
Zazaza
Arr rrgrh
hinter
Ga ga ga
stopfen stopfen damit
Traum wie

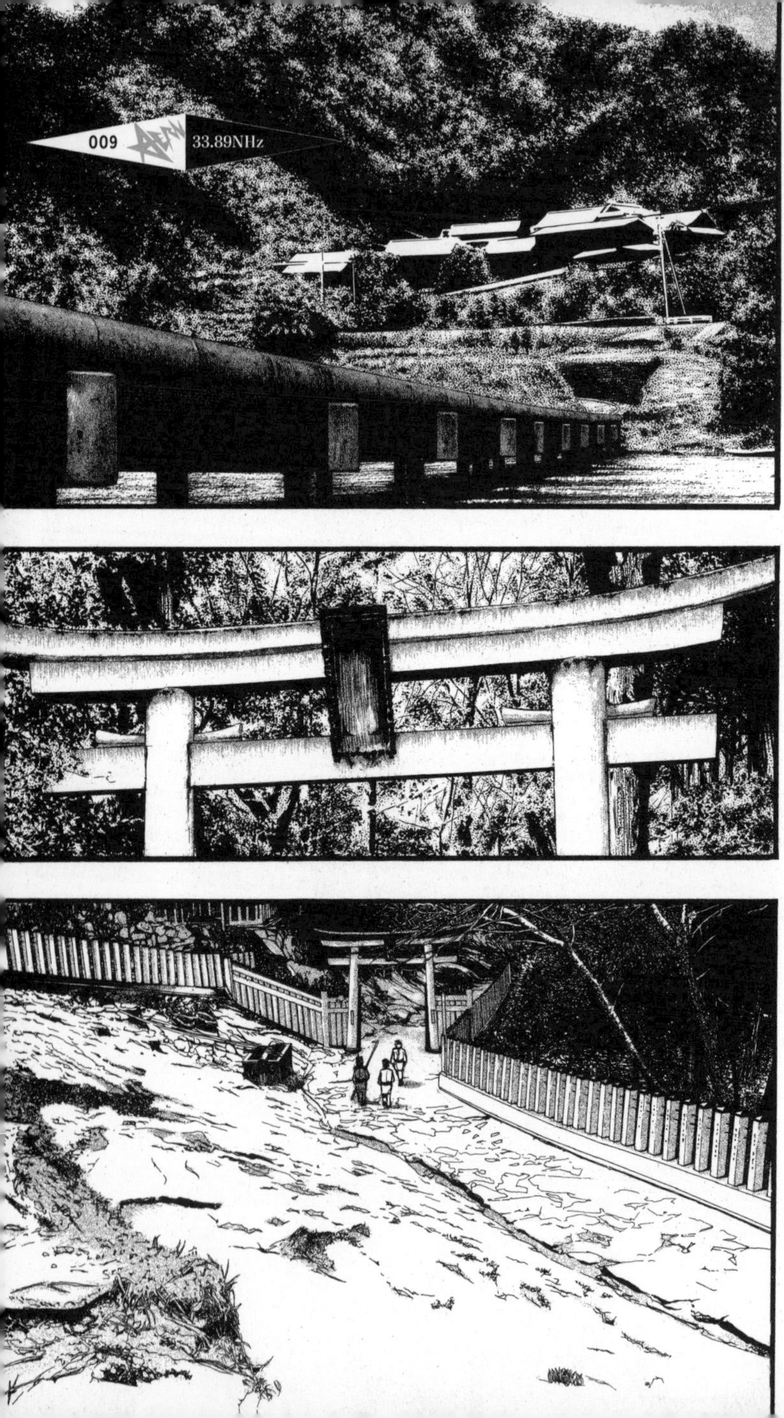
009
33.89NHz

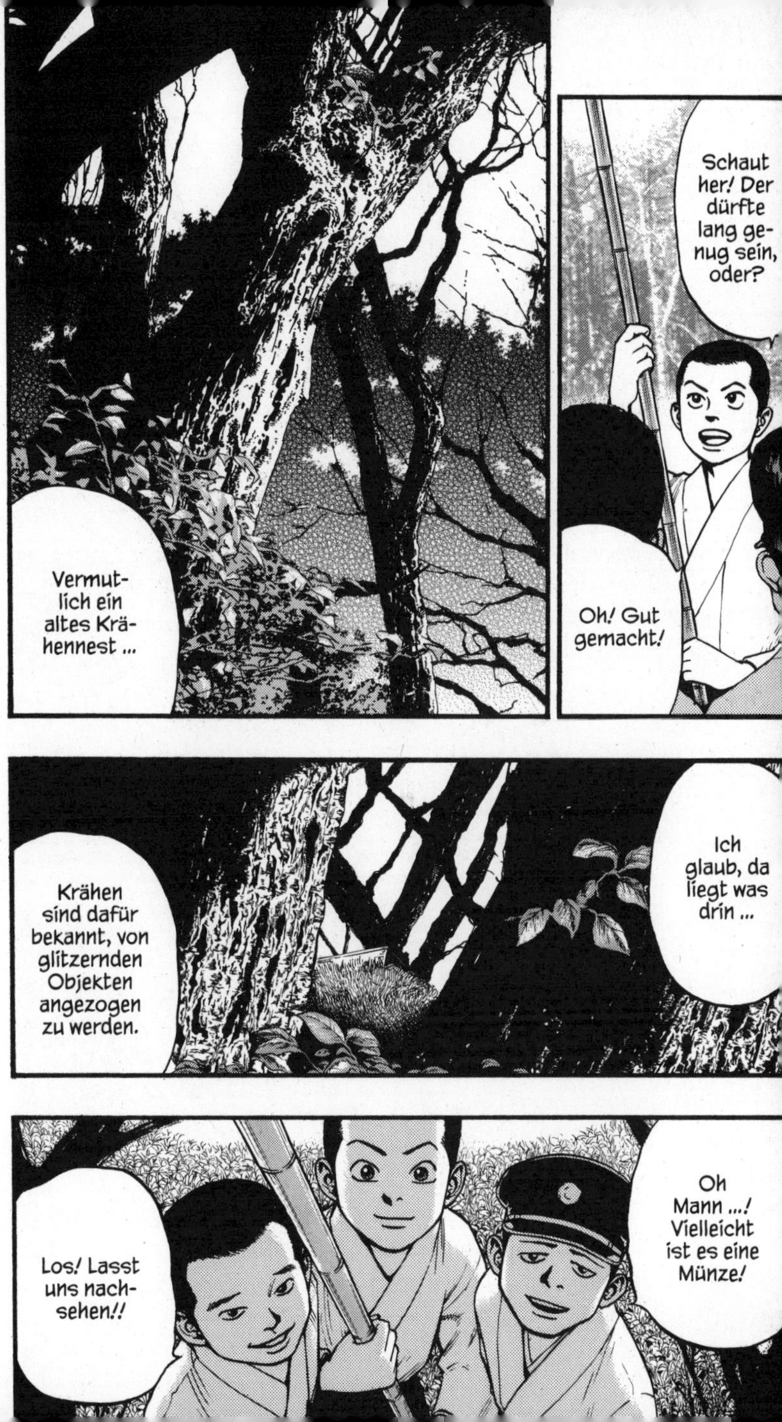
Schaut her! Der dürfte lang genug sein, oder?
Oh! Gut gemacht!
Vermutlich ein altes Krähennest ...
Ich glaub, da liegt was drin ...
Krähen sind dafür bekannt, von glitzernden Objekten angezogen zu werden.
Oh Mann ...! Vielleicht ist es eine Münze!
Los! Lasst uns nachsehen!!

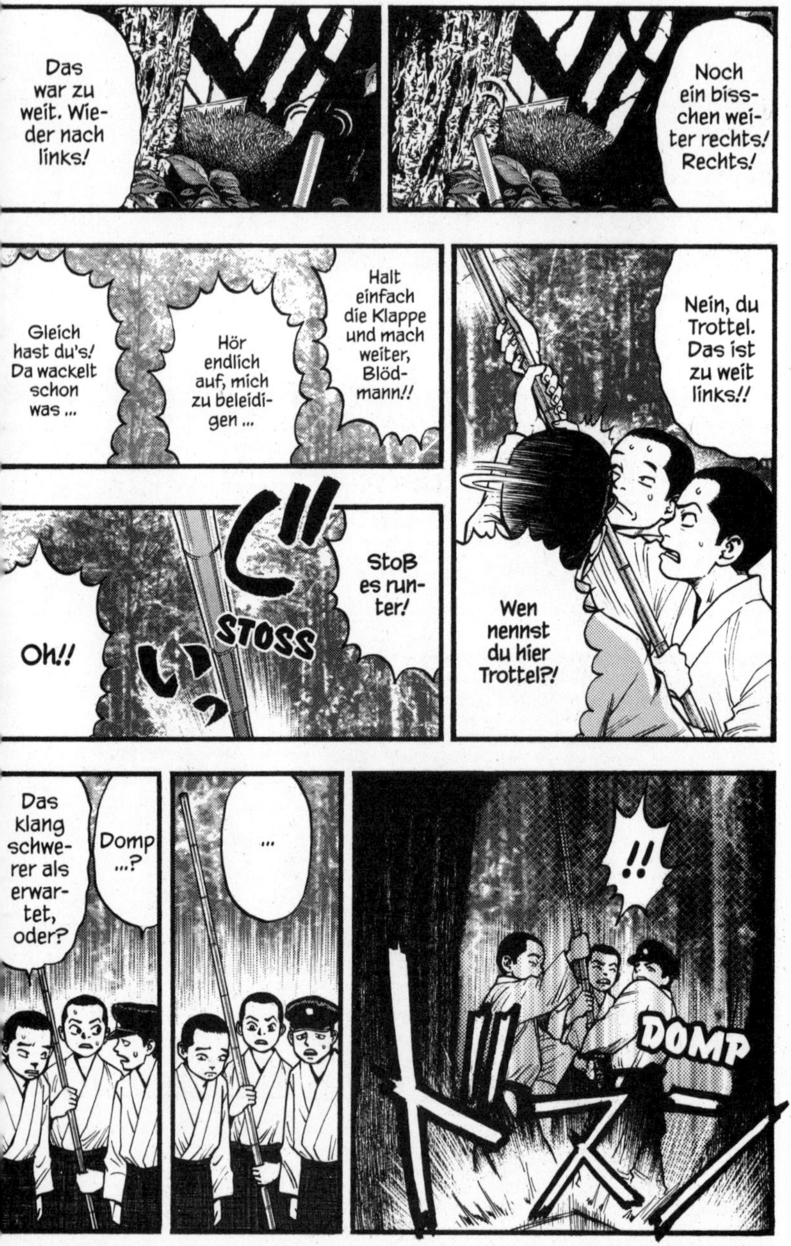
Noch ein bisschen weiter rechts! Rechts!
Das war zu weit. Wieder nach links!
Nein, du Trottel. Das ist zu weit links!!
Wen nennst du hier Trottel?!
Halt einfach die Klappe und mach weiter, Blödmann!!
Hör endlich auf, mich zu beleidigen ...
Gleich hast du's! Da wackelt schon was ...
Stoß es runter!
STOSS
Oh!!
!!
DOMP
...
Domp ...?
Das klang schwerer als erwartet, oder?

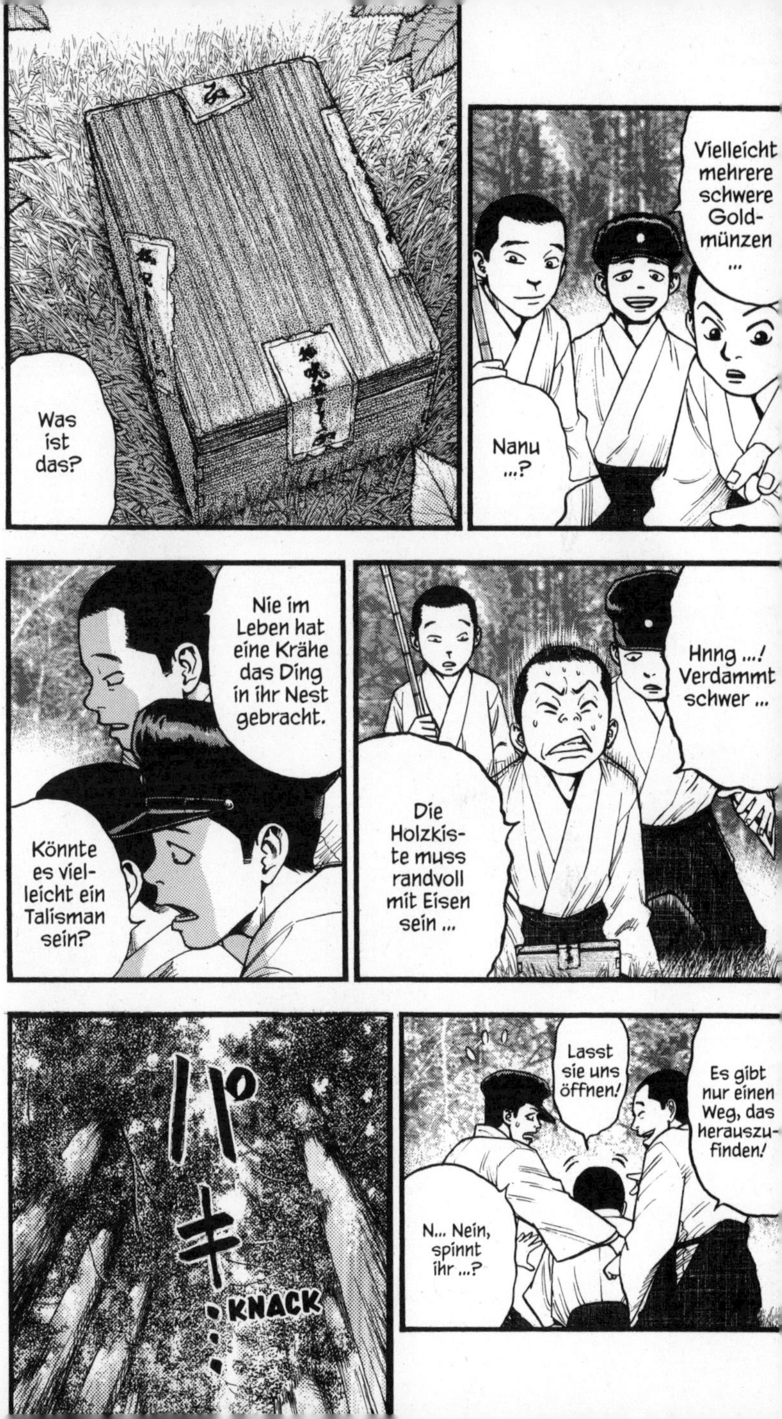
Vielleicht mehrere schwere Goldmünzen ...
Nanu ...?
Was ist das?
Hnng ...! Verdammt schwer ...
Die Holzkiste muss randvoll mit Eisen sein ...
Nie im Leben hat eine Krähe das Ding in ihr Nest gebracht.
Könnte es vielleicht ein Talisman sein?
Es gibt nur einen Weg, das herauszufinden!
Lasst sie uns öffnen!
N... Nein, spinnt ihr ...?
パキ
KNACK

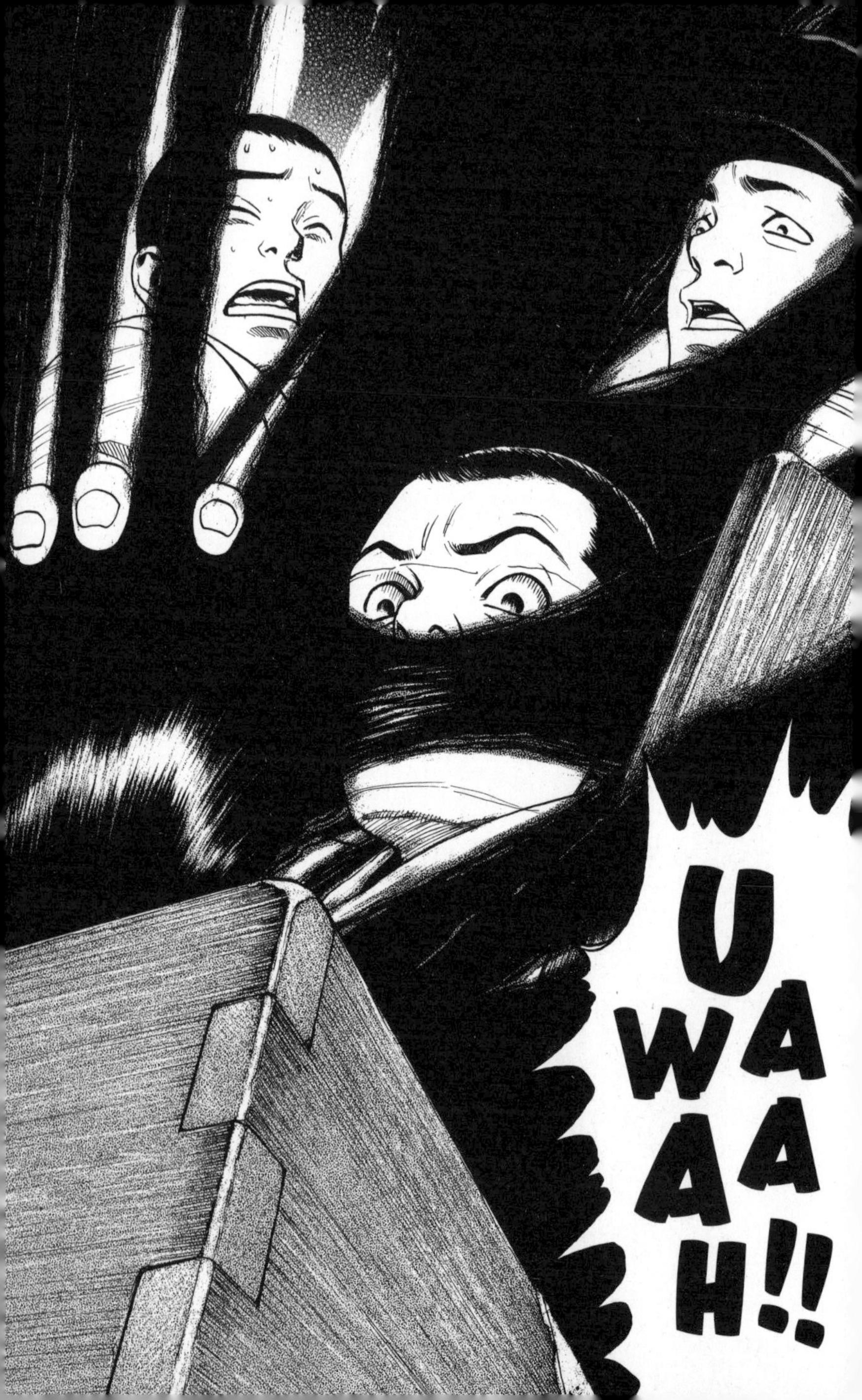
UWAAAAH!!

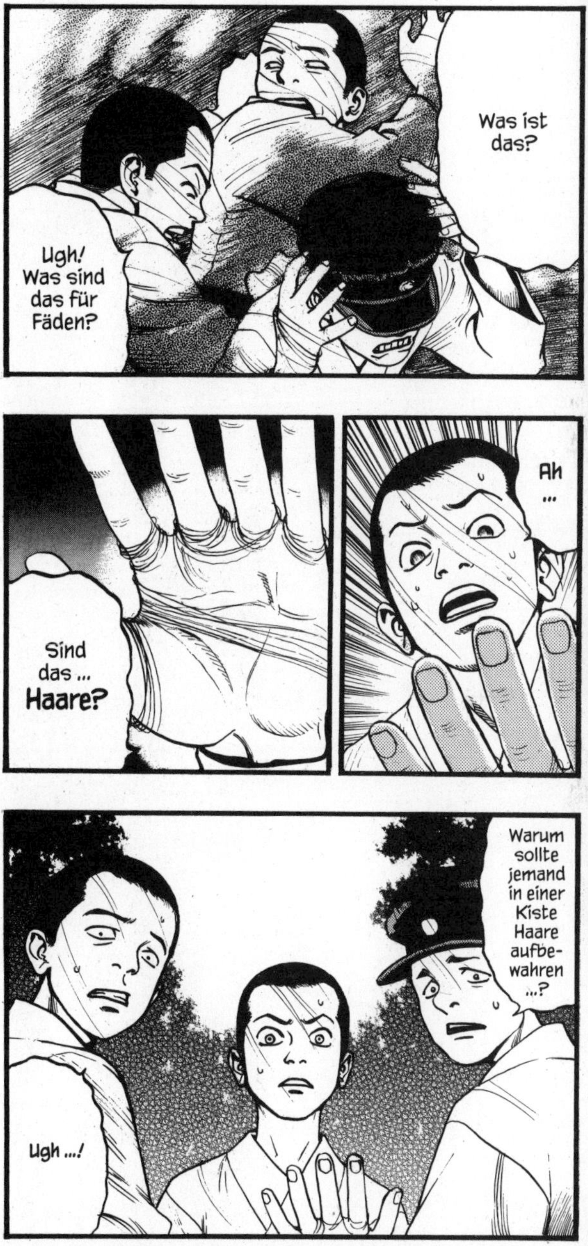
Was ist das?
Ugh! Was sind das für Fäden?
Ah ...
Sind das ... Haare?
Warum sollte jemand in einer Kiste Haare aufbewahren ...?
Ugh ...!

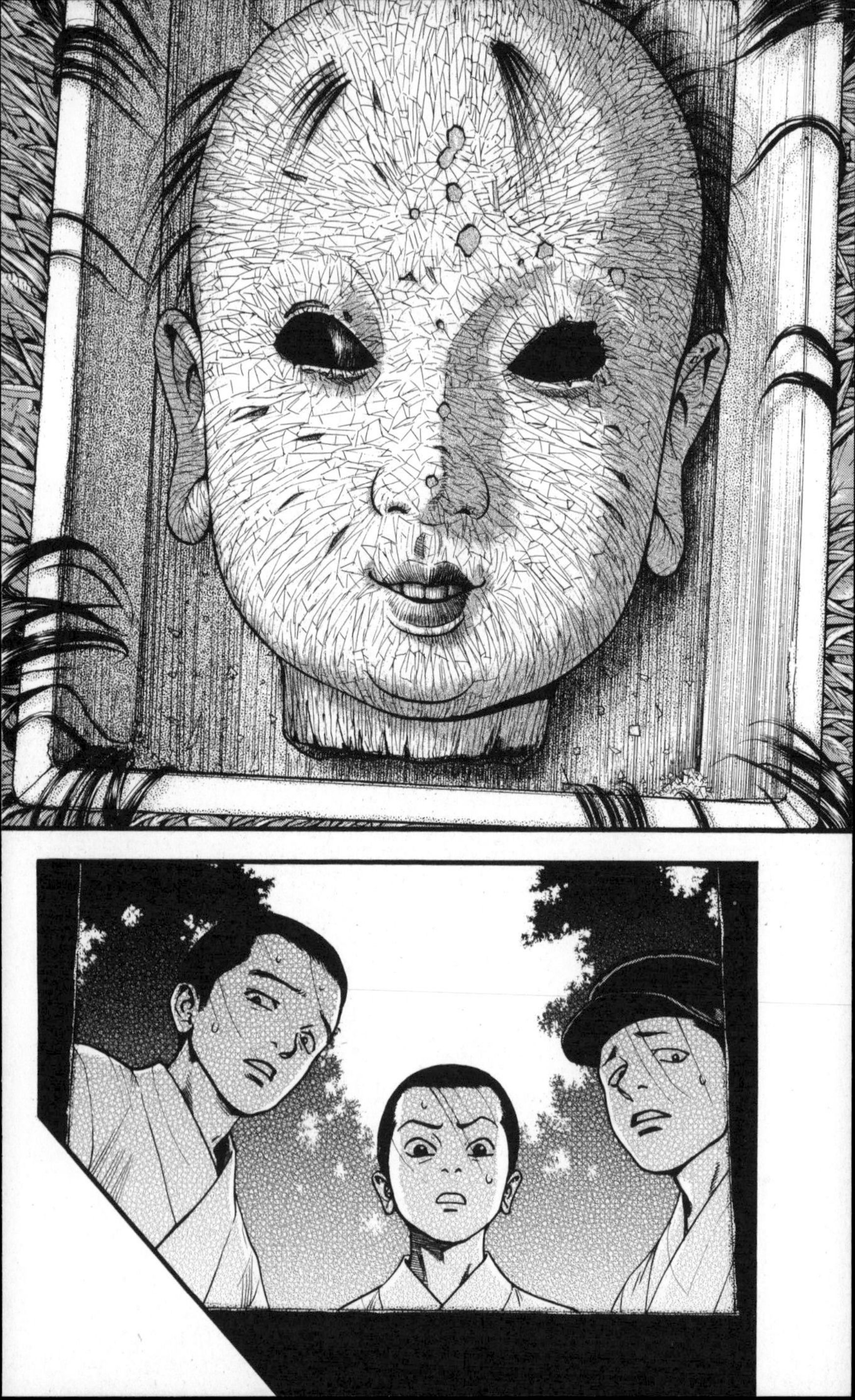

Den gestern Nacht geborenen Alten …

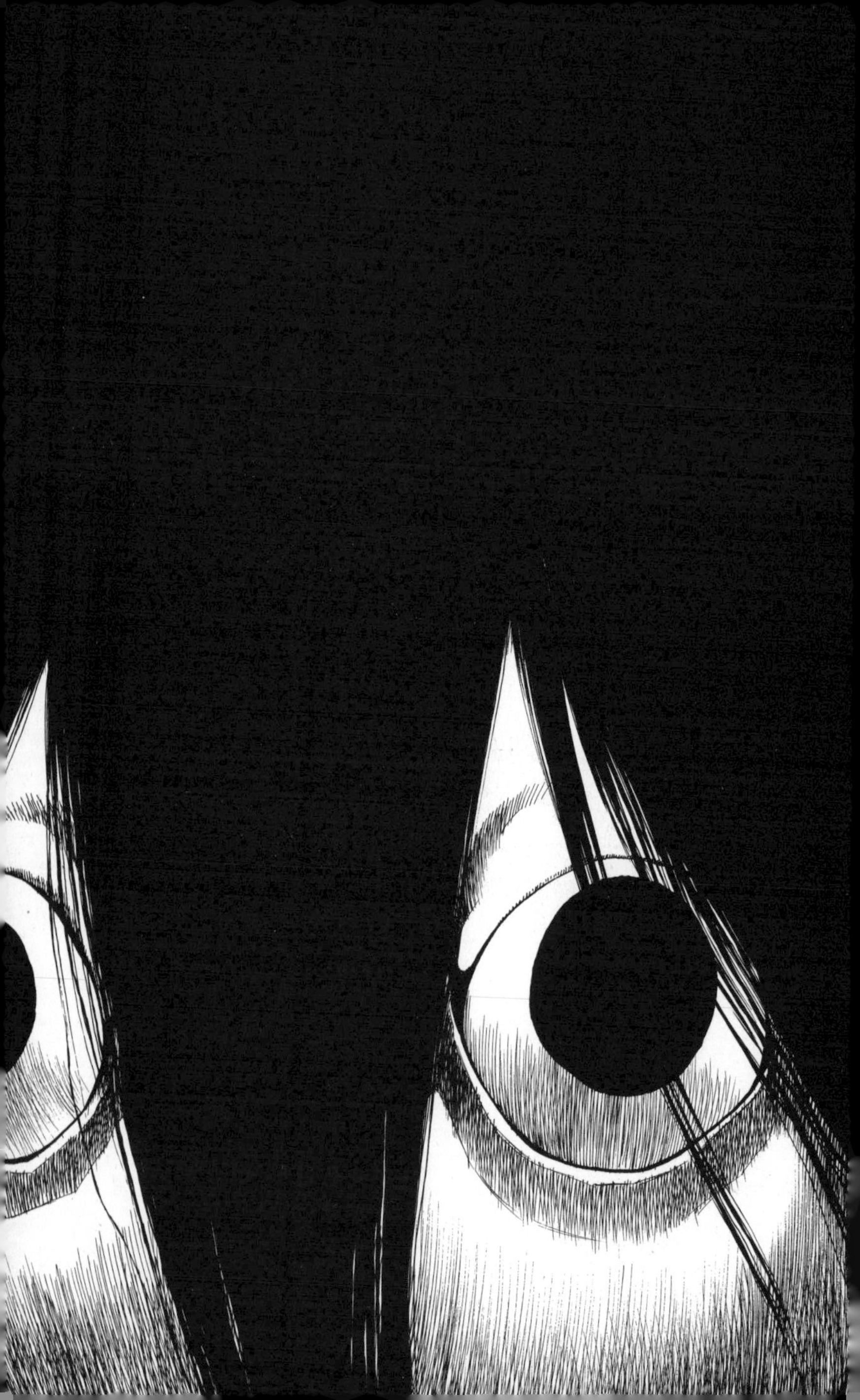

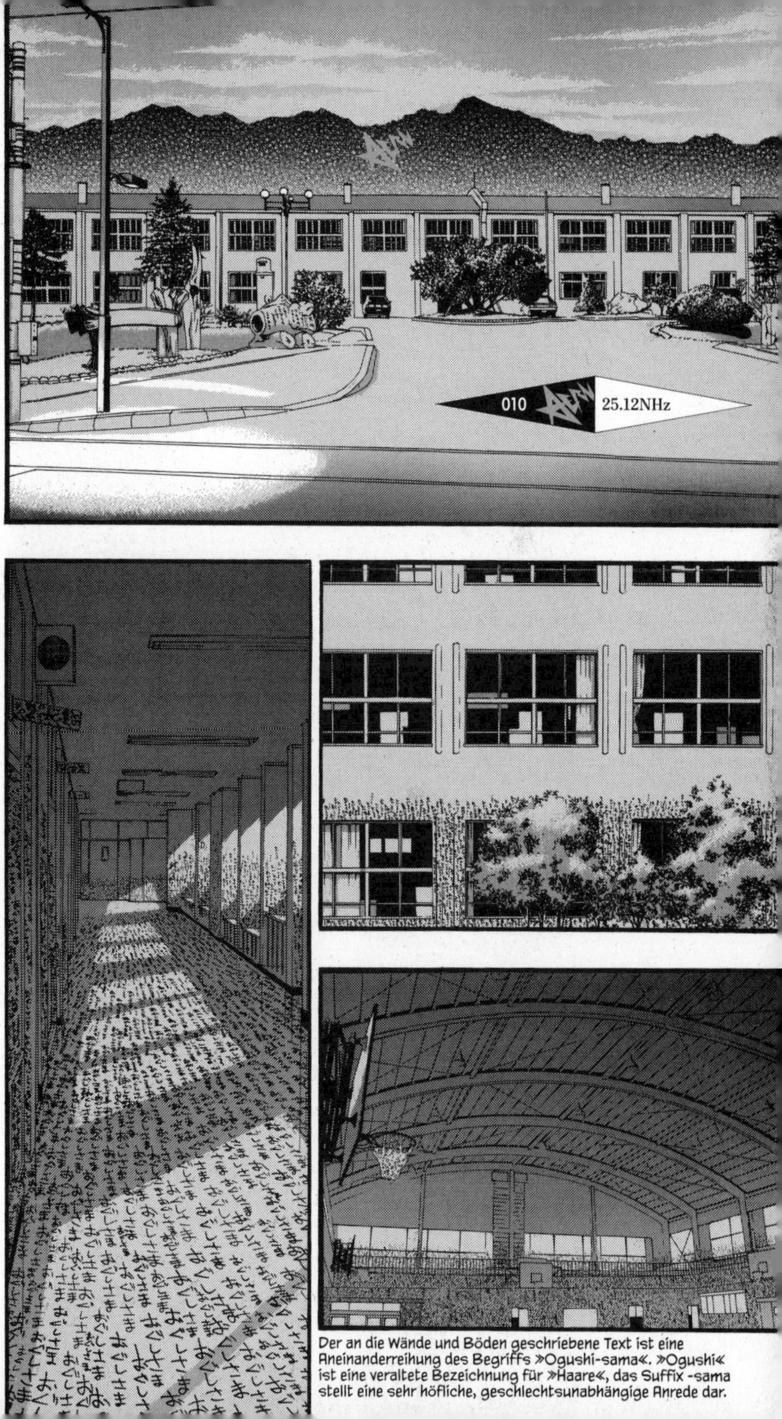

Der an die Wände und Böden geschriebene Text ist eine Aneinanderreihung des Begriffs »Ogushi-sama«. »Ogushi« ist eine veraltete Bezeichnung für »Haare«, das Suffix -sama stellt eine sehr höfliche, geschlechtsunabhängige Anrede dar.

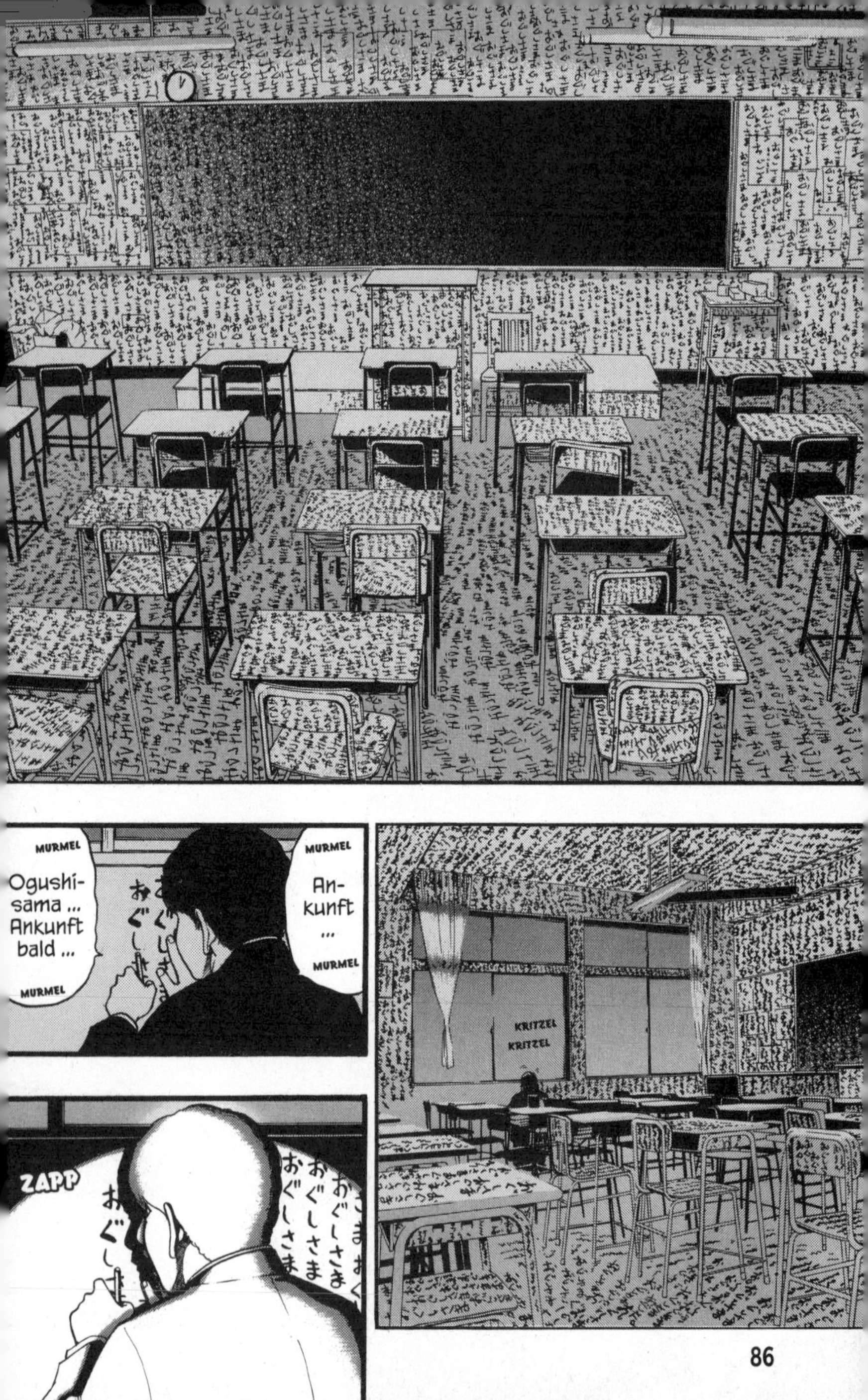

MURMEL
Ankunft ...
MURMEL
MURMEL
Ogushi-sama ... Ankunft bald ...
MURMEL
KRITZEL
KRITZEL
ZAPP
おぐしさま
おぐしさま
おぐしさま

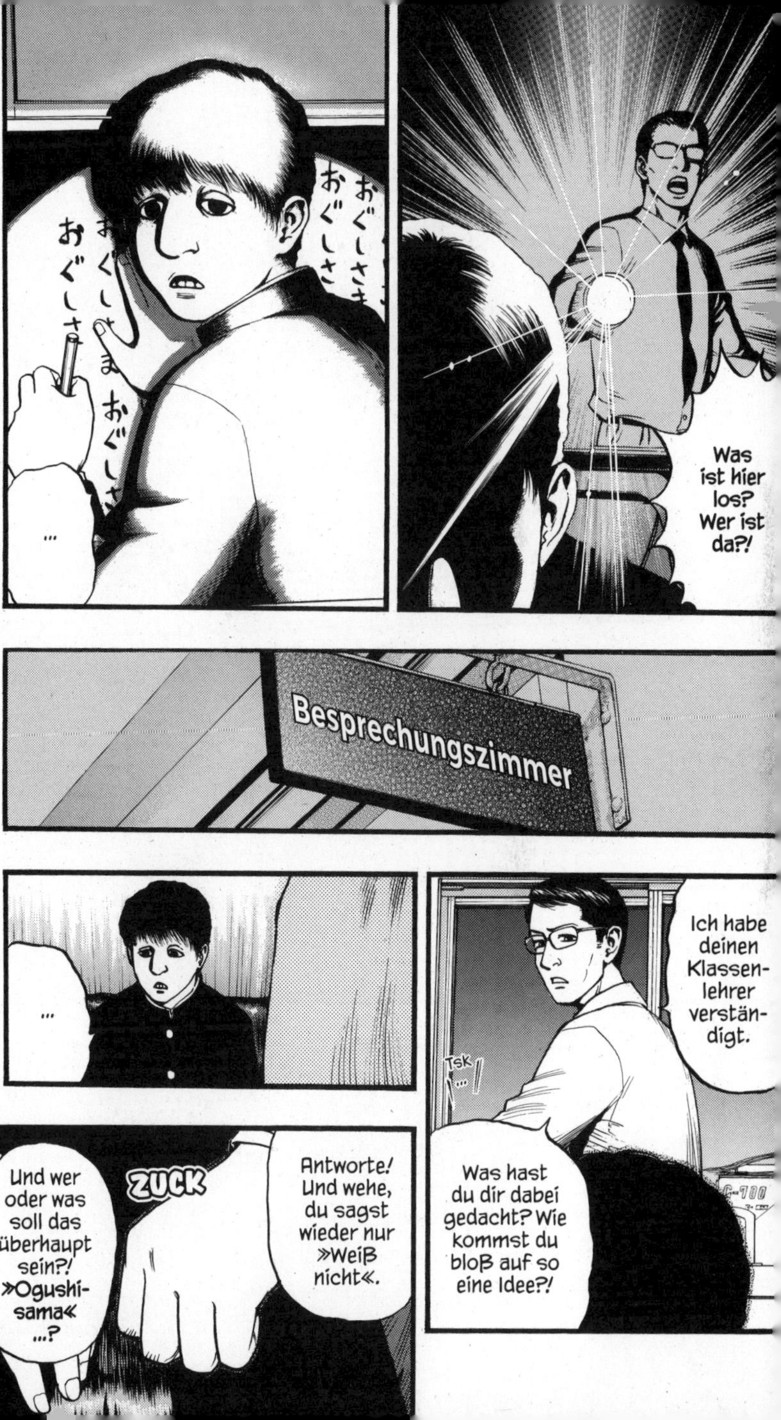
Was ist hier los? Wer ist da?!
おぐしさま
おぐしさ
おぐしさま
おぐしさ
…
Besprechungszimmer
Ich habe deinen Klassenlehrer verständigt.
Tsk …!
…
Was hast du dir dabei gedacht? Wie kommst du bloß auf so eine Idee?!
Antworte! Und wehe, du sagst wieder nur »Weiß nicht«.
ZUCK
Und wer oder was soll das überhaupt sein?! »Ogushi-sama« …?

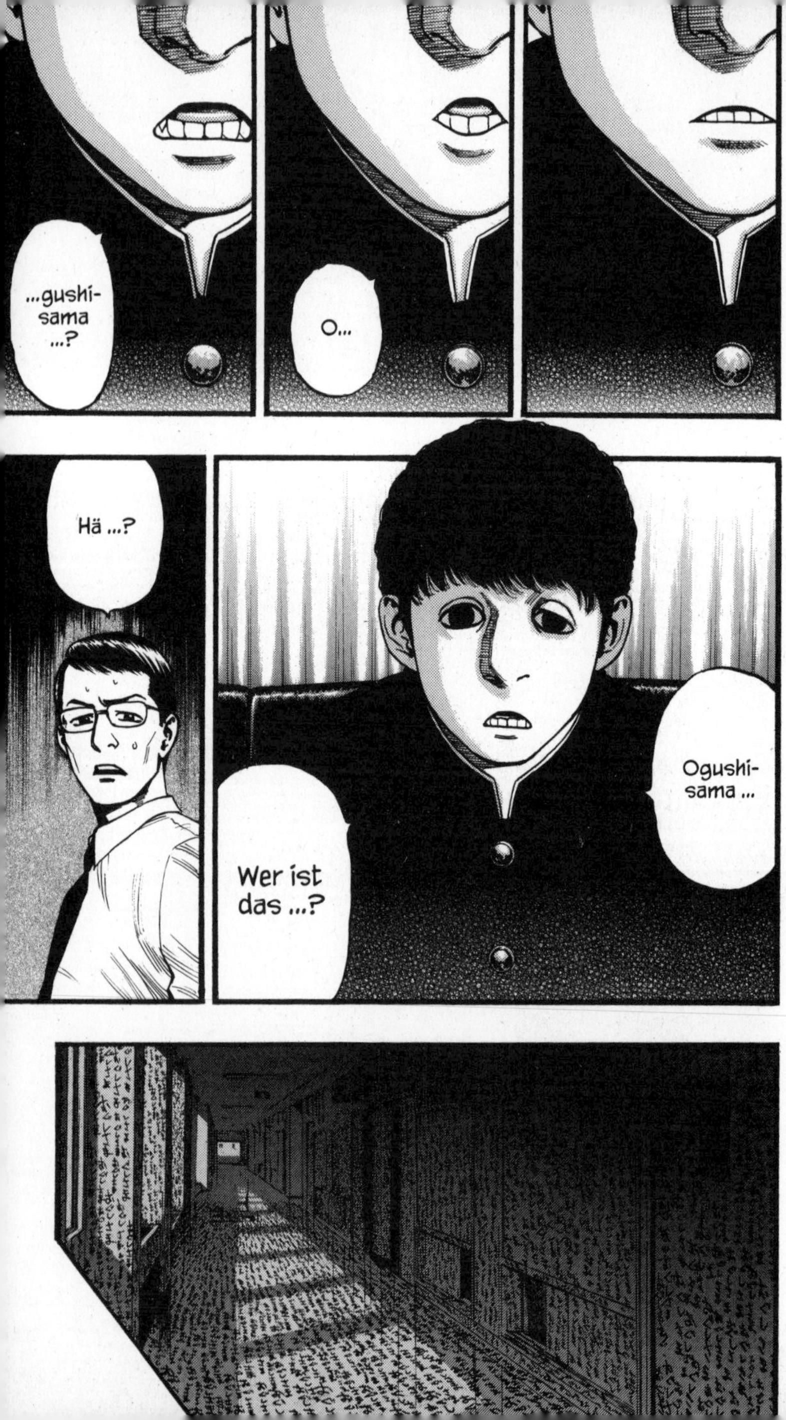
O...
...gushi-sama ...?
Ogushi-sama ...
Wer ist das ...?
Hä ...?

… verbleibt an Morgensonne noch vierzig und neun,
beziehungsweise an Abendsonne hundert und fünf.

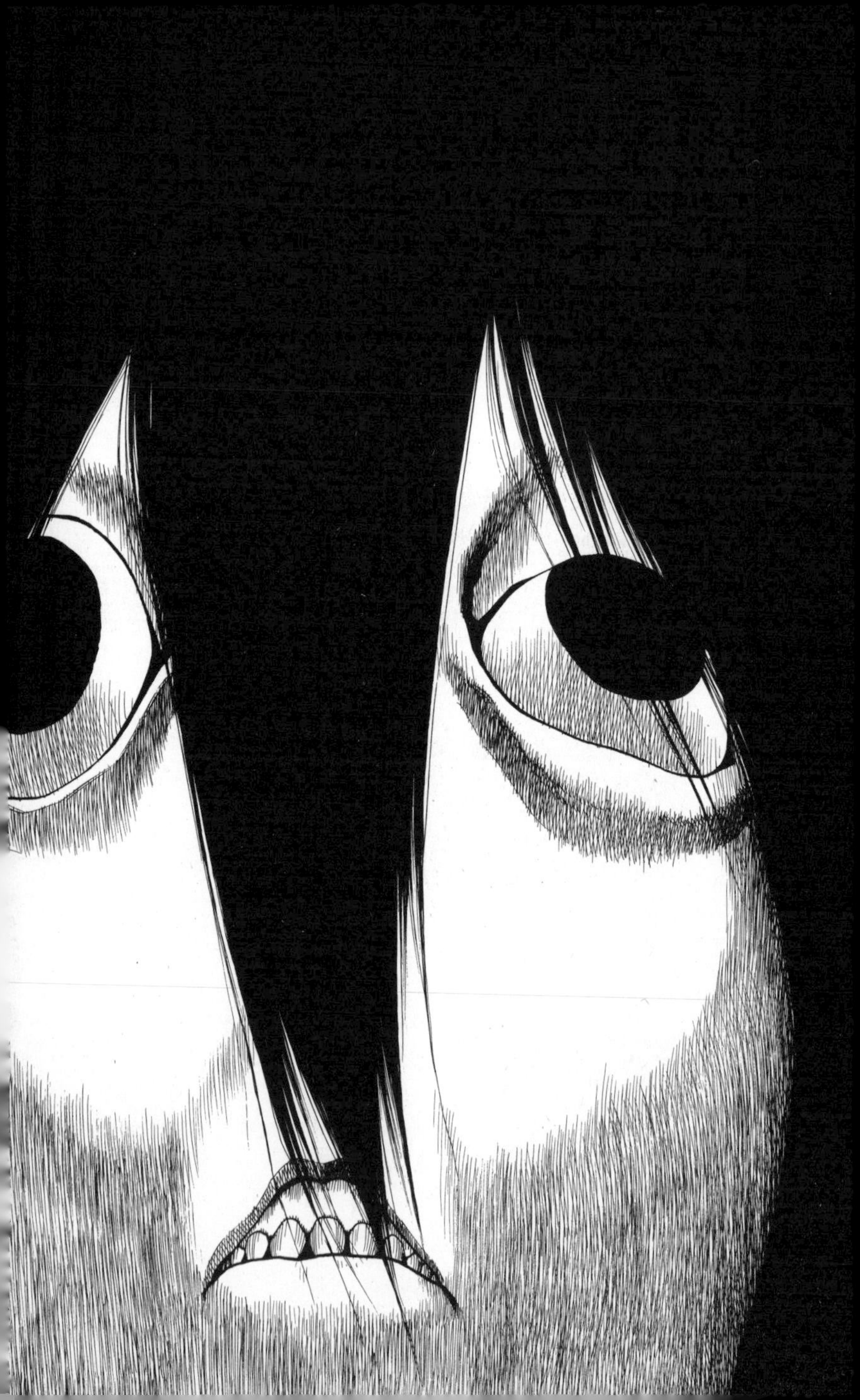

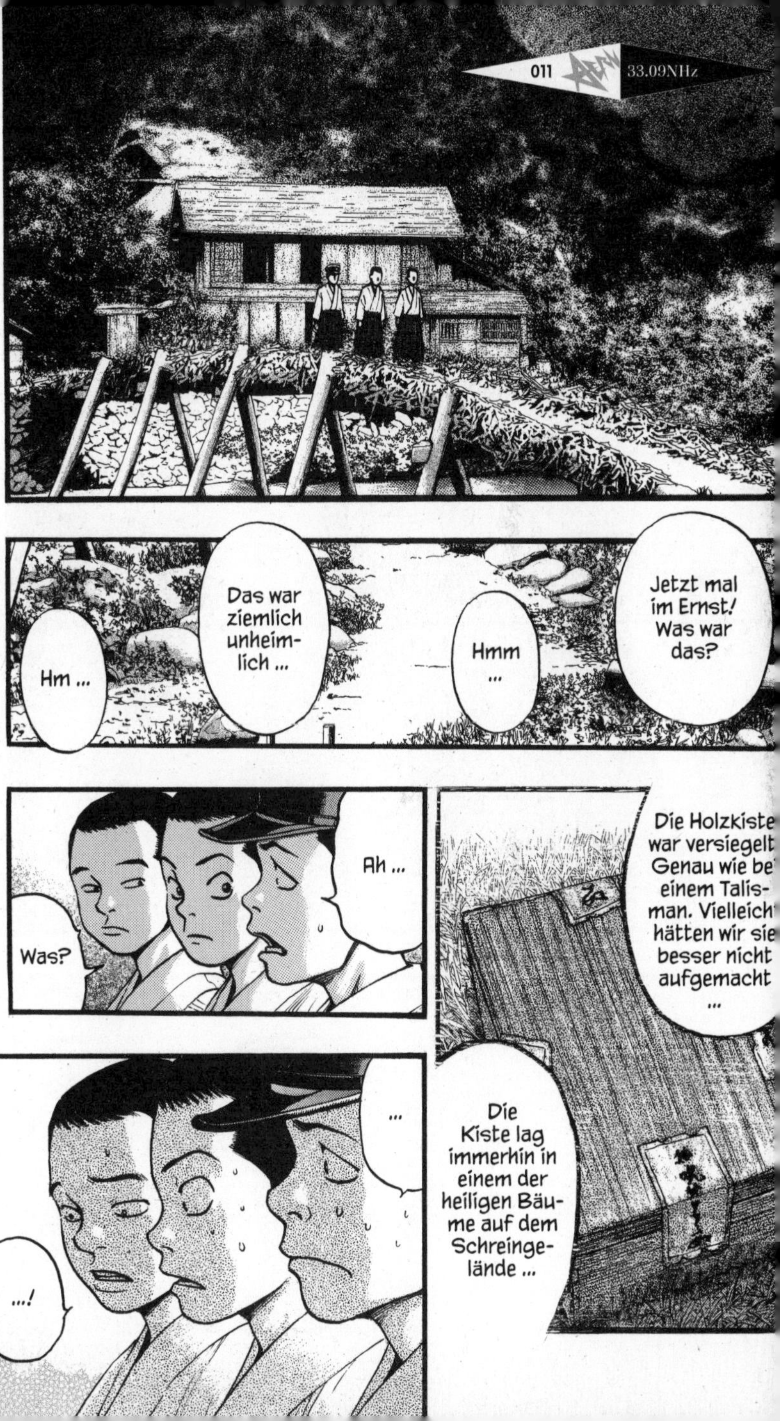
Jetzt mal im Ernst! Was war das?
Hmm ...
Das war ziemlich unheimlich ...
Hm ...
Die Holzkiste war versiegelt Genau wie be einem Talisman. Vielleich hätten wir sie besser nicht aufgemacht ...
Ah ...
Was?
Die Kiste lag immerhin in einem der heiligen Bäume auf dem Schreingelände ...
...
...!

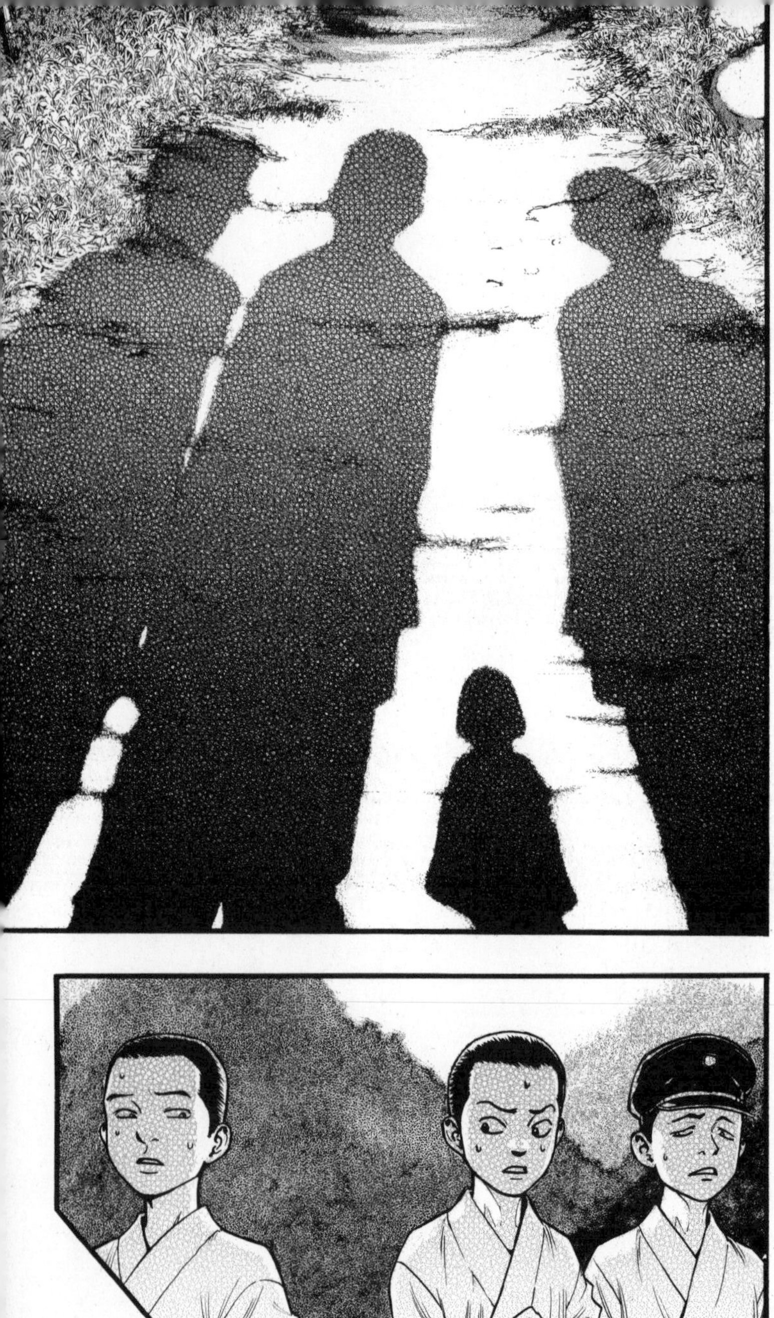

Fragen und Antworten werden in ein Gefäß gesteckt, das für sechzig Jahre in den hintersten Winkel des Regals gestellt wird.

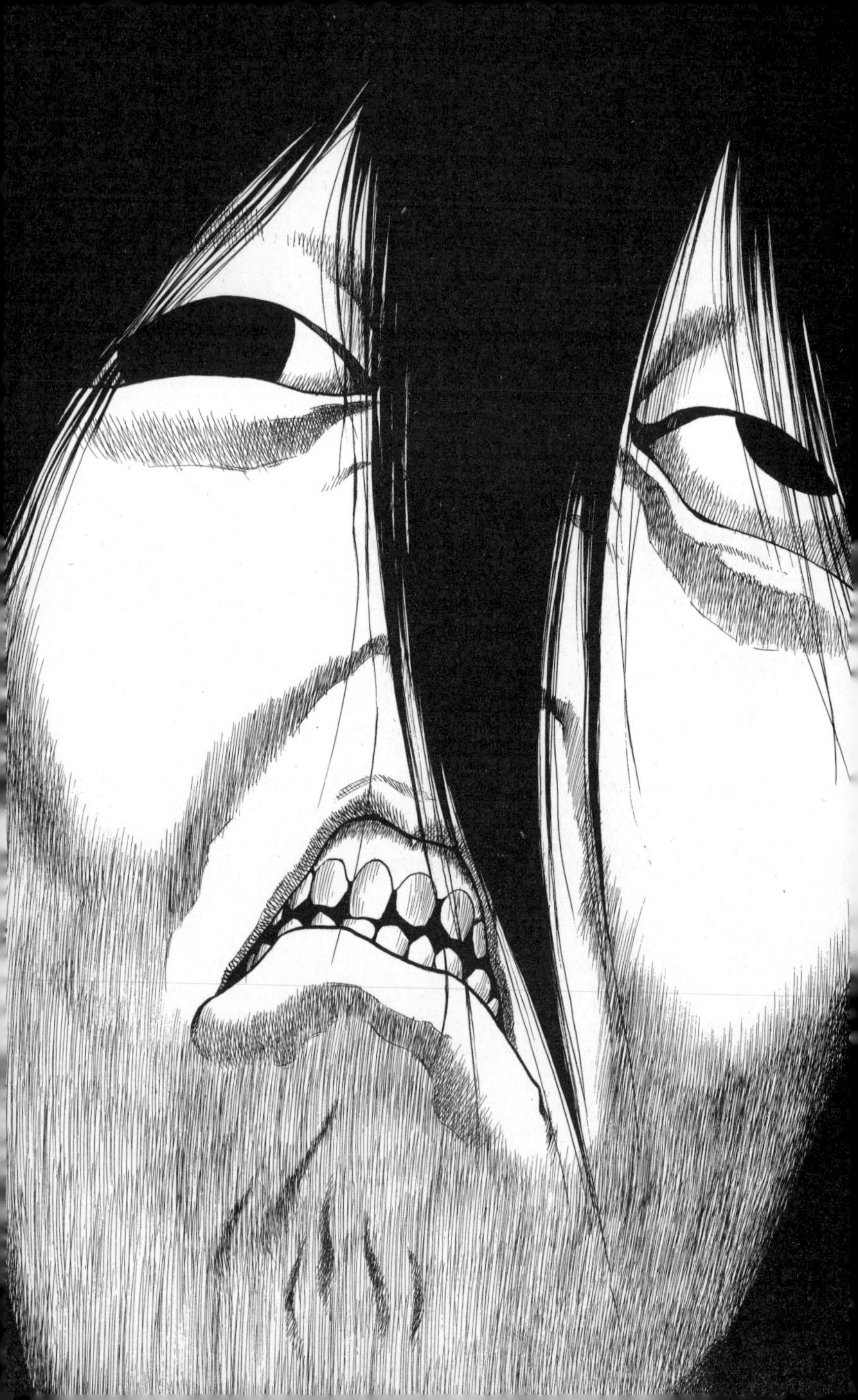

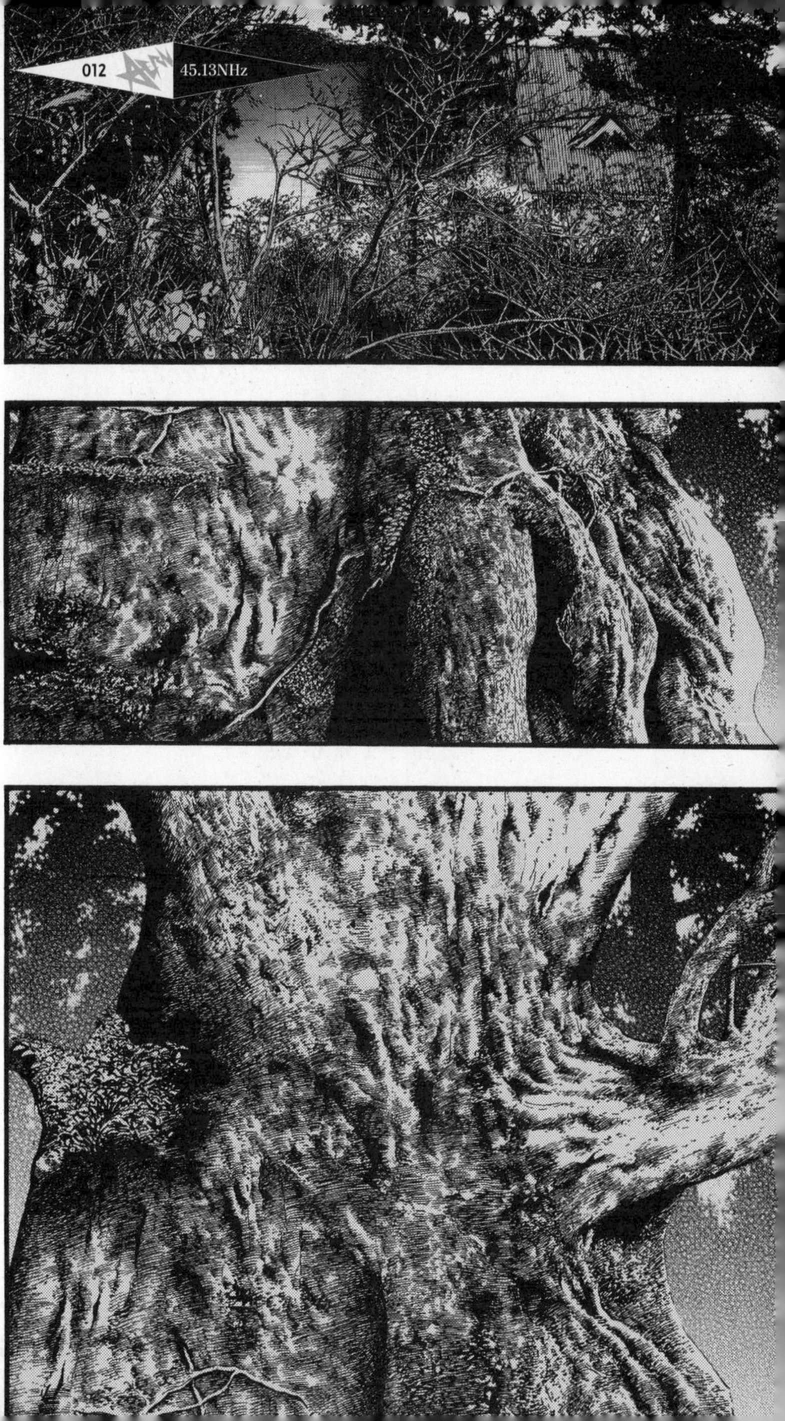

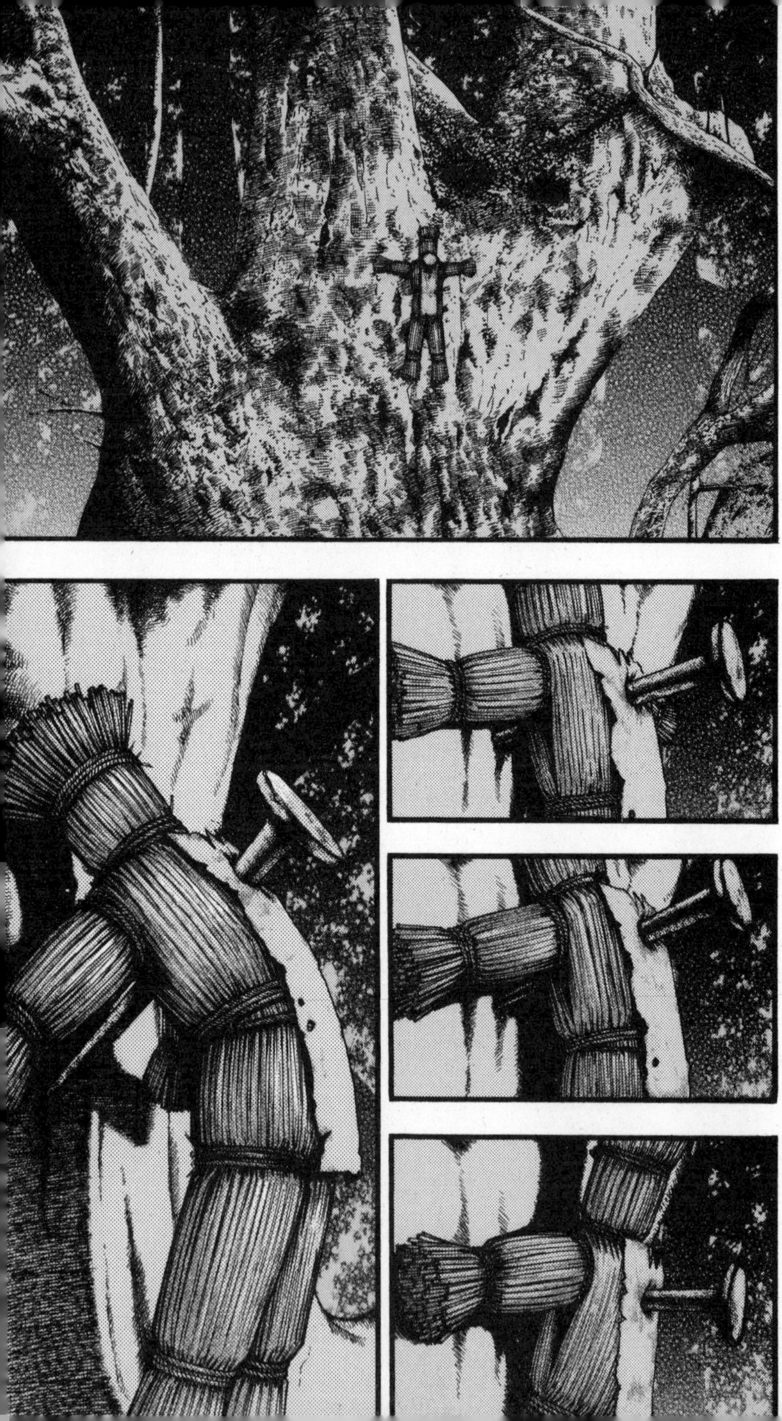

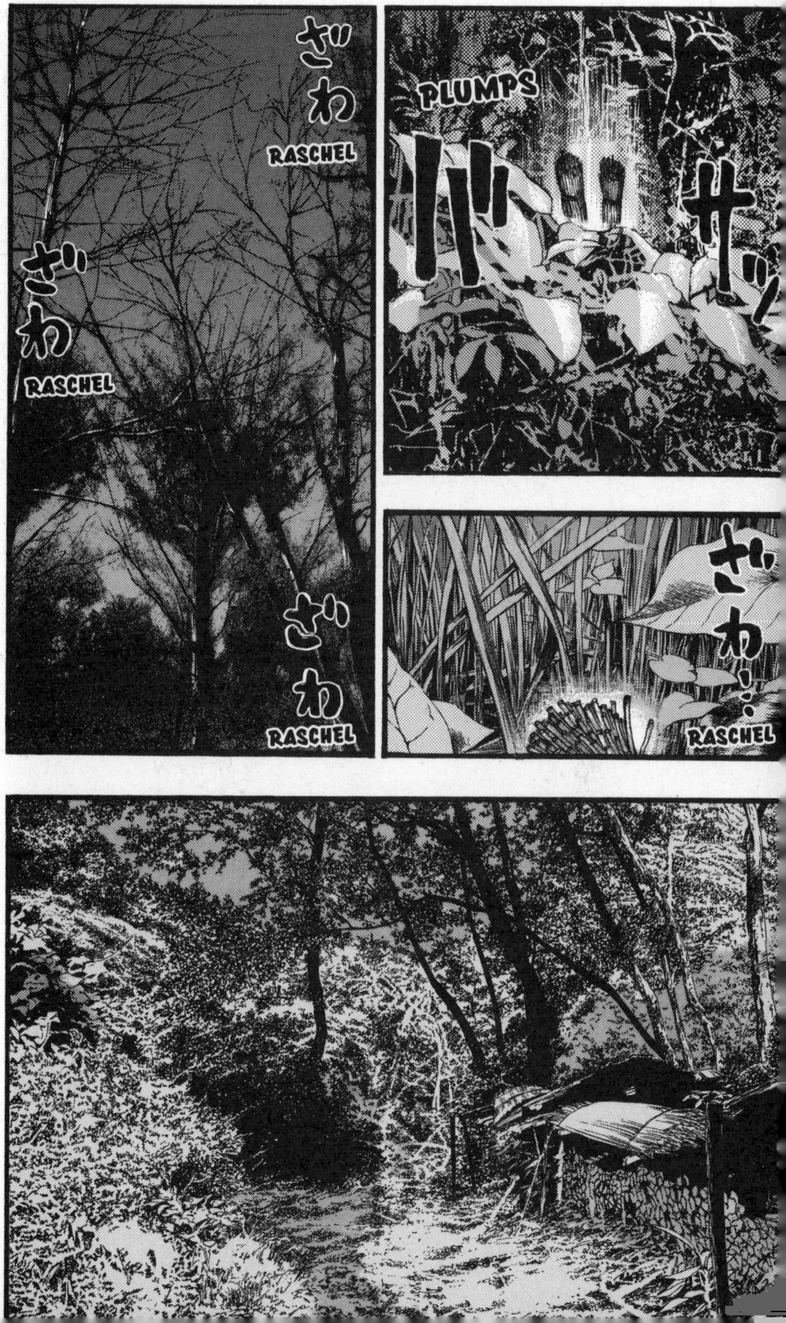

ザッ
PLUMPS
ざわ
RASCHEL
ざわ
RASCHEL
ざわ
RASCHEL
ざわ
RASCHEL

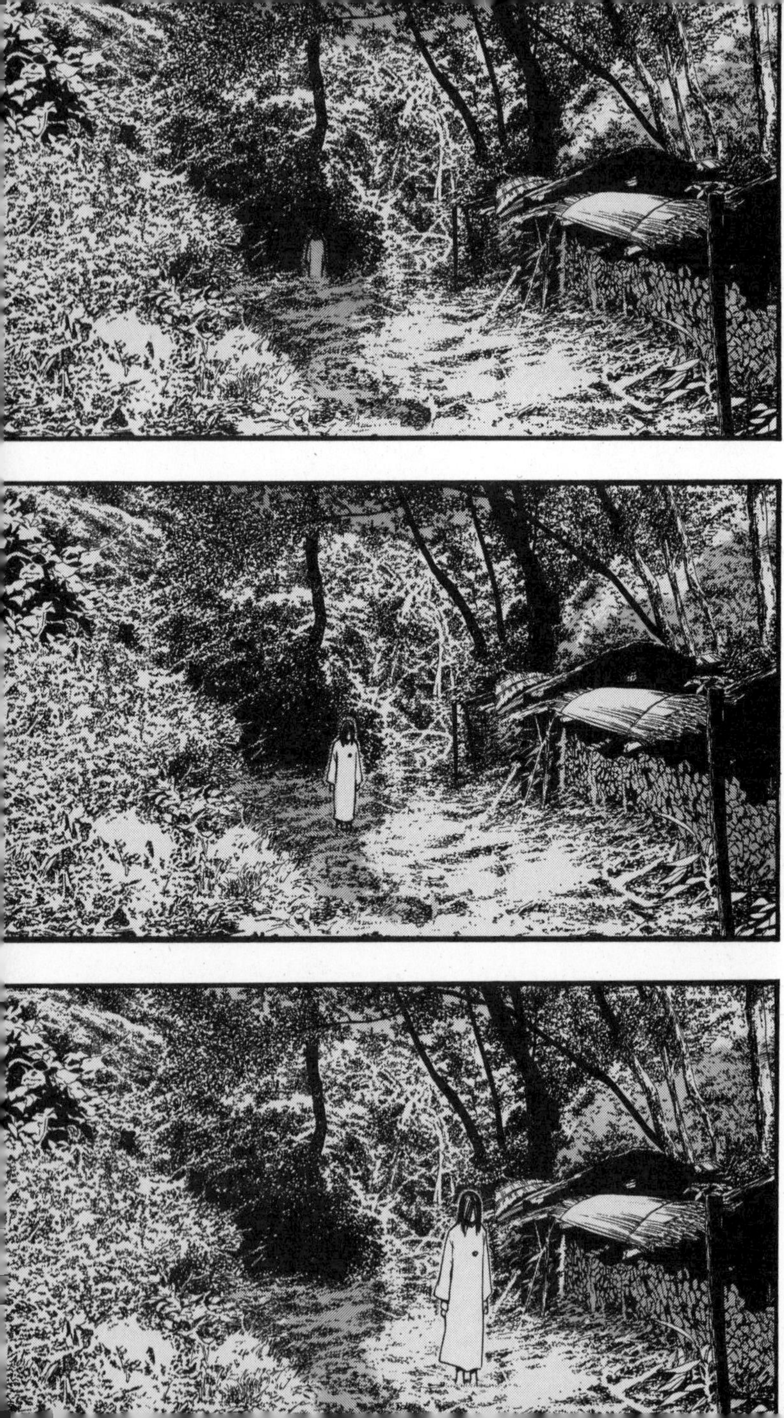

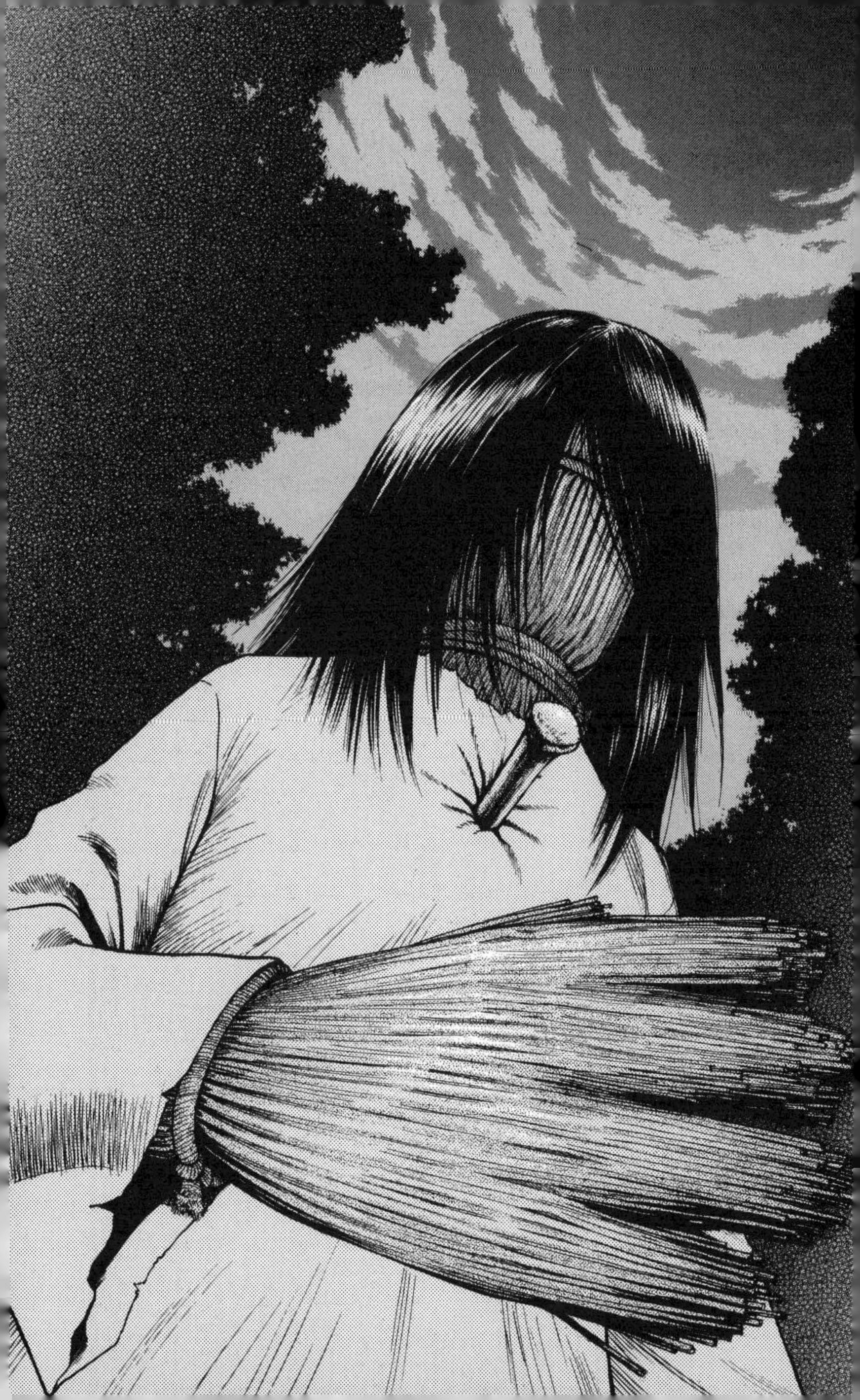

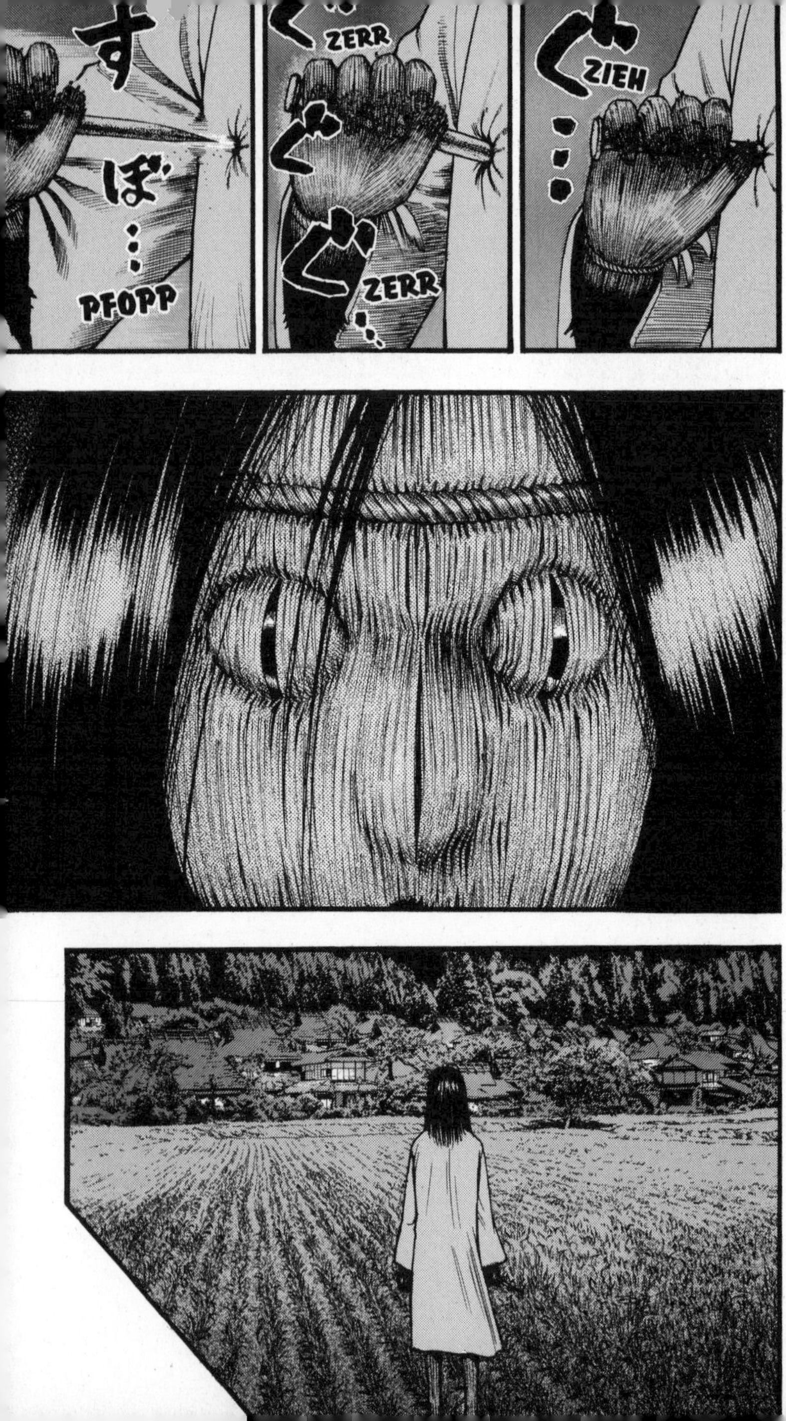

ぐ…
ZIEH
ぐ
ZERR
ぐ
ぐ…
ZERR
すぽ…
PFOPP

Das Einzige, was am Grund verrottet, ist der Verstand.

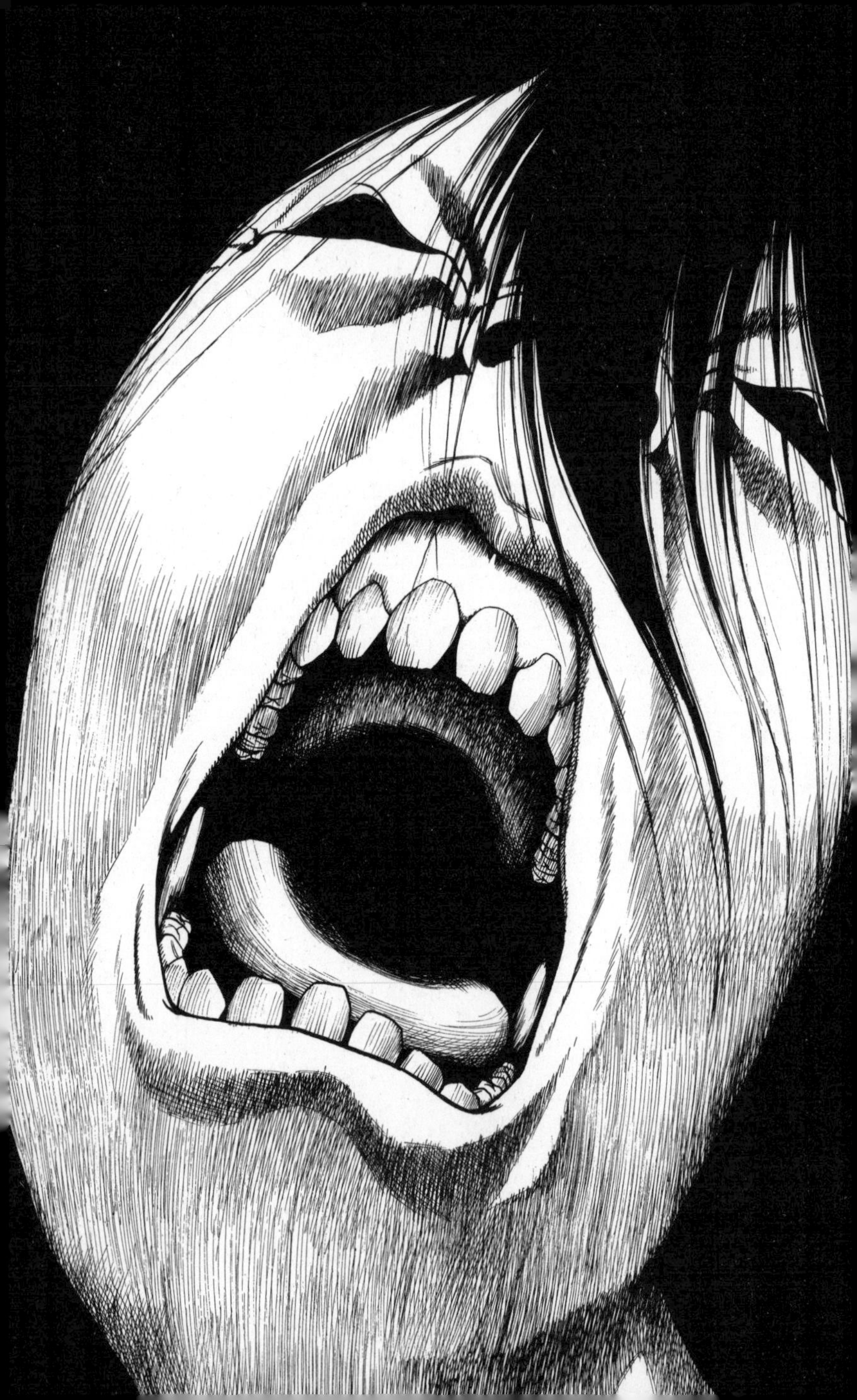

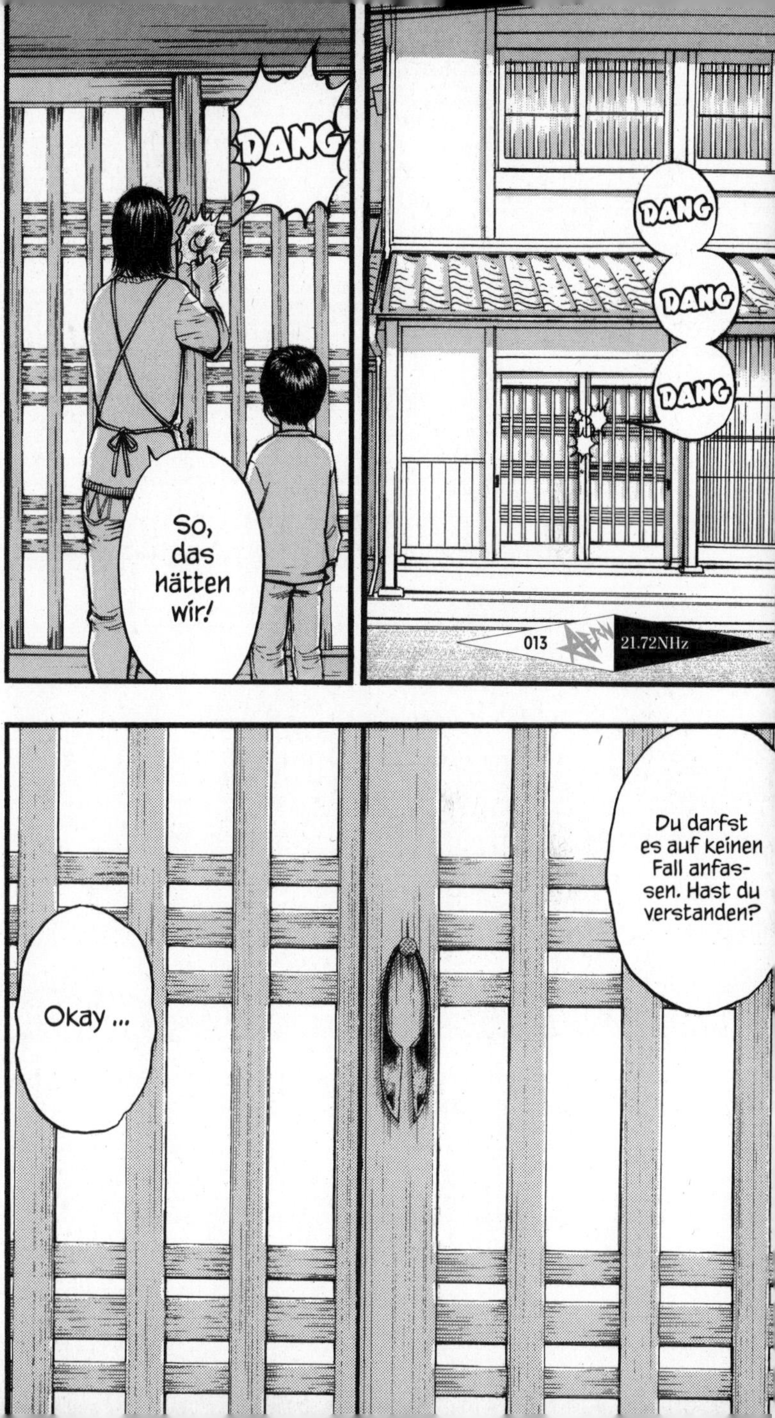
DANG
DANG
DANG
013
21.72NHz
DANG
So, das hätten wir!
Du darfst es auf keinen Fall anfassen. Hast du verstanden?
Okay ...

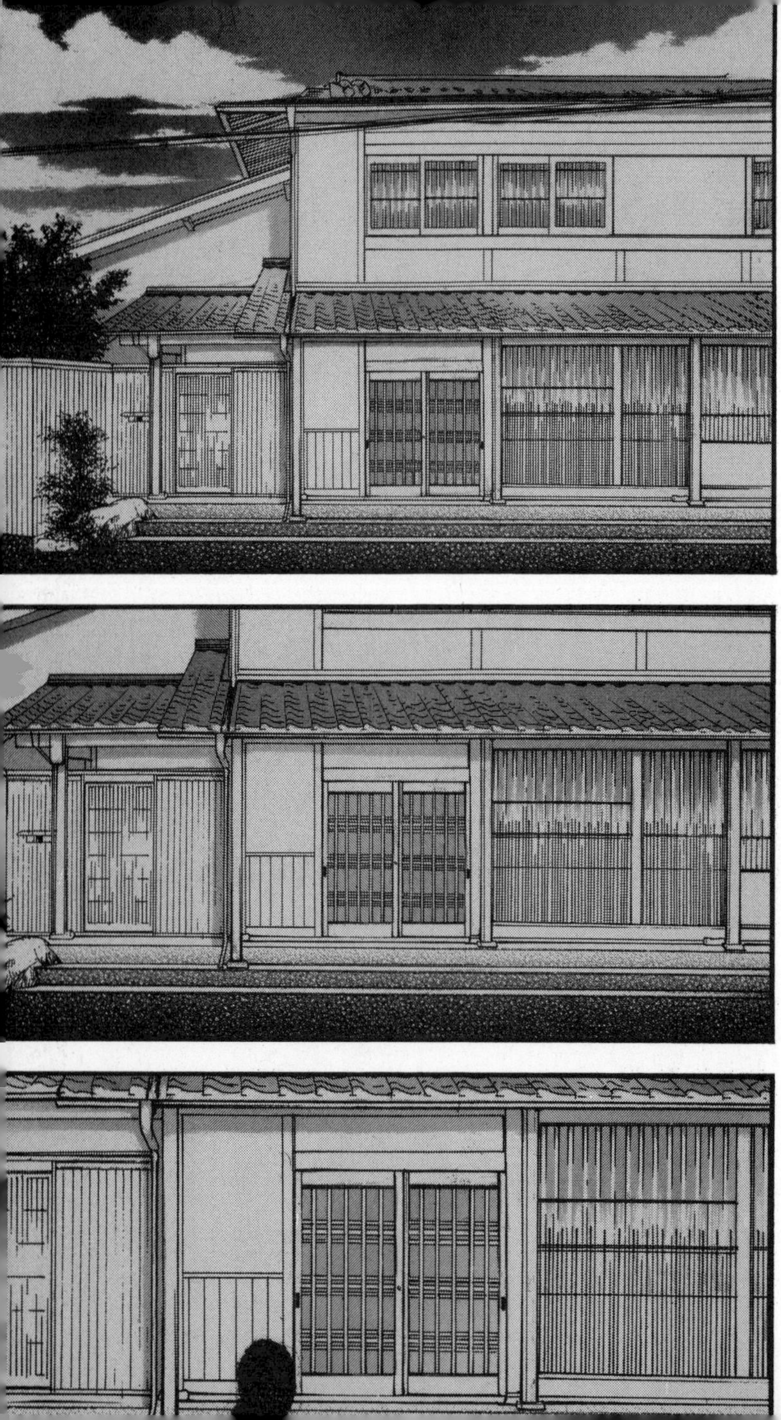

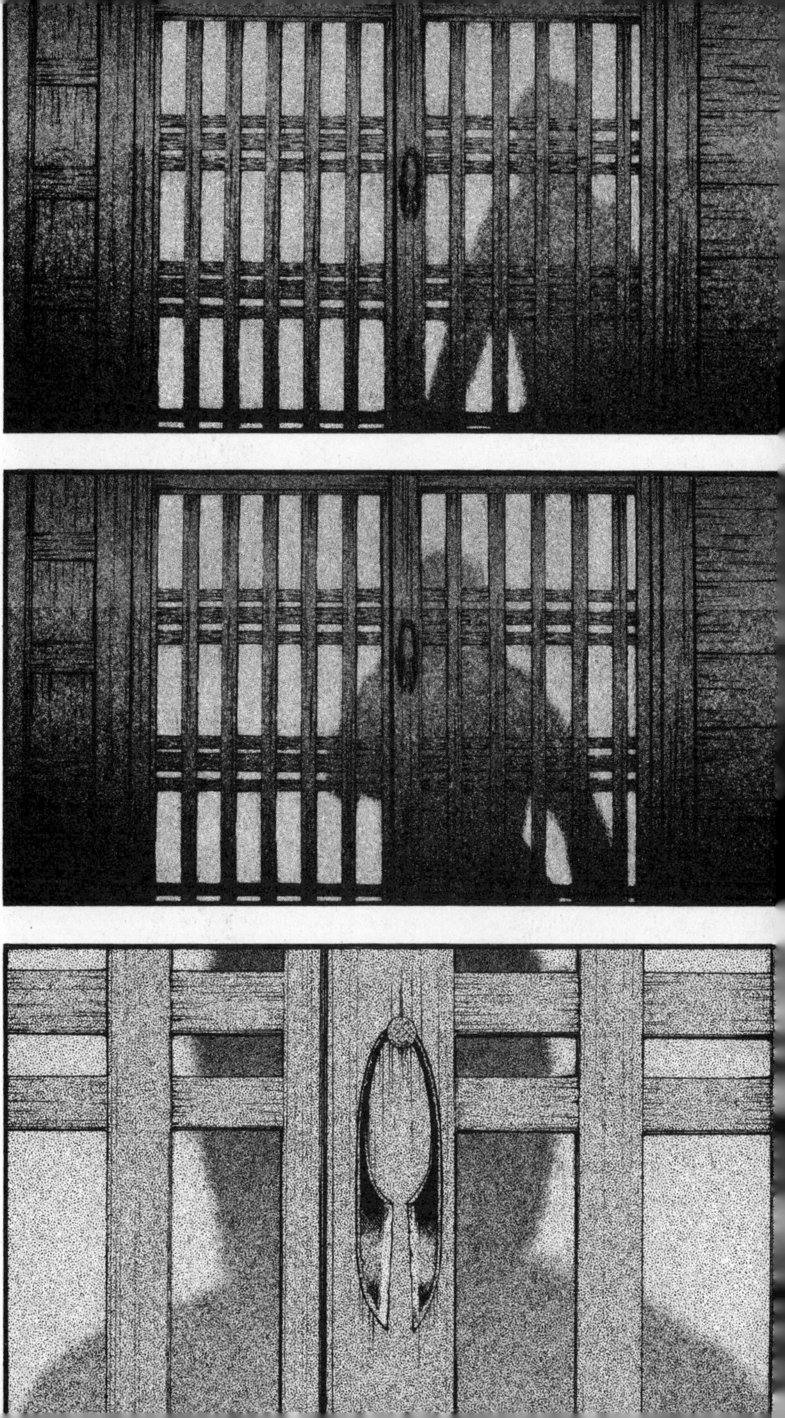

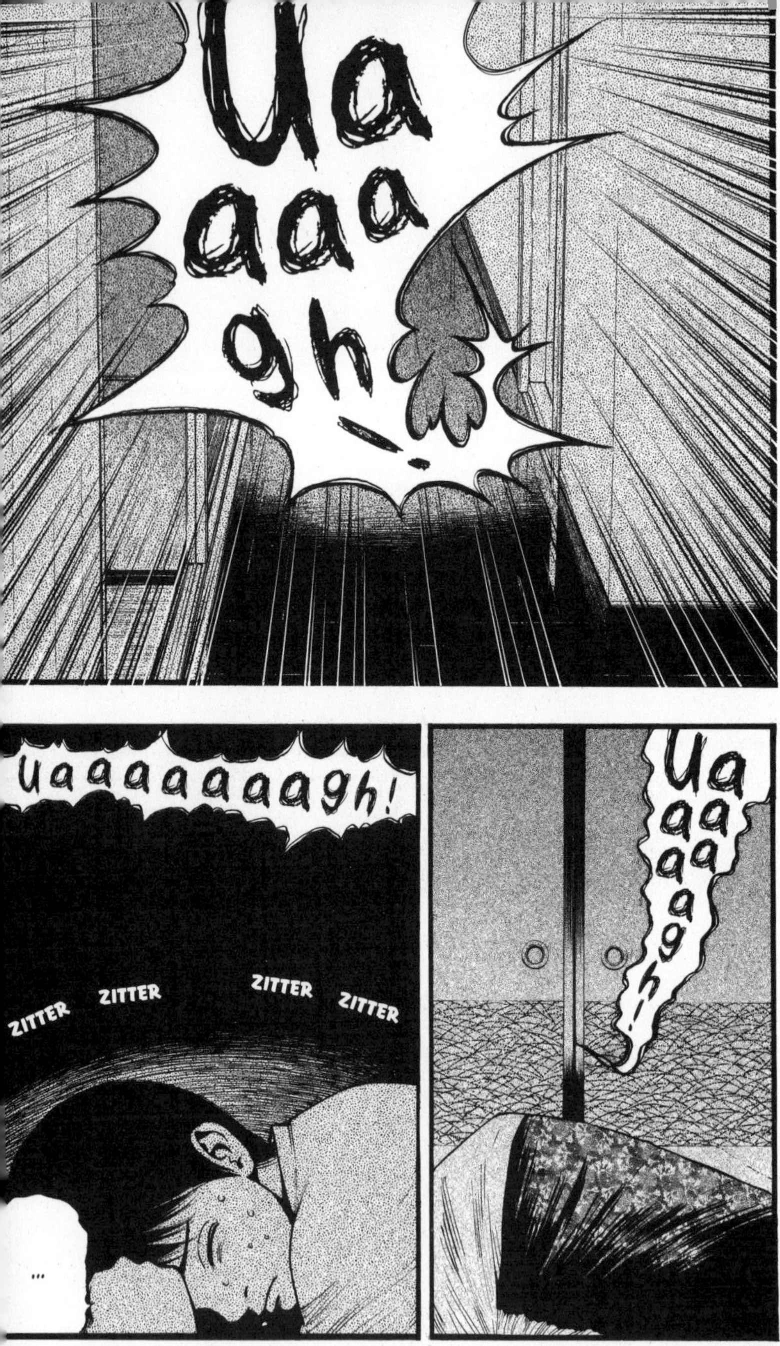

Uaaaagh!
Uaaaaaaagh!
Uaaaaaaaagh!
ZITTER
ZITTER
ZITTER
ZITTER
...

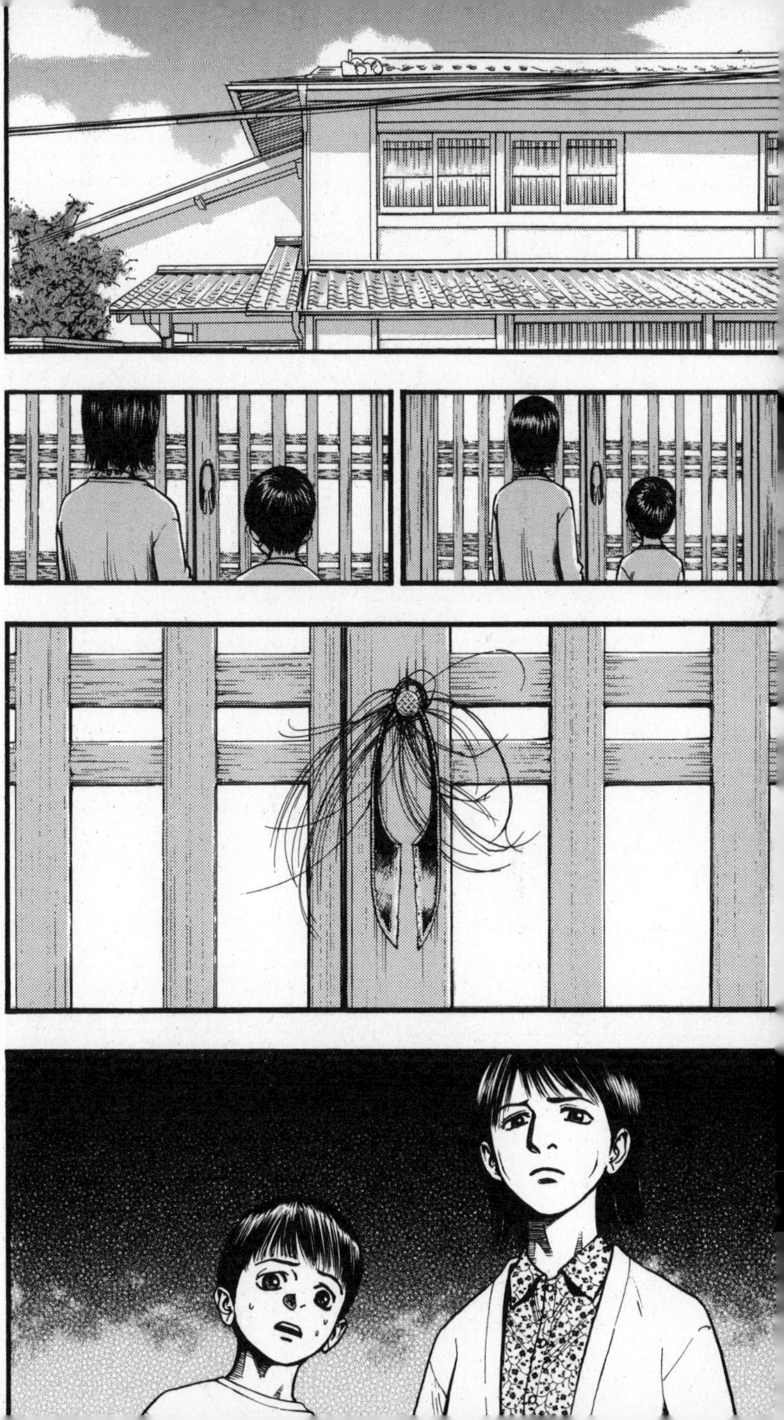

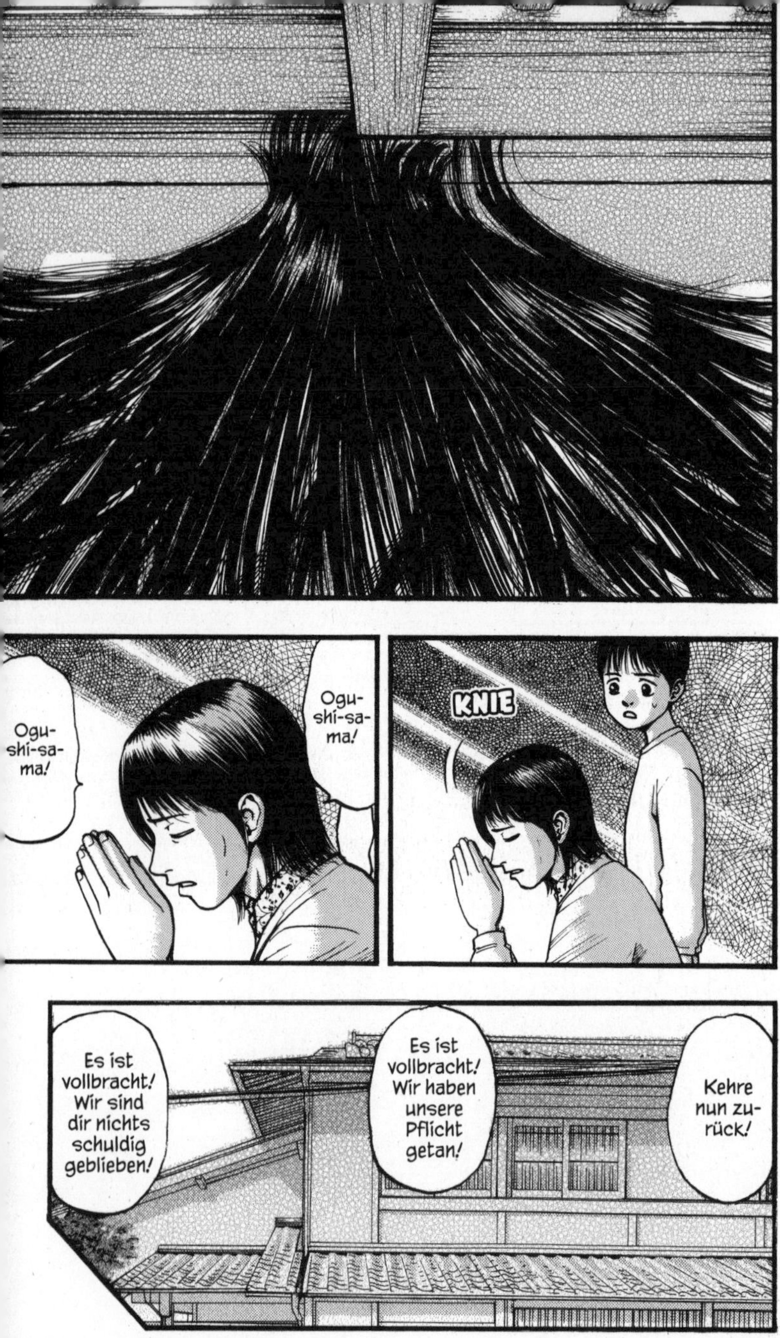
KNIE
Ogu-shi-sama!
Ogu-shi-sama!
Kehre nun zurück!
Es ist vollbracht! Wir haben unsere Pflicht getan!
Es ist vollbracht! Wir sind dir nichts schuldig geblieben!

Die Insekten unterm Vordach lachen bitterlich
und weinen schallend.

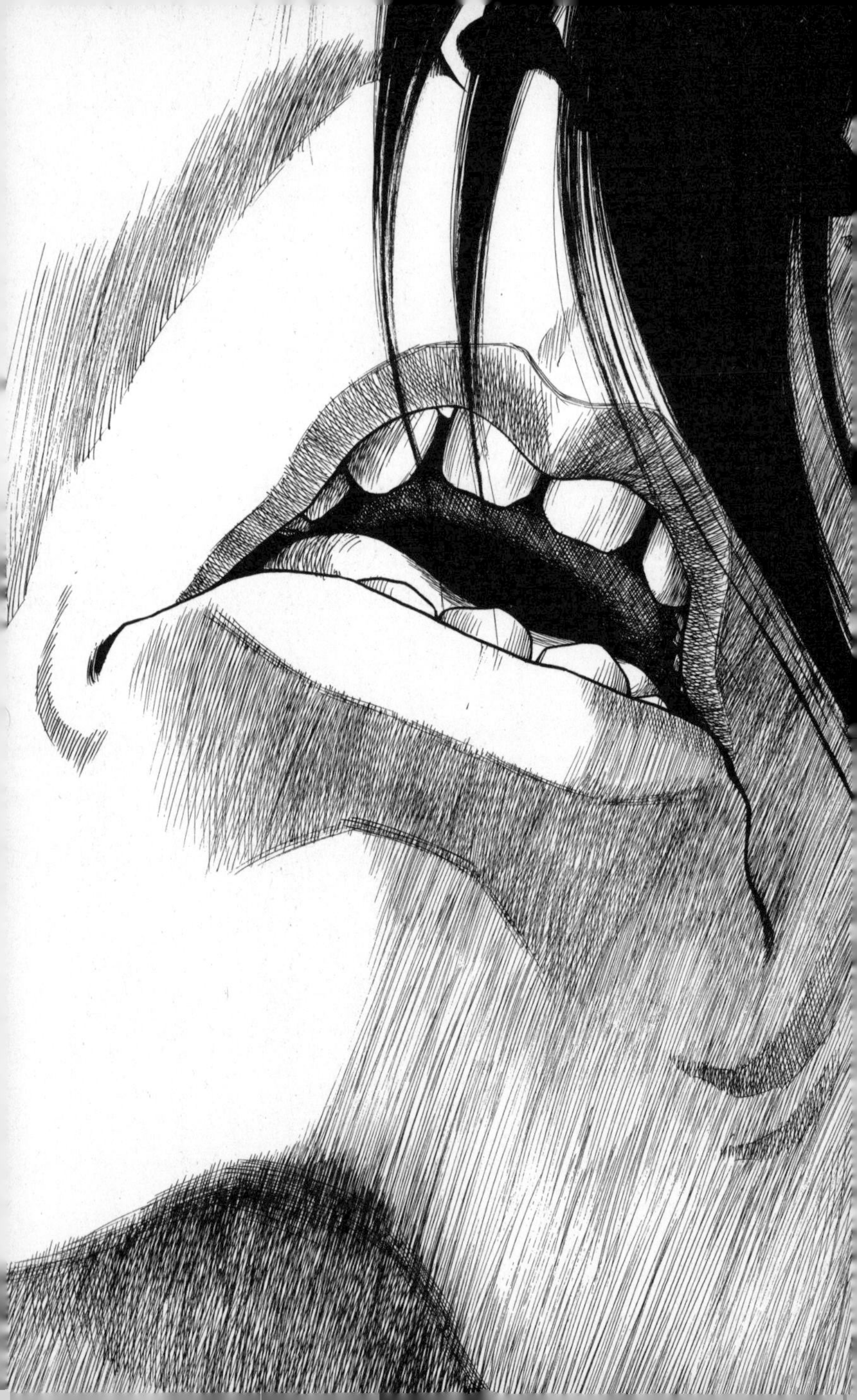

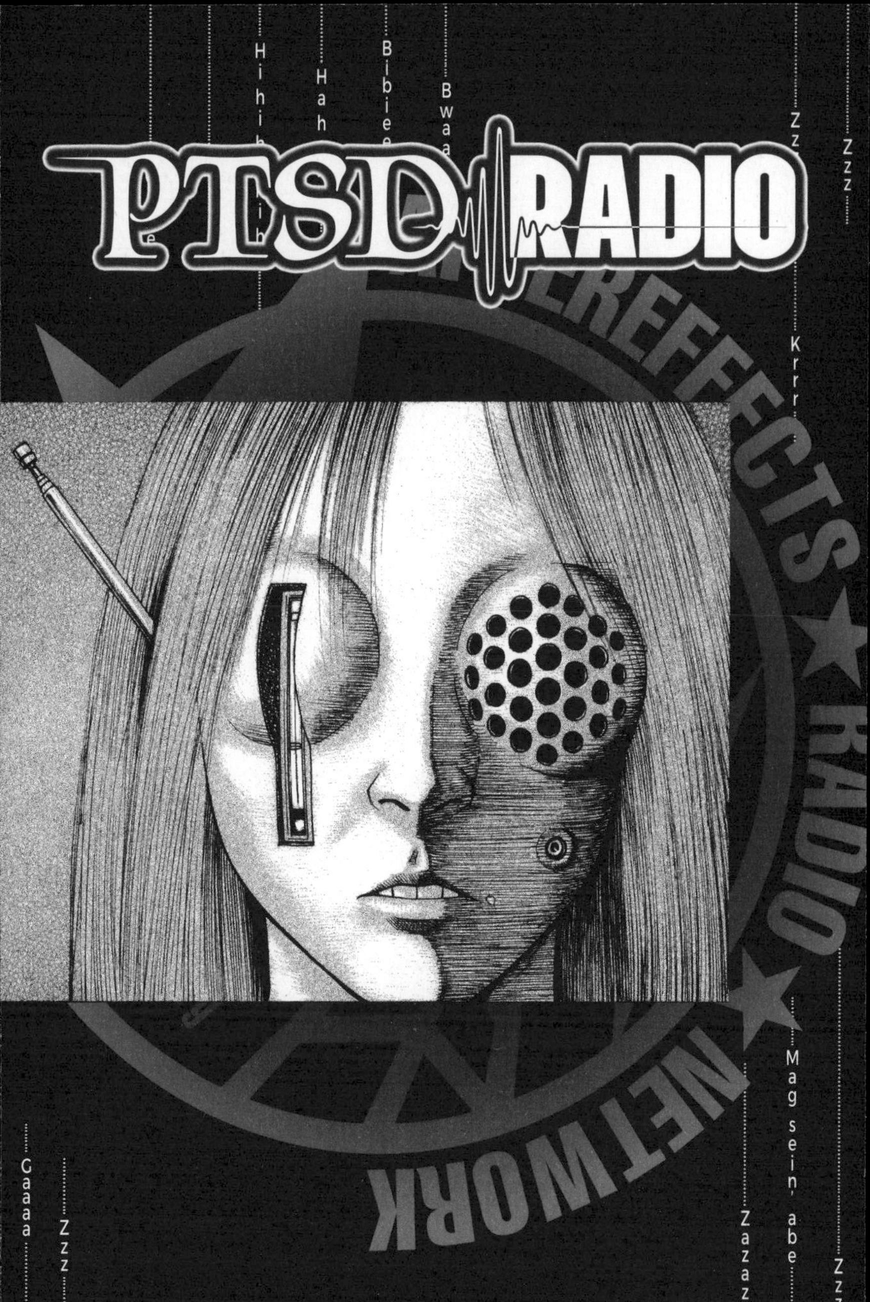

PTSD RADIO
EREFFECTS★RADIO★NETWORK
Hah
Bibiee
Bwaa
Zz
Zzz
Krrr
Mag sein- abe
Zazaz
Gaaaa
Zzz
Zz

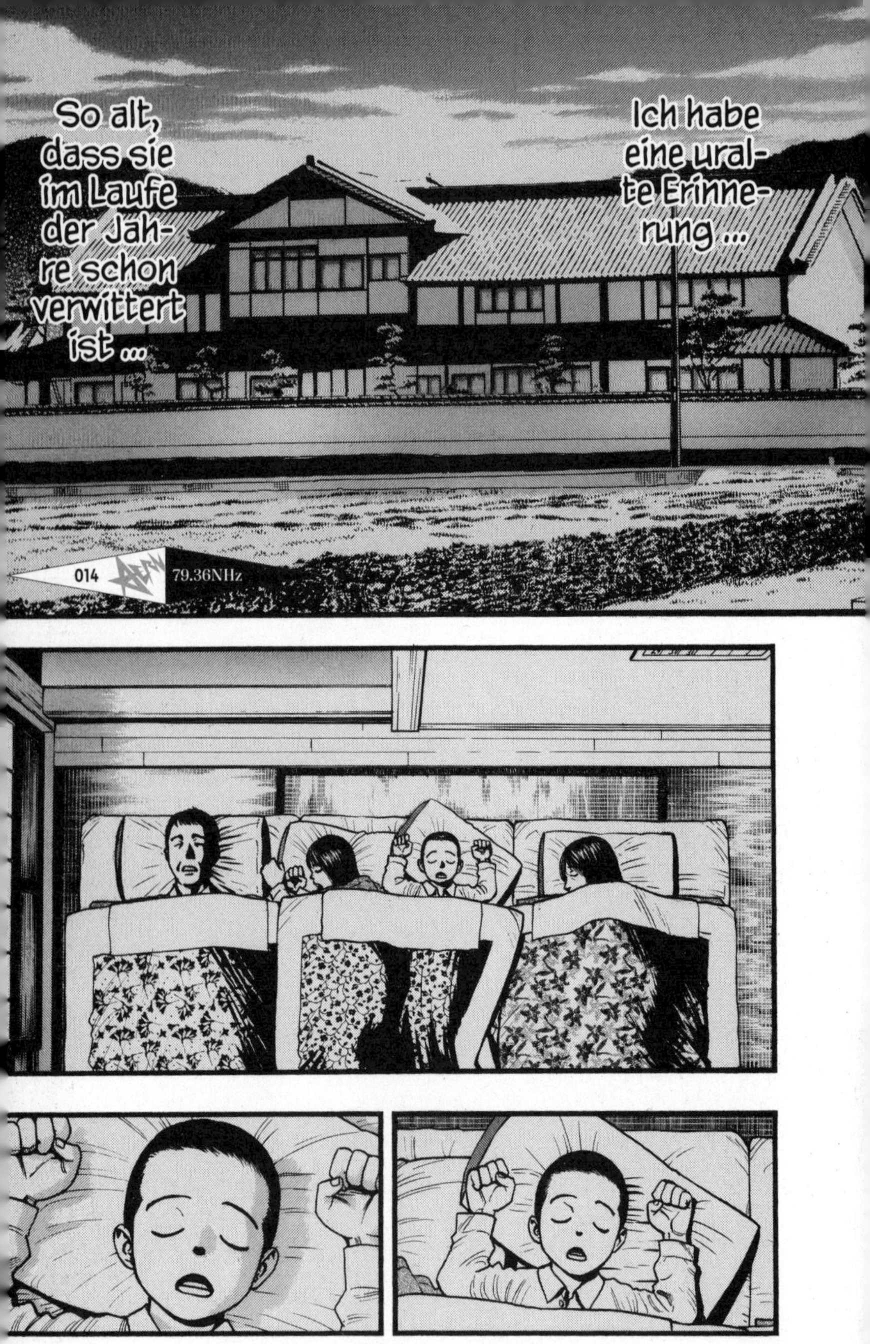
Ich habe eine uralte Erinnerung ...
So alt, dass sie im Laufe der Jahre schon verwittert ist ...
014
79.36NHz

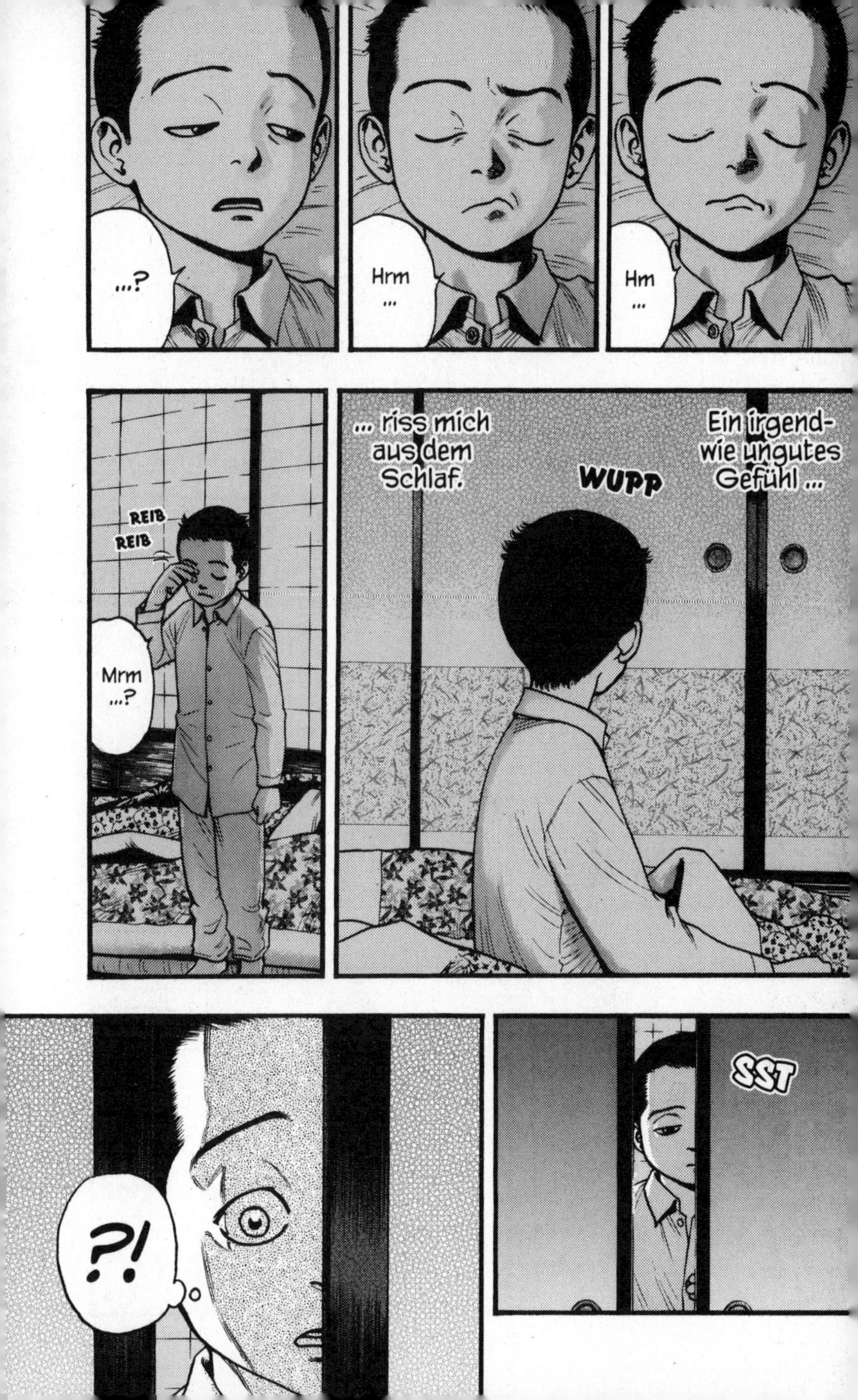

Hm ...
Hrm ...
...?
Ein irgend-wie ungutes Gefühl ...
WUPP
... riss mich aus dem Schlaf.
REIB REIB
Mrm ...?
SST
?!

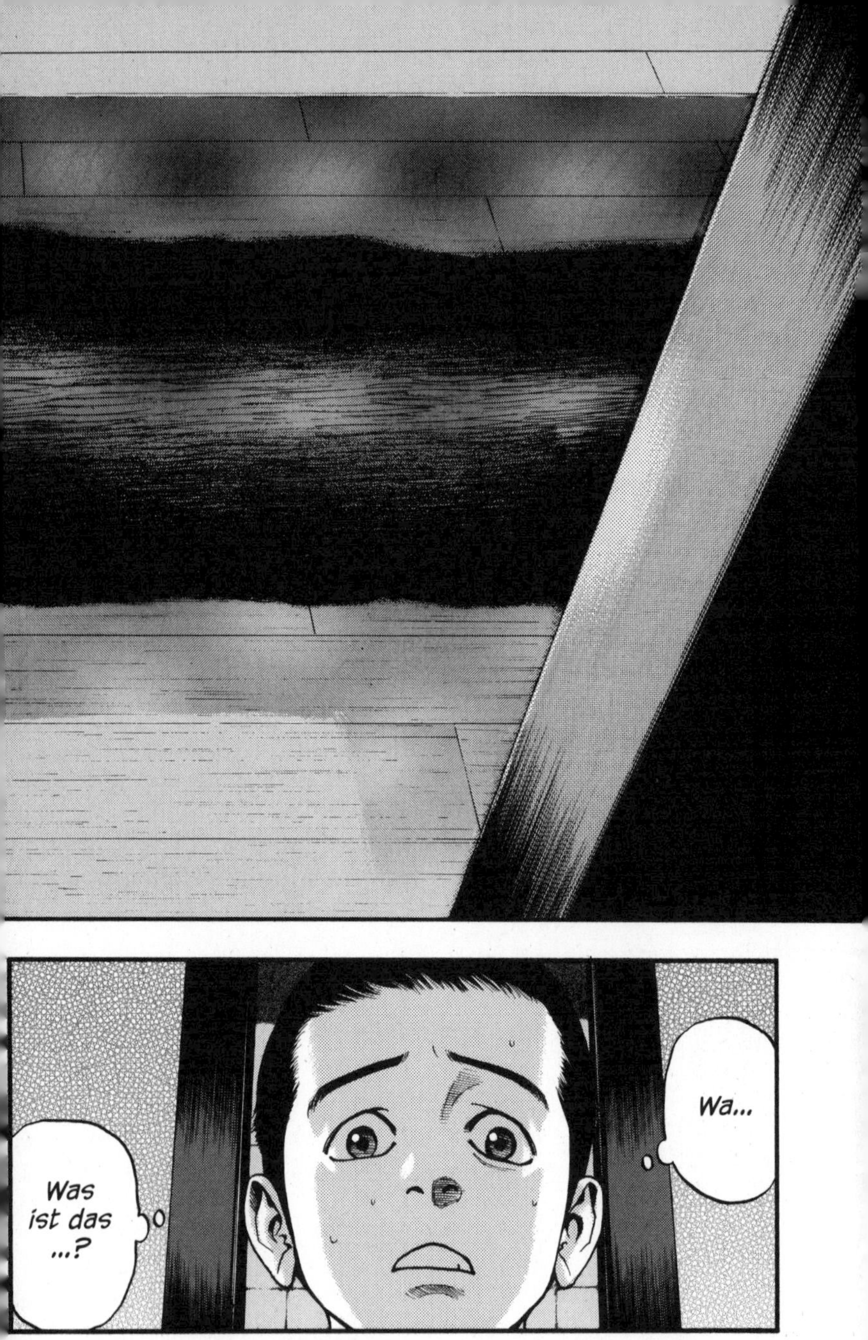
Wa...
Was ist das ...?

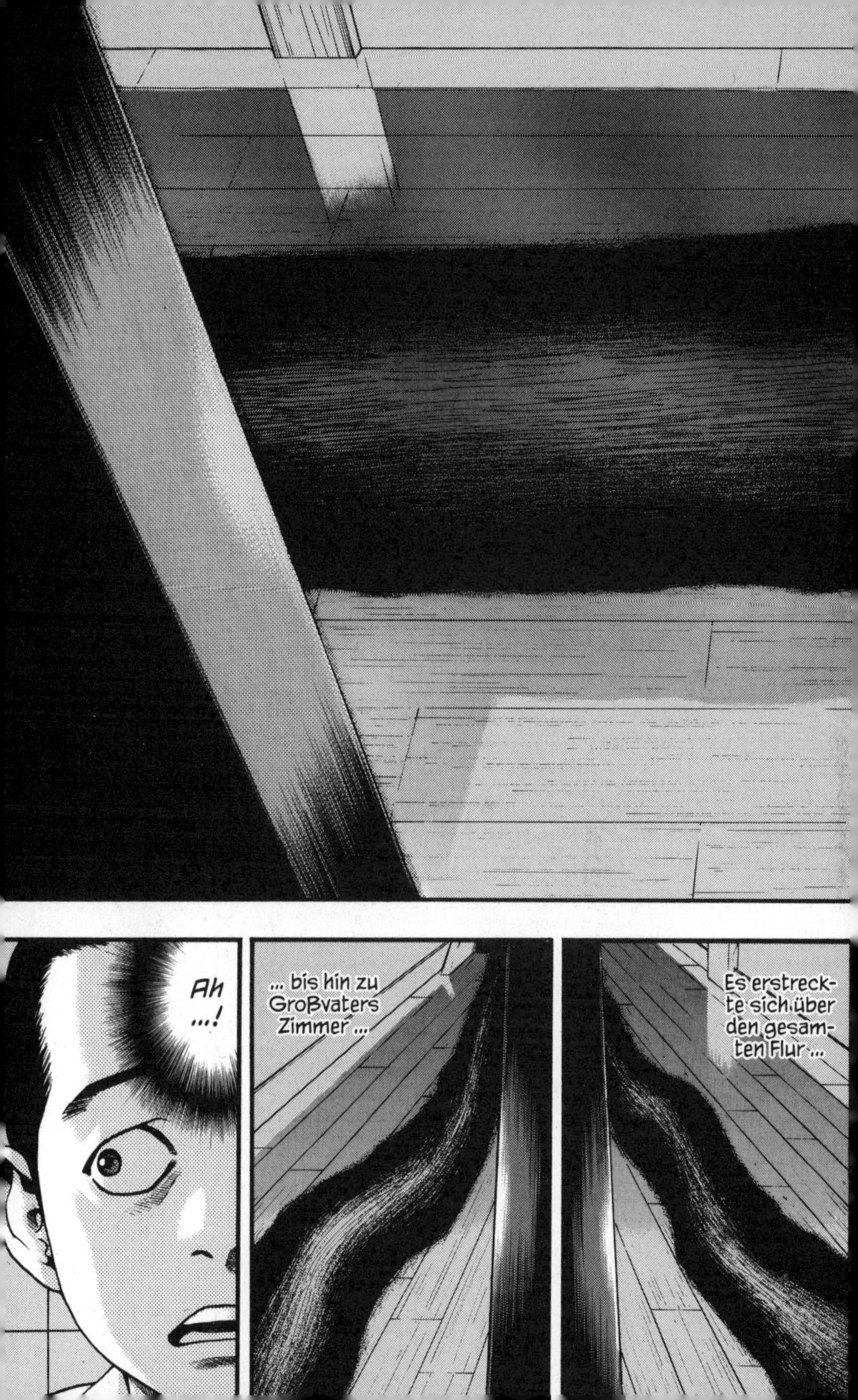
Es erstreckte sich über den gesamten Flur ...
... bis hin zu Großvaters Zimmer ...
Ah ...!

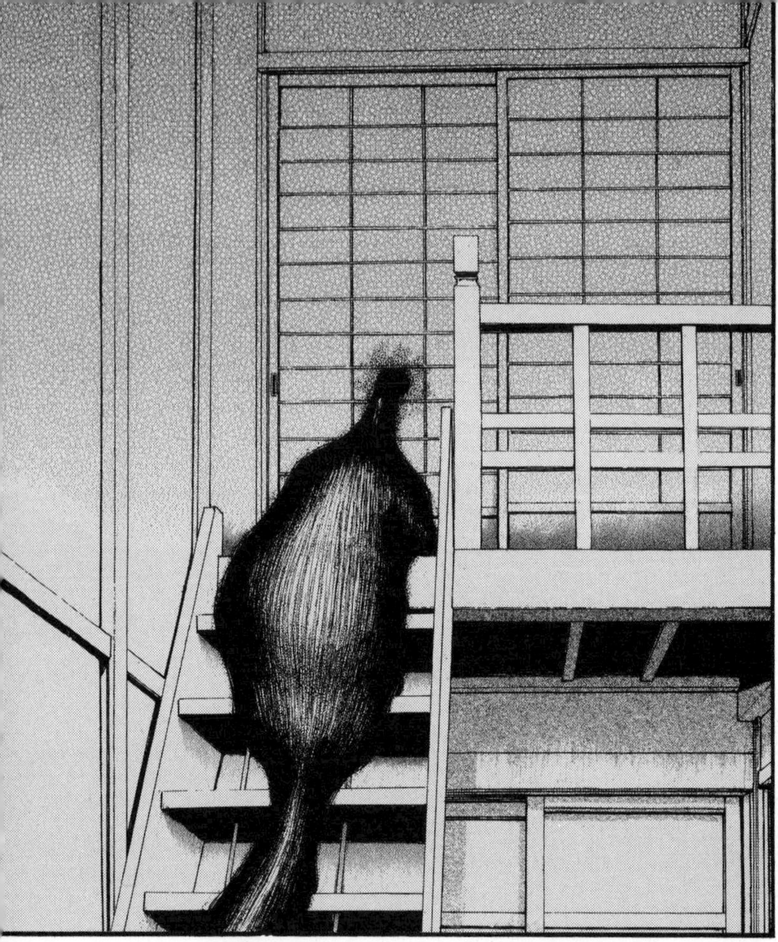
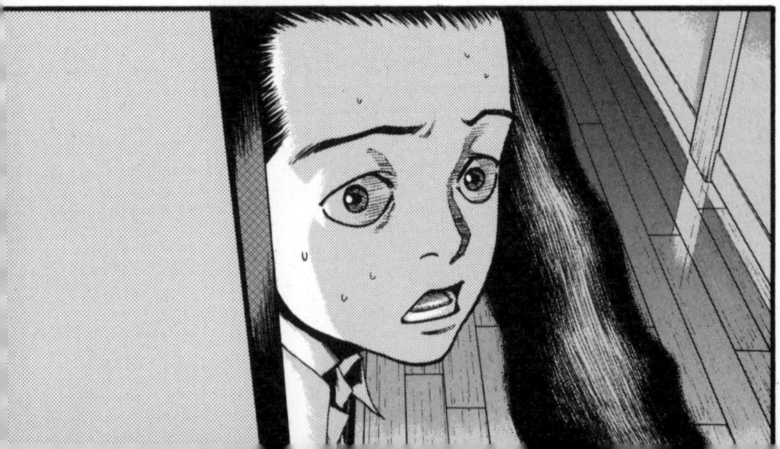

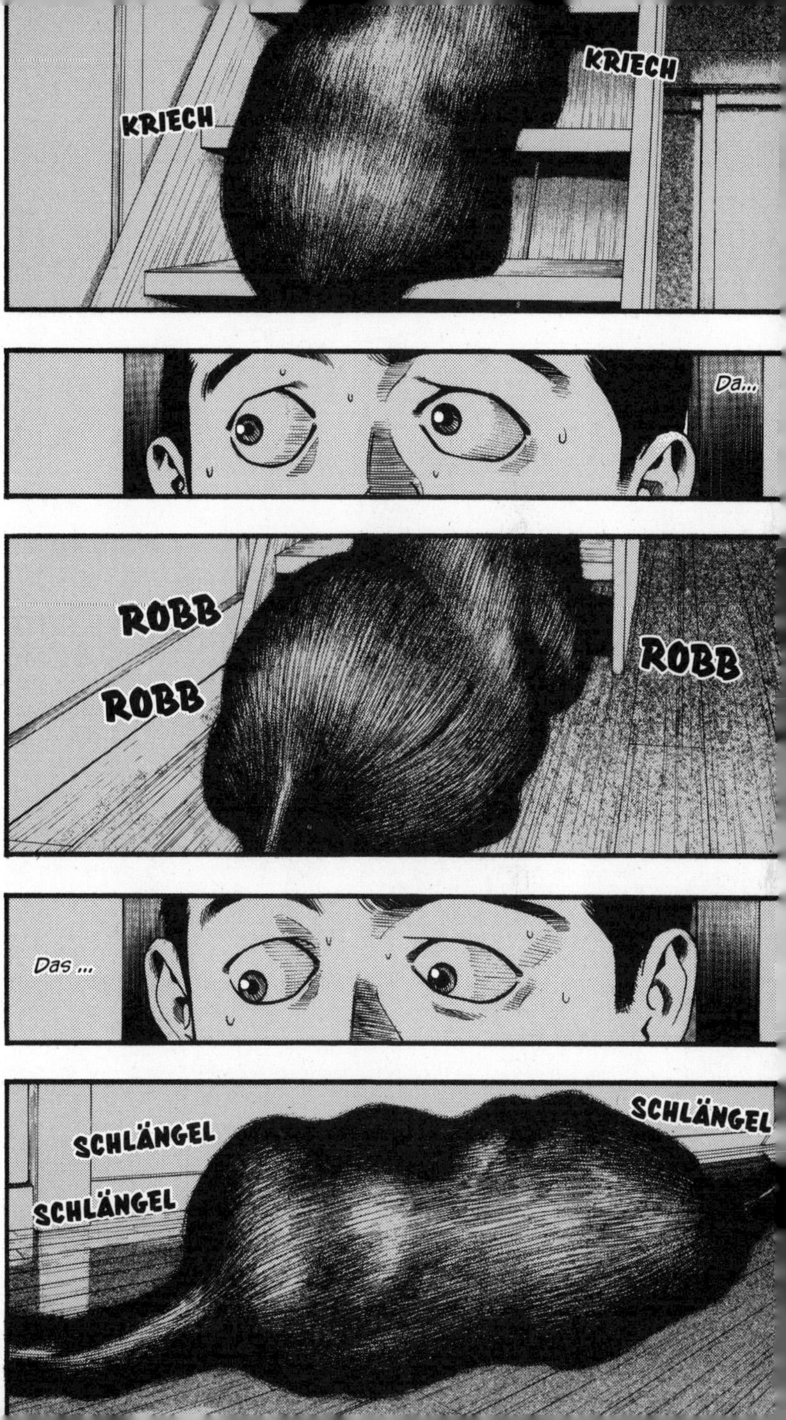
KRIECH
KRIECH
Da...
ROBB
ROBB
ROBB
Das ...
SCHLÄNGEL
SCHLÄNGEL
SCHLÄNGEL

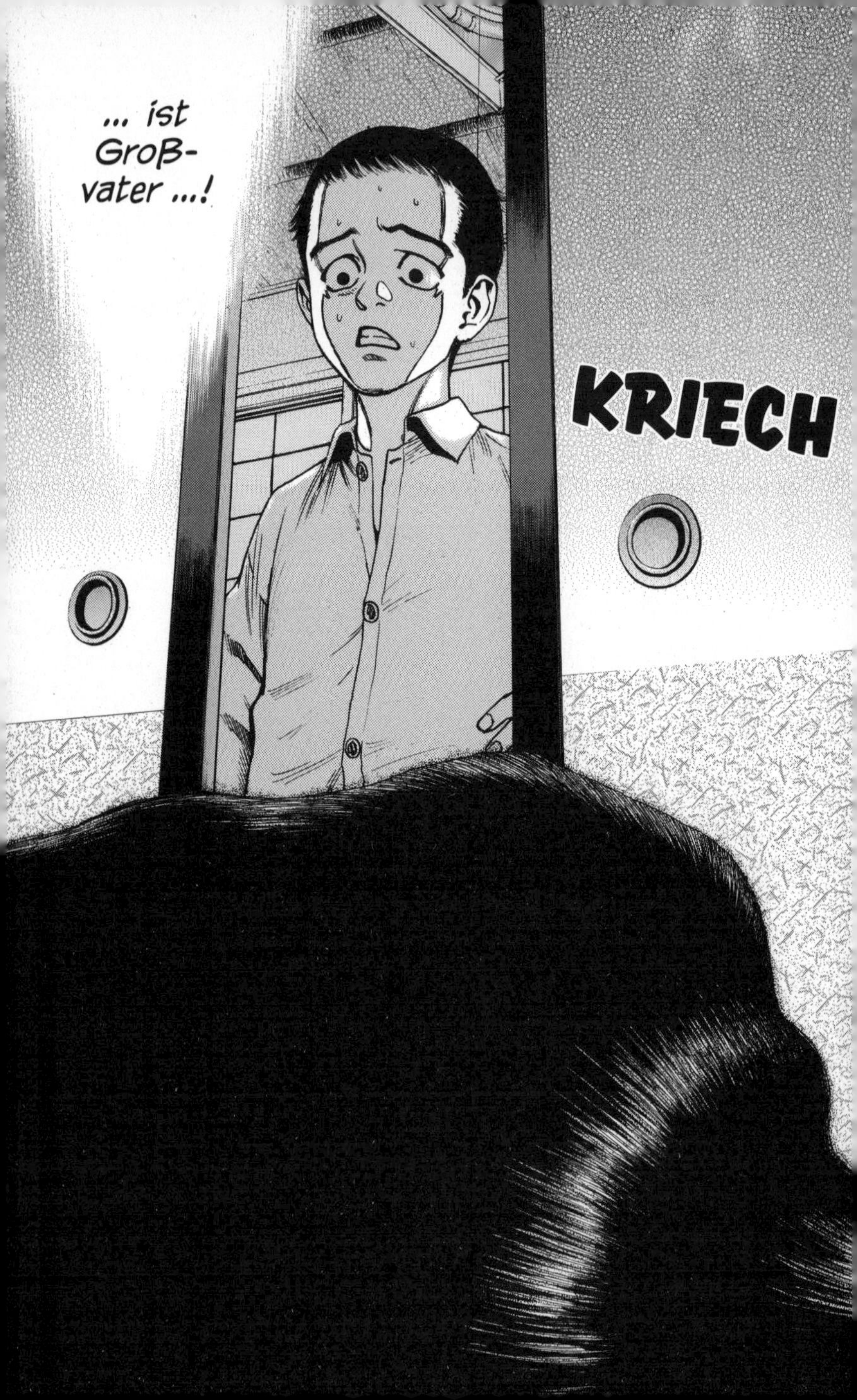
... ist Groß-
vater ...!
KRIECH

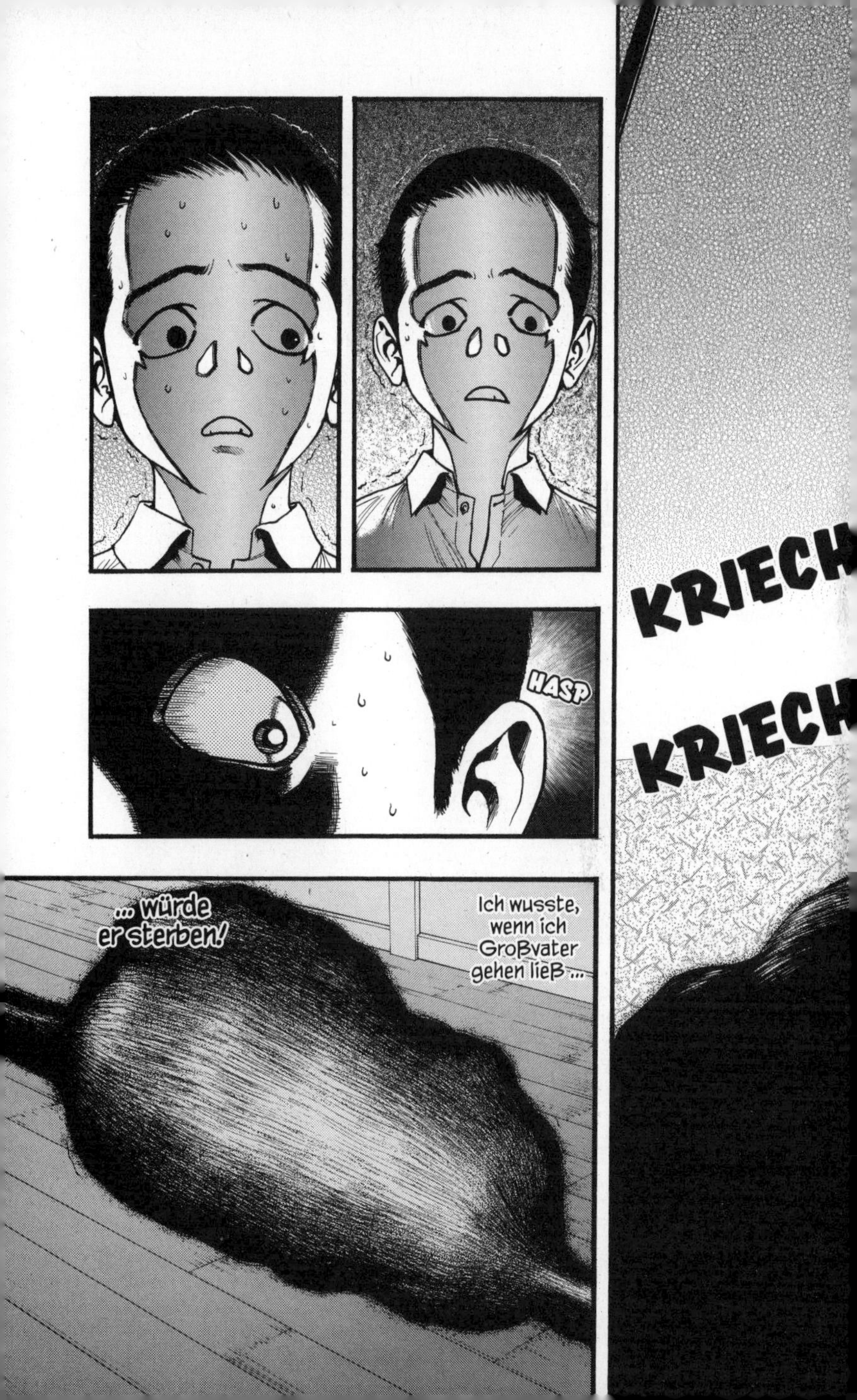
KRIECH
KRIECH
HASP
Ich wusste, wenn ich Großvater gehen ließ ...
... würde er sterben!

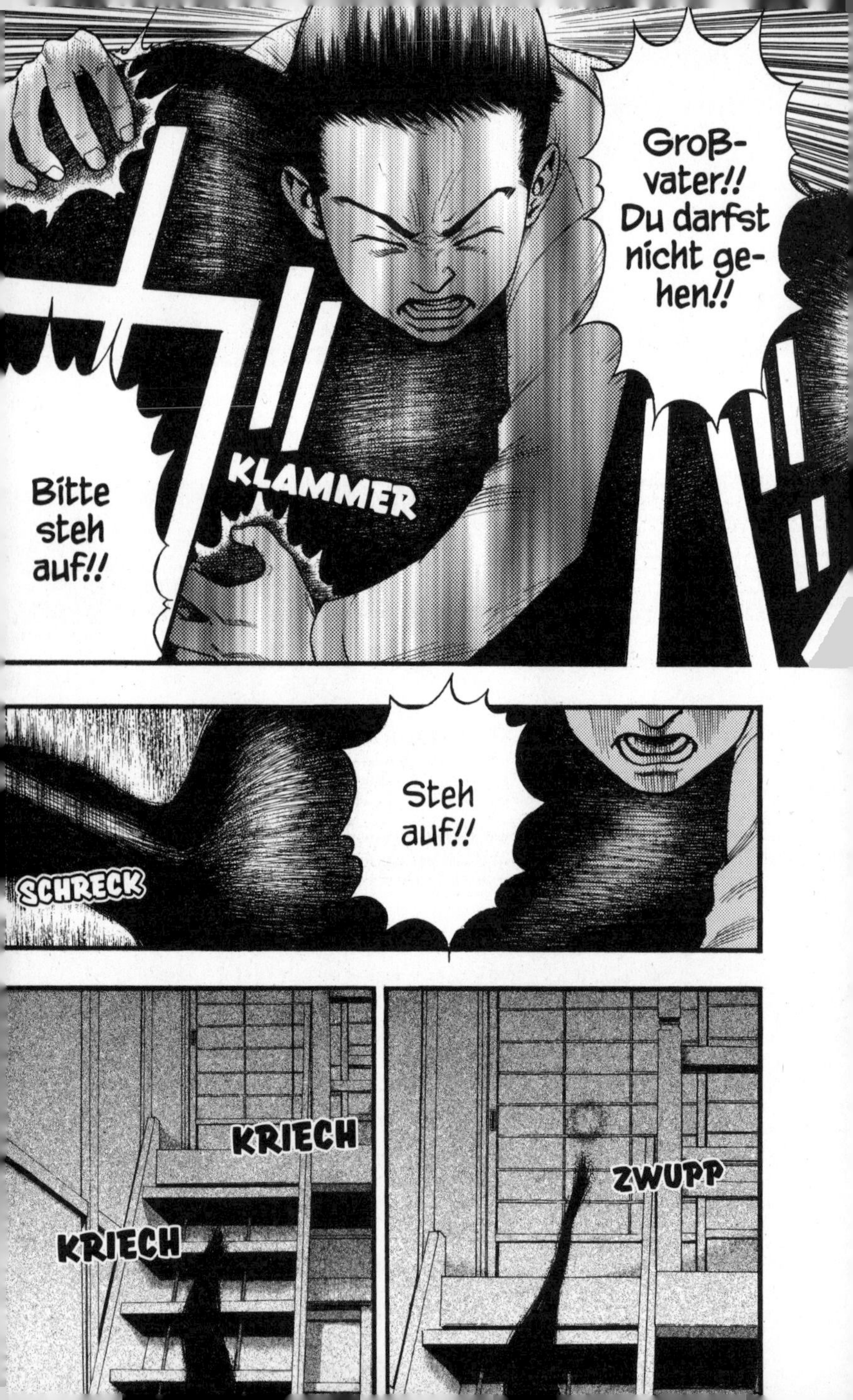
Groß-
vater!!
Du darfst
nicht ge-
hen!!
KLAMMER
Bitte
steh
auf!!
Steh
auf!!
SCHRECK
ZWUPP
KRIECH
KRIECH

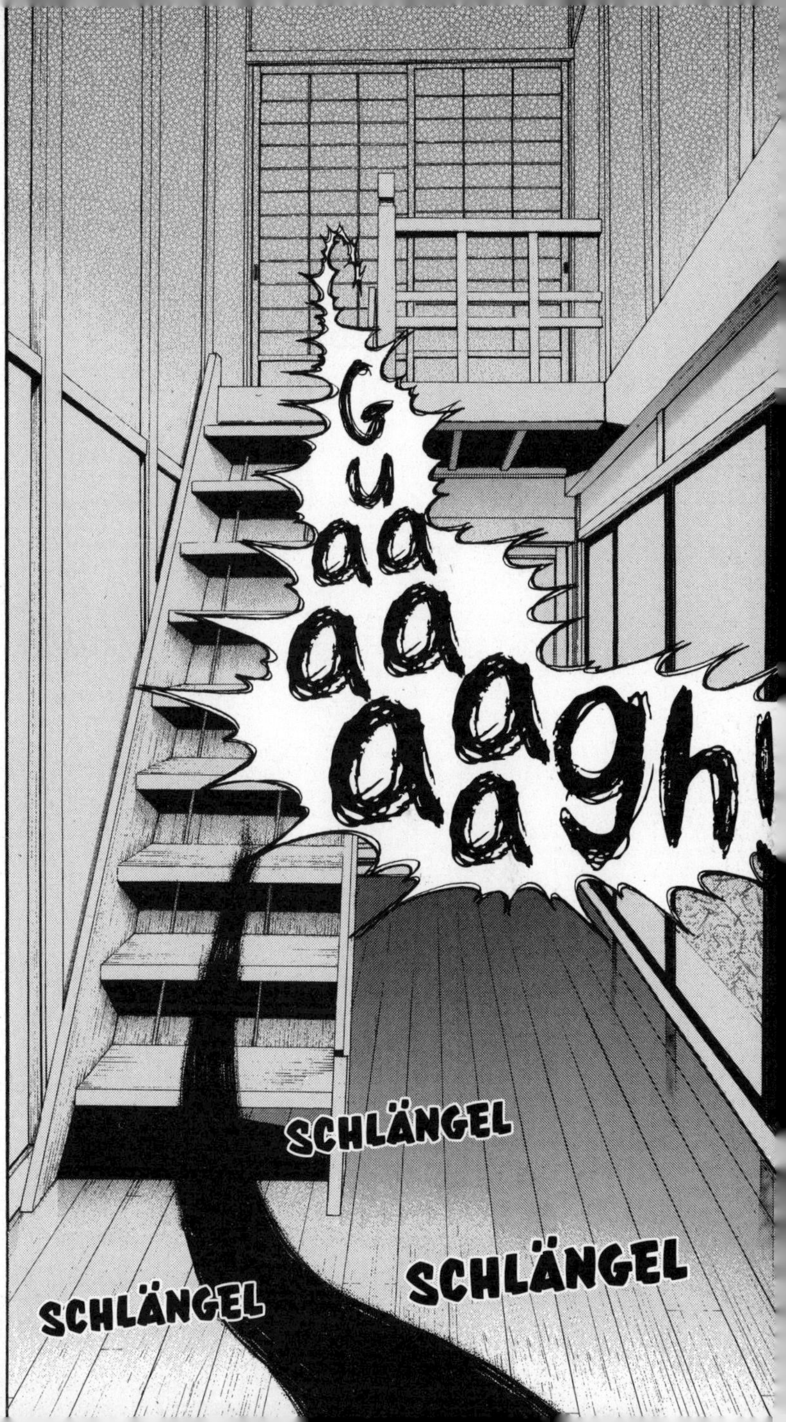
Guaaaaaaagh!
SCHLÄNGEL
SCHLÄNGEL
SCHLÄNGEL

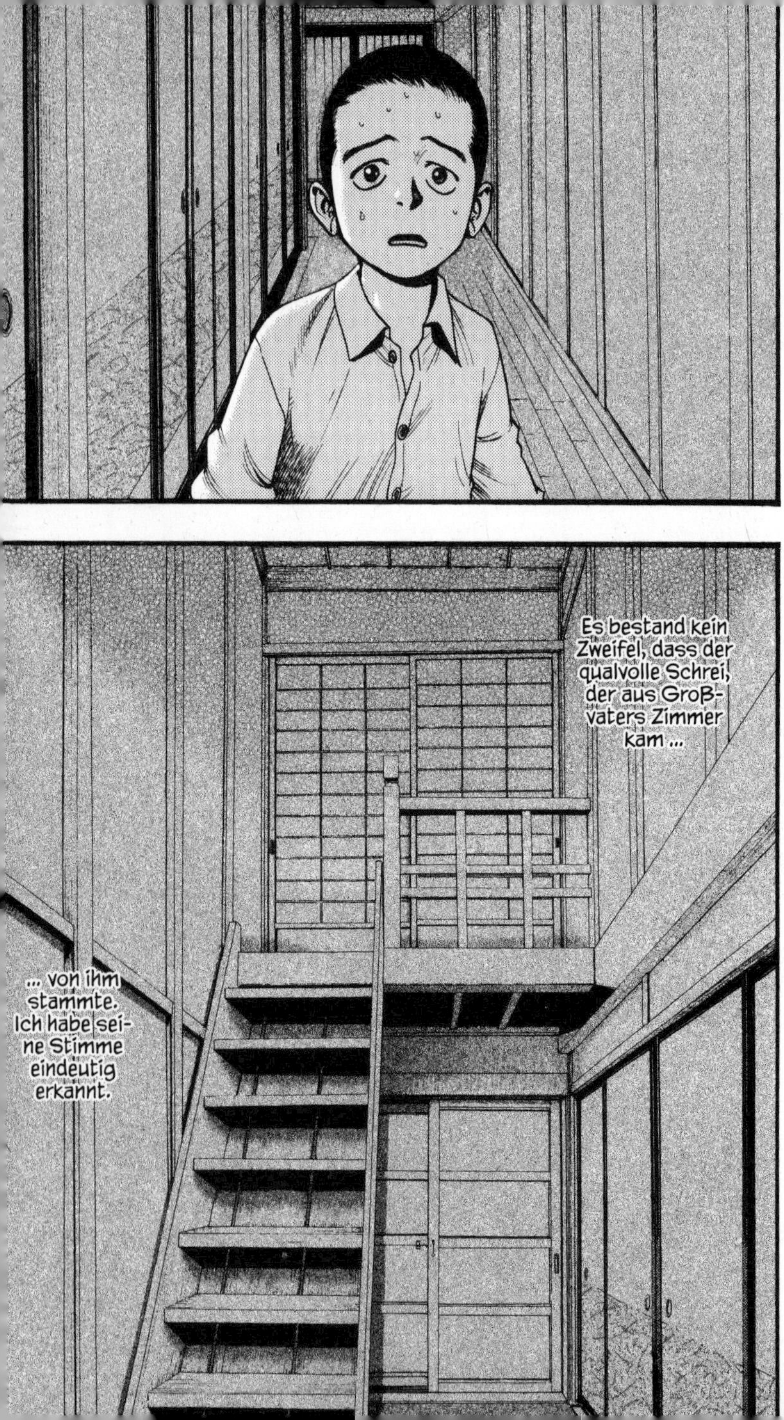
Es bestand kein Zweifel, dass der qualvolle Schrei, der aus Großvaters Zimmer kam ...
... von ihm stammte. Ich habe seine Stimme eindeutig erkannt.

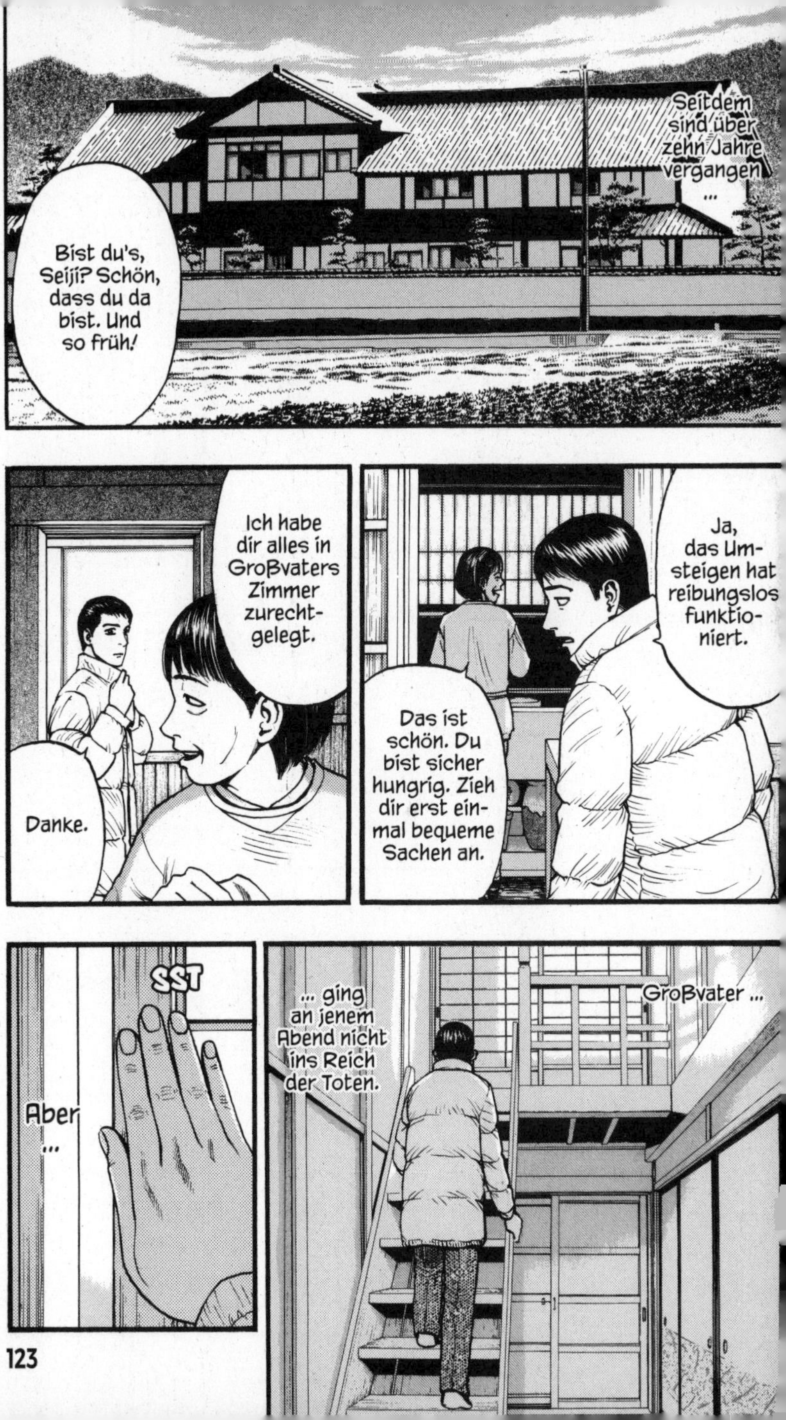
Seitdem sind über zehn Jahre vergangen ...
Bist du's, Seiji? Schön, dass du da bist. Und so früh!
Ja, das Umsteigen hat reibungslos funktioniert.
Das ist schön. Du bist sicher hungrig. Zieh dir erst einmal bequeme Sachen an.
Ich habe dir alles in Großvaters Zimmer zurechtgelegt.
Danke.
Großvater ...
... ging an jenem Abend nicht ins Reich der Toten.
SST
Aber ...

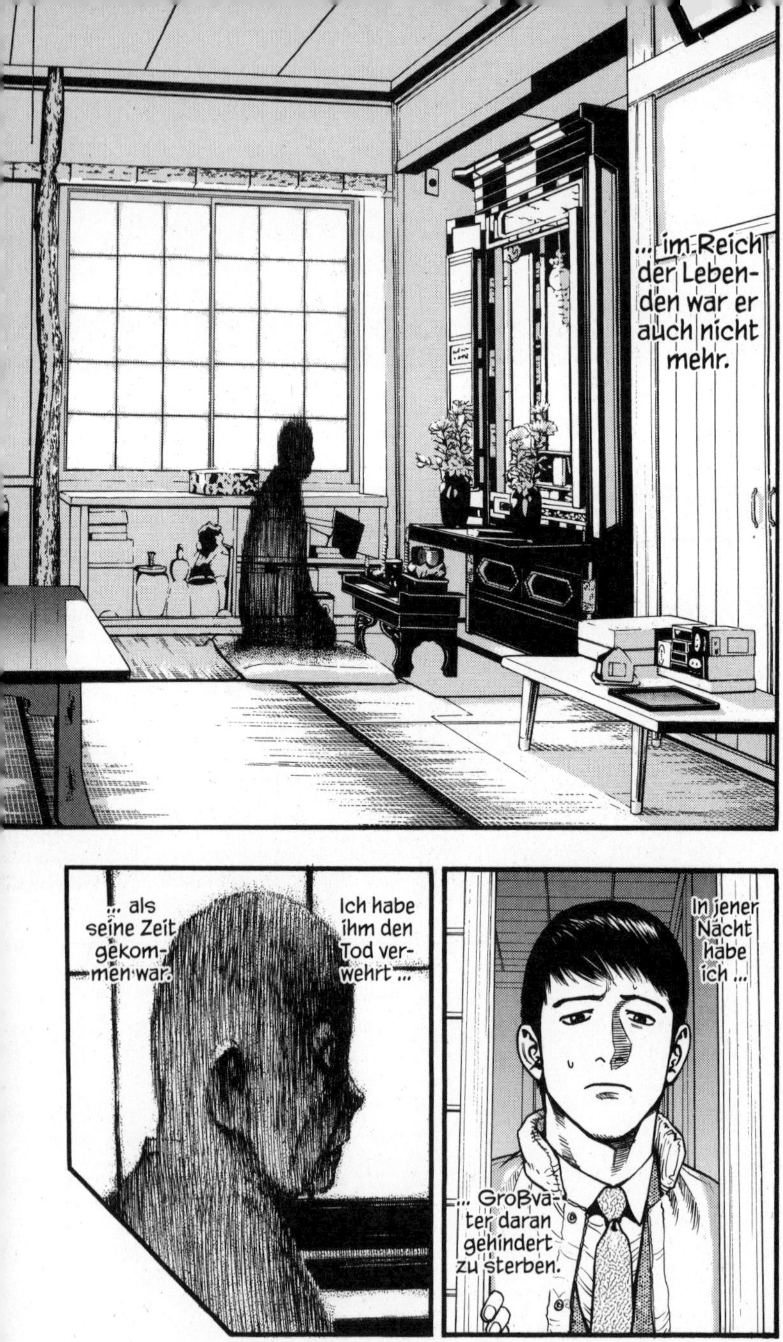
... im Reich der Leben-den war er auch nicht mehr.
In jener Nacht habe ich ...
... Großva-ter daran gehindert zu sterben.
Ich habe ihm den Tod ver-wehrt ...
... als seine Zeit gekom-men war.

Ein Tag wolkenlosen Gewitterhimmels

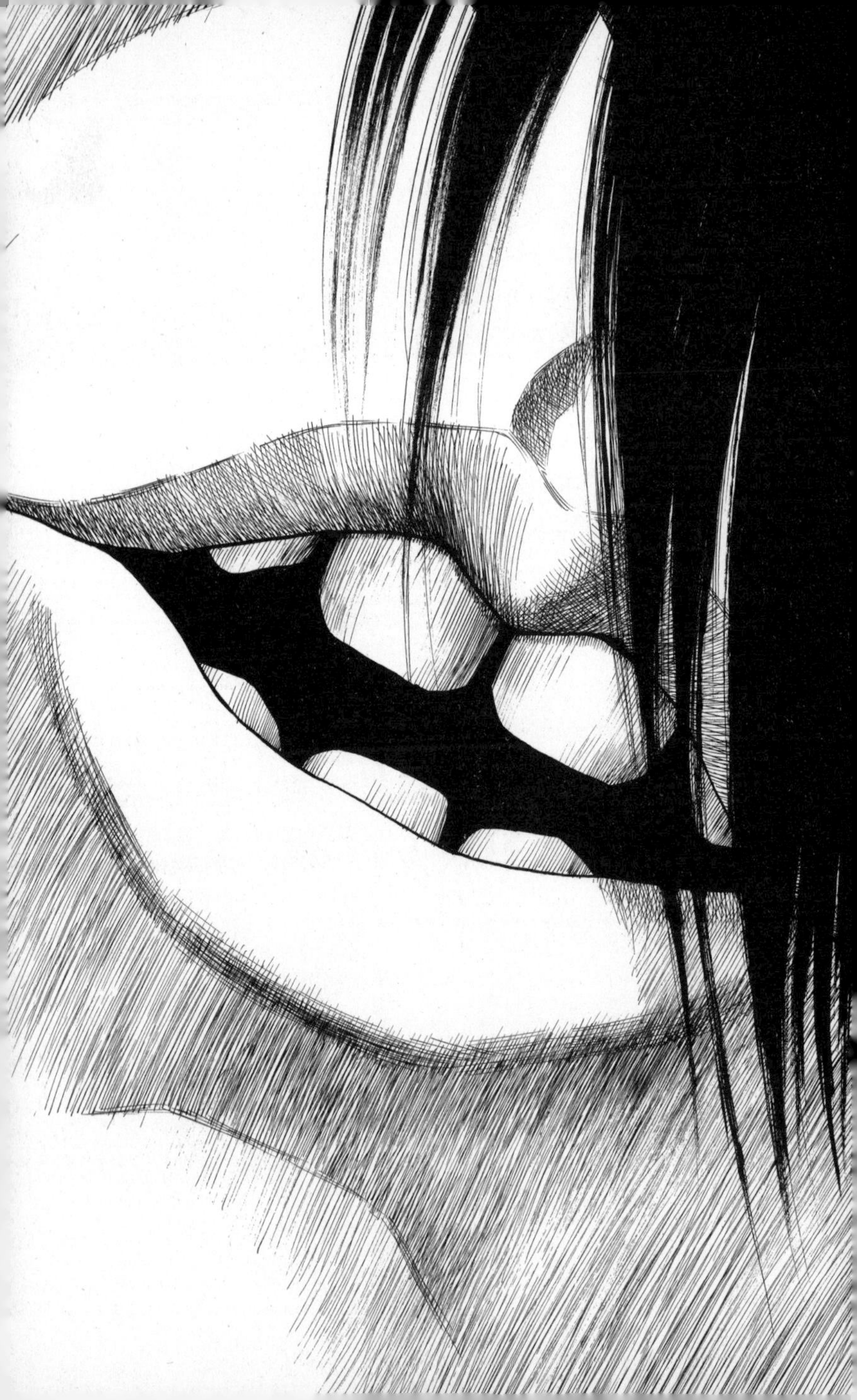

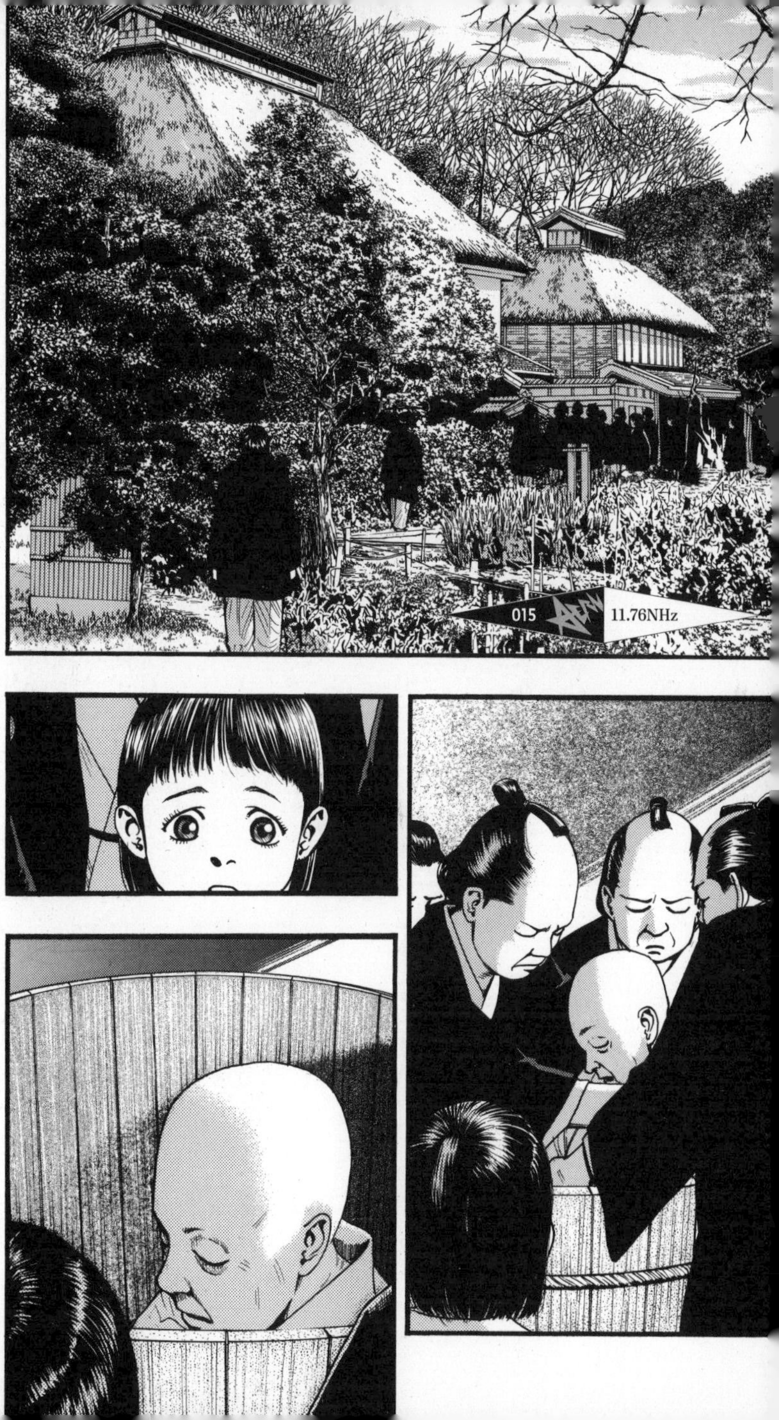
015
11.76NHz

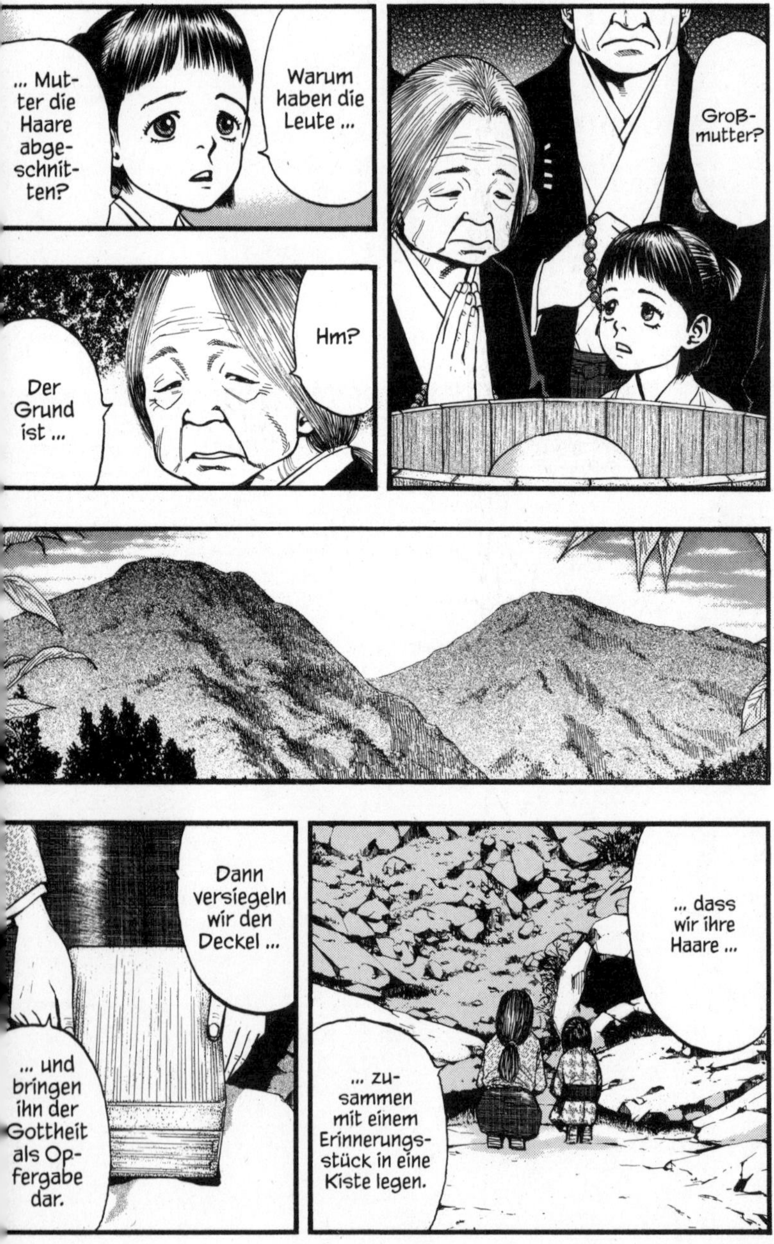
Großmutter?
Warum haben die Leute ...
... Mutter die Haare abgeschnitten?
Hm?
Der Grund ist ...
... dass wir ihre Haare ...
... zusammen mit einem Erinnerungsstück in eine Kiste legen.
Dann versiegeln wir den Deckel ...
... und bringen ihn der Gottheit als Opfergabe dar.

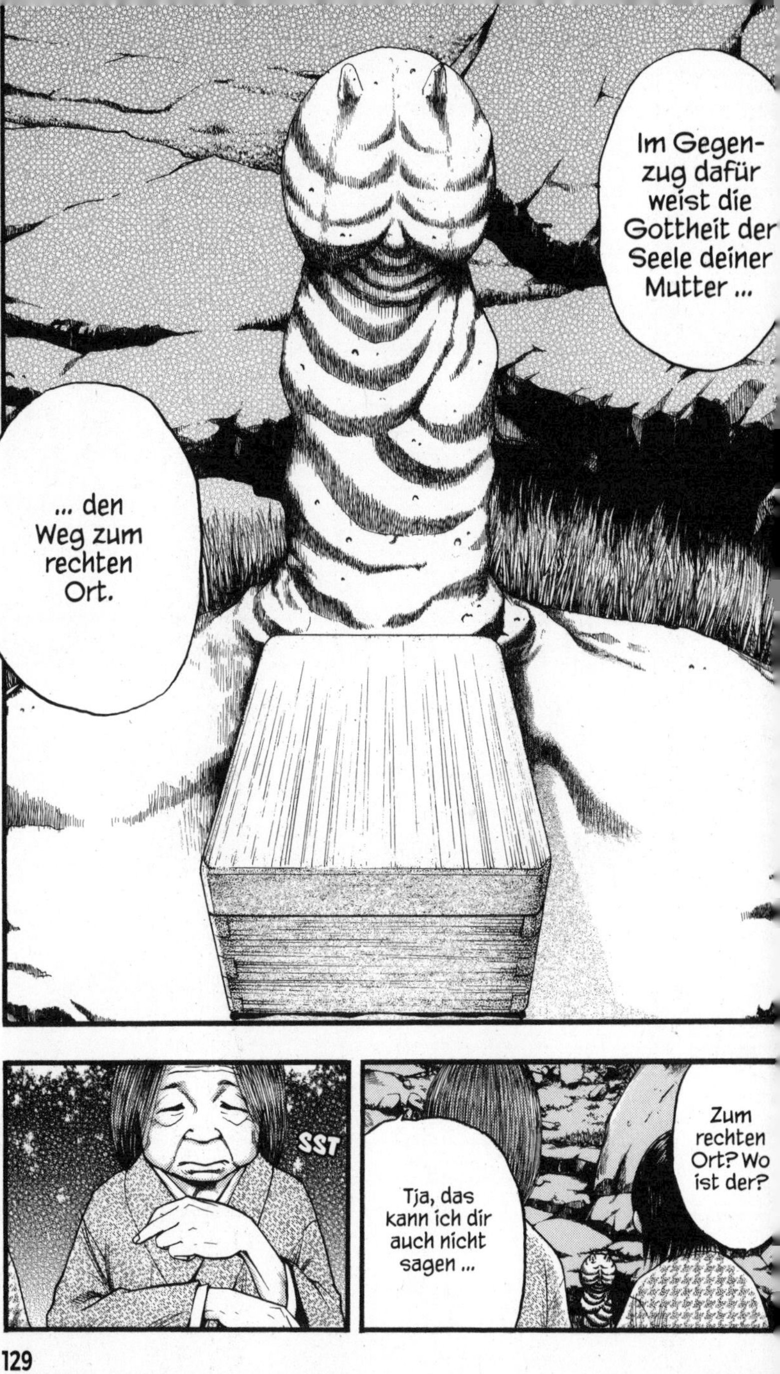
Im Gegen-
zug dafür
weist die
Gottheit der
Seele deiner
Mutter ...
... den
Weg zum
rechten
Ort.
Zum
rechten
Ort? Wo
ist der?
Tja, das
kann ich dir
auch nicht
sagen ...
SST

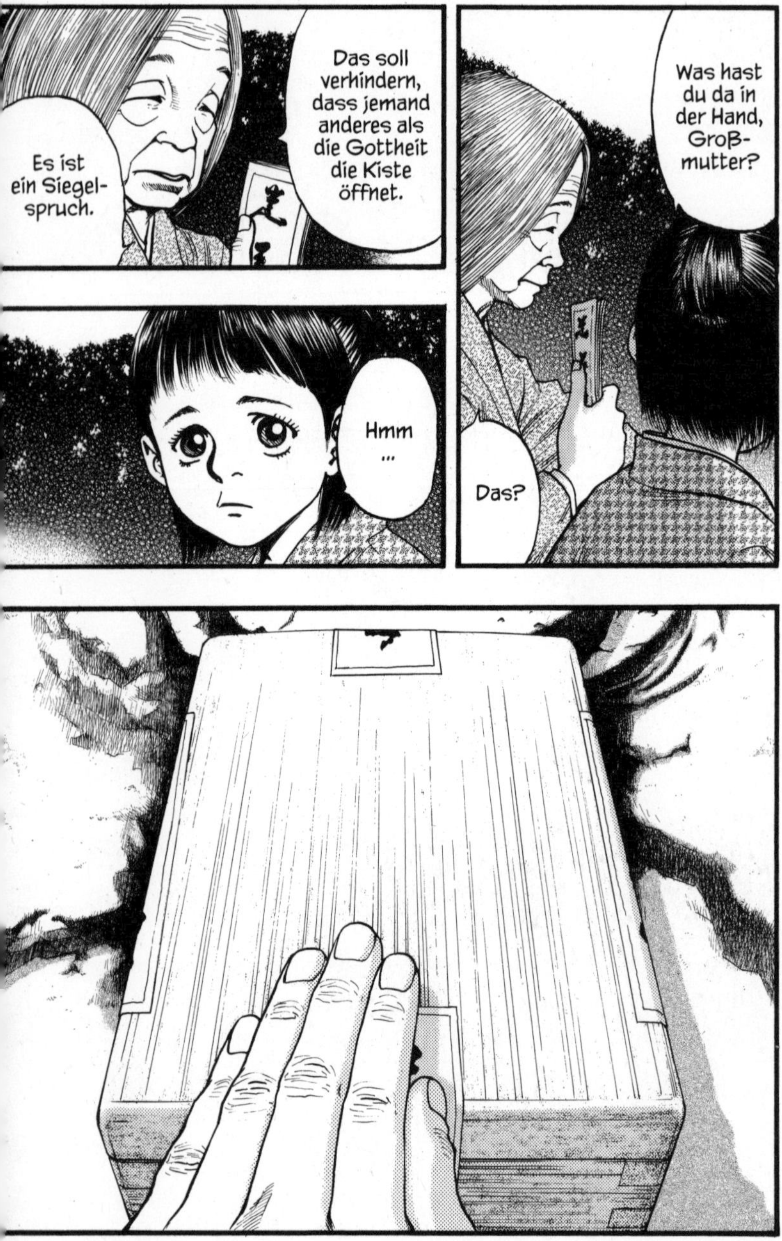
Was hast du da in der Hand, Groß-mutter?
Das?
Das soll verhindern, dass jemand anderes als die Gottheit die Kiste öffnet.
Es ist ein Siegel-spruch.
Hmm ...

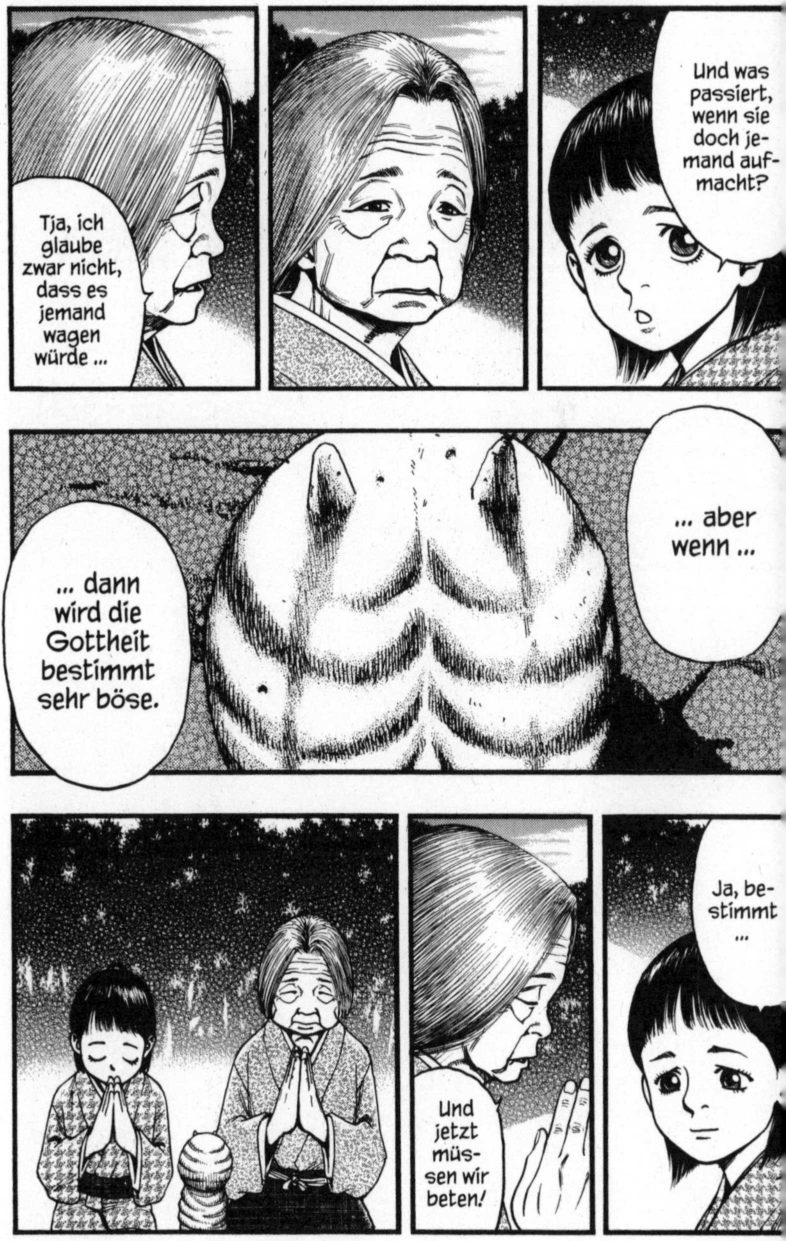
Und was passiert, wenn sie doch jemand aufmacht?
Tja, ich glaube zwar nicht, dass es jemand wagen würde ...
... aber wenn ...
... dann wird die Gottheit bestimmt sehr böse.
Ja, bestimmt ...
Und jetzt müssen wir beten!

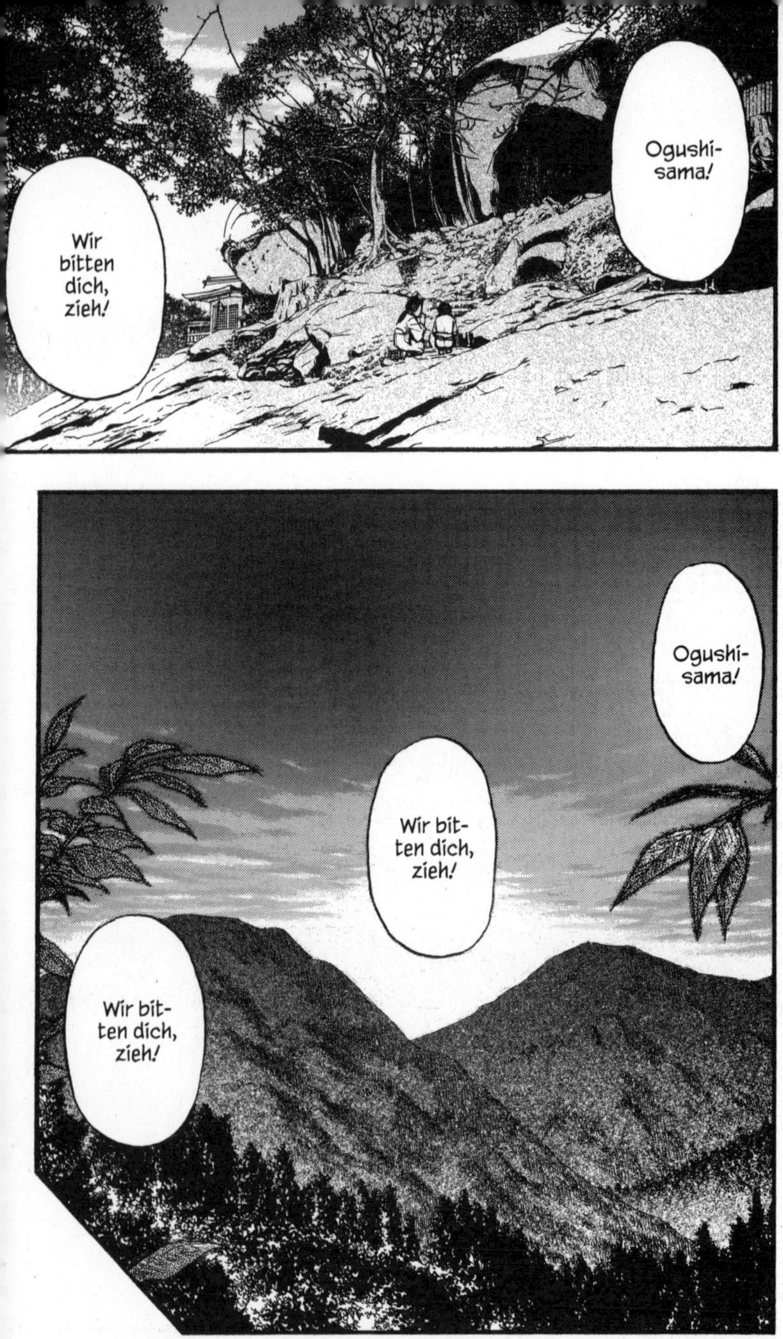
Oguschi-sama!
Wir bitten dich, zieh!
Oguschi-sama!
Wir bit-ten dich, zieh!
Wir bit-ten dich, zieh!

Um die bittersüßen, unreifen Früchte,
die nicht vom Baum fallen wollen ...

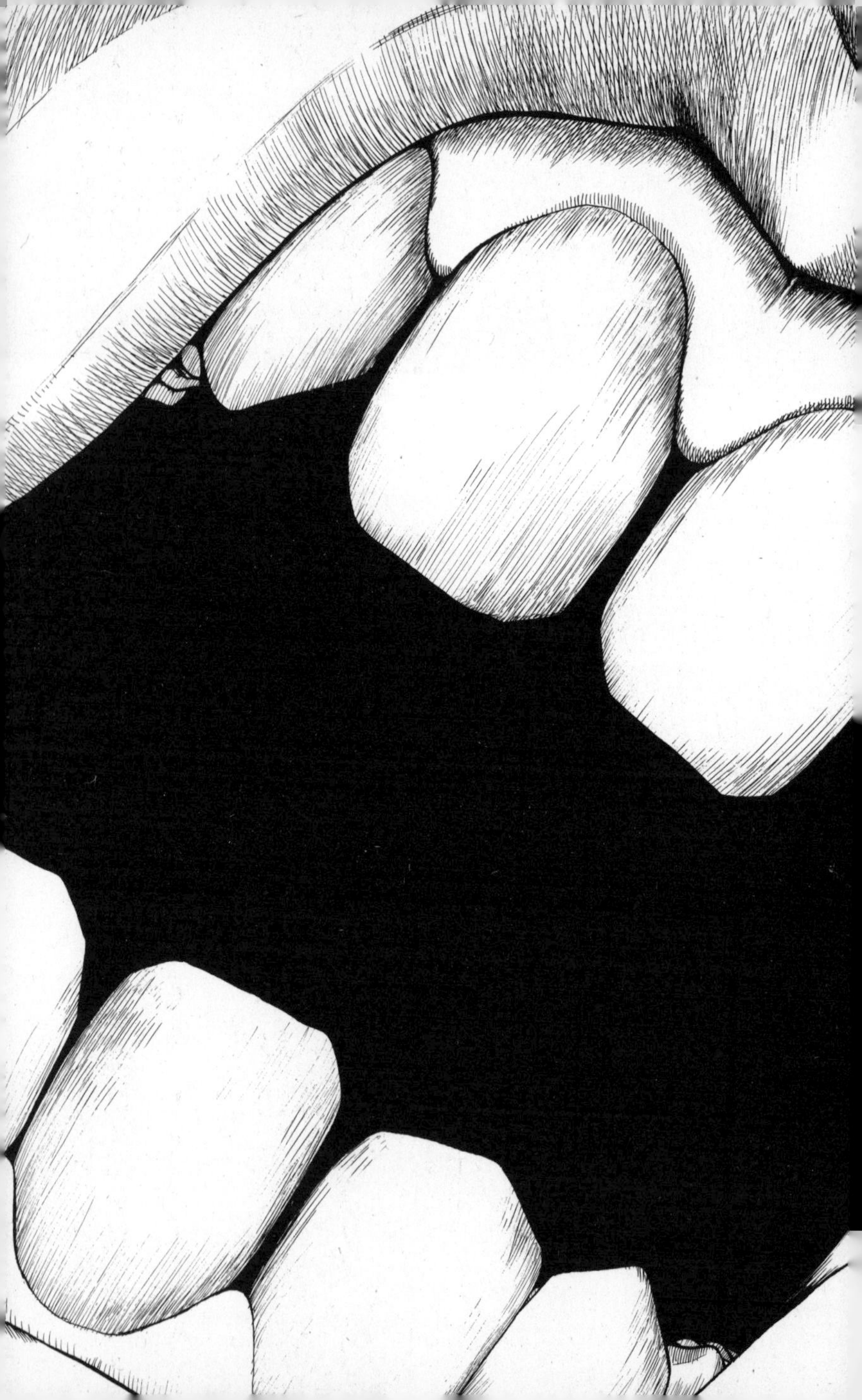

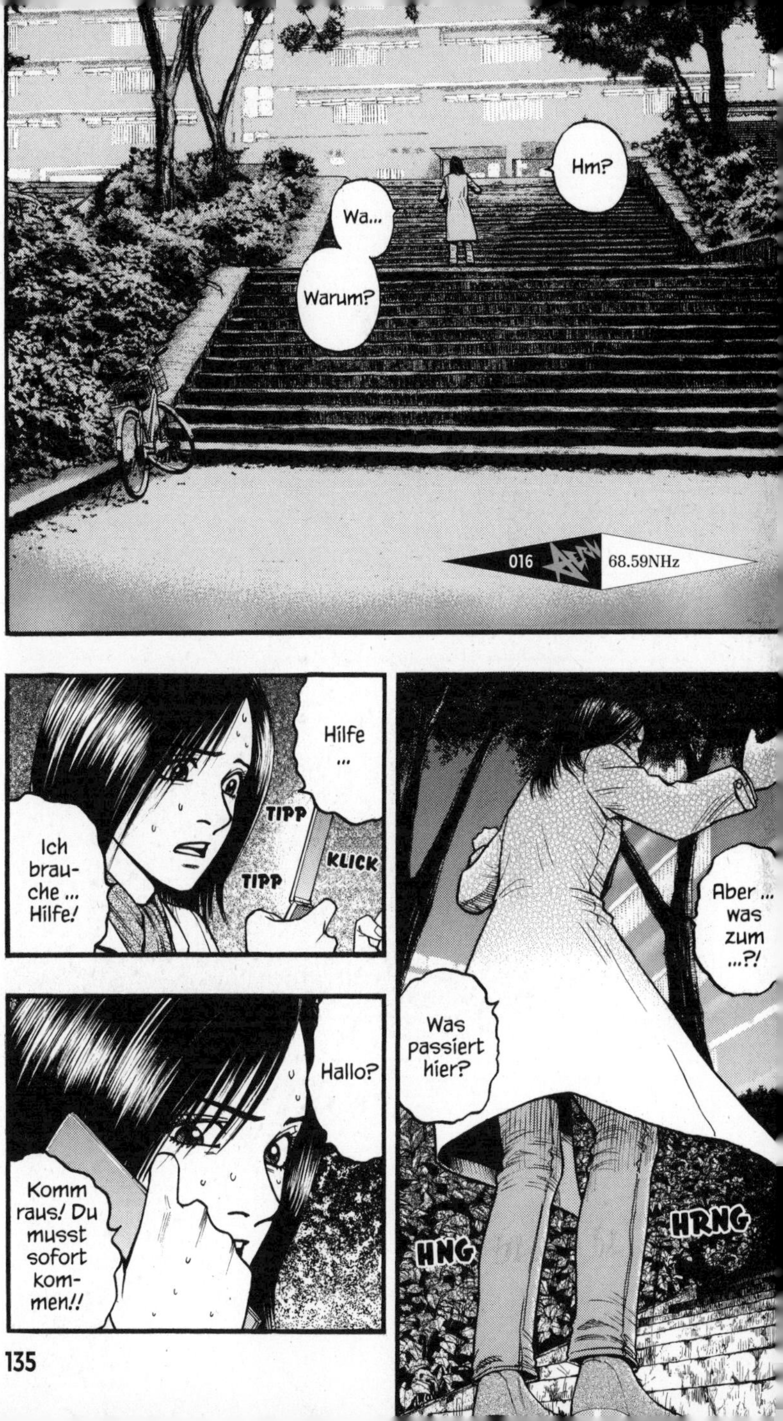
Hm?
Wa...
Warum?
016 68.59NHz
Aber ... was zum ...?!
Was passiert hier?
HRNG
HNG
Hilfe ...
TIPP
KLICK
TIPP
Ich brauche ... Hilfe!
Hallo?
Komm raus! Du musst sofort kommen!!

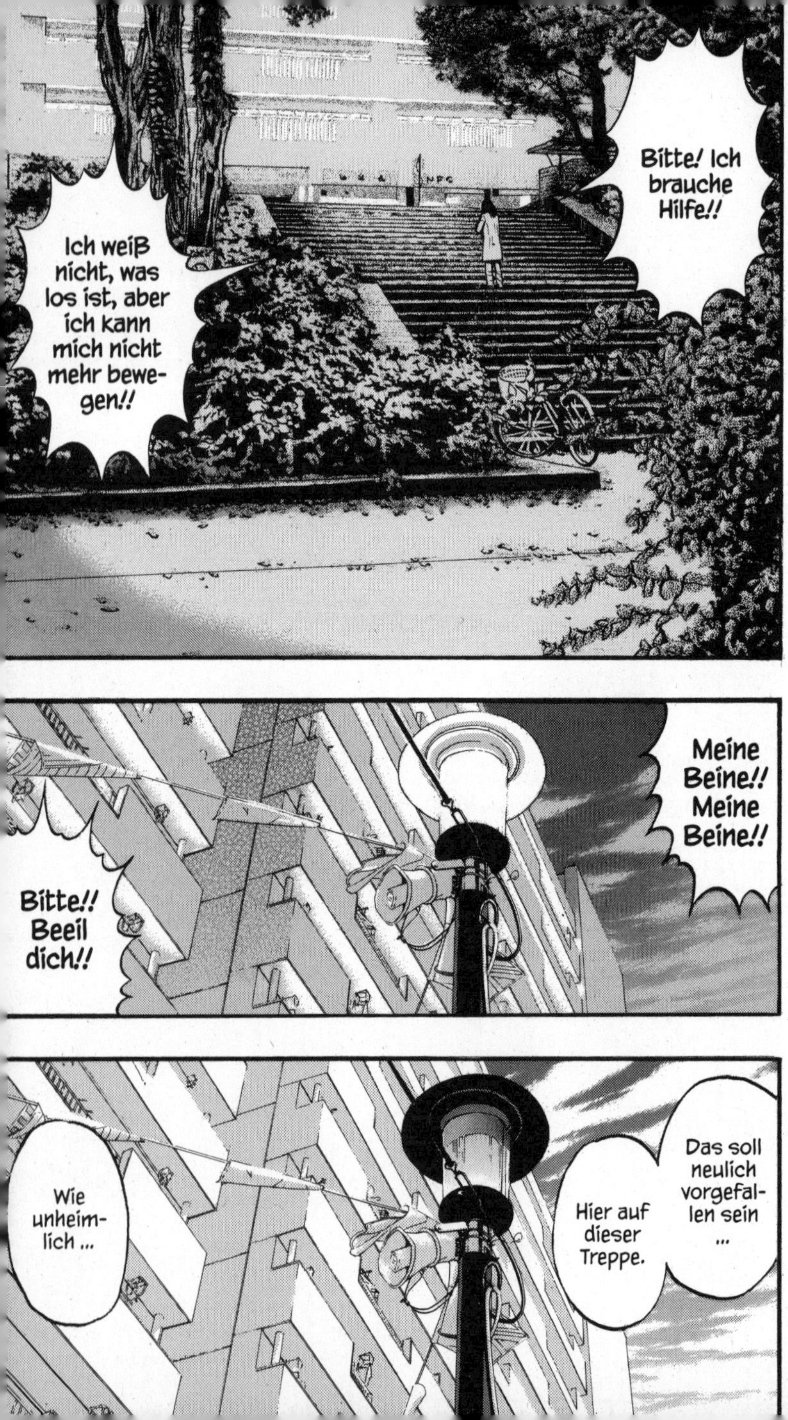
Bitte! Ich brauche Hilfe!!
Ich weiß nicht, was los ist, aber ich kann mich nicht mehr bewegen!!
Meine Beine!! Meine Beine!!
Bitte!! Beeil dich!!
Das soll neulich vorgefallen sein ...
Hier auf dieser Treppe.
Wie unheimlich ...

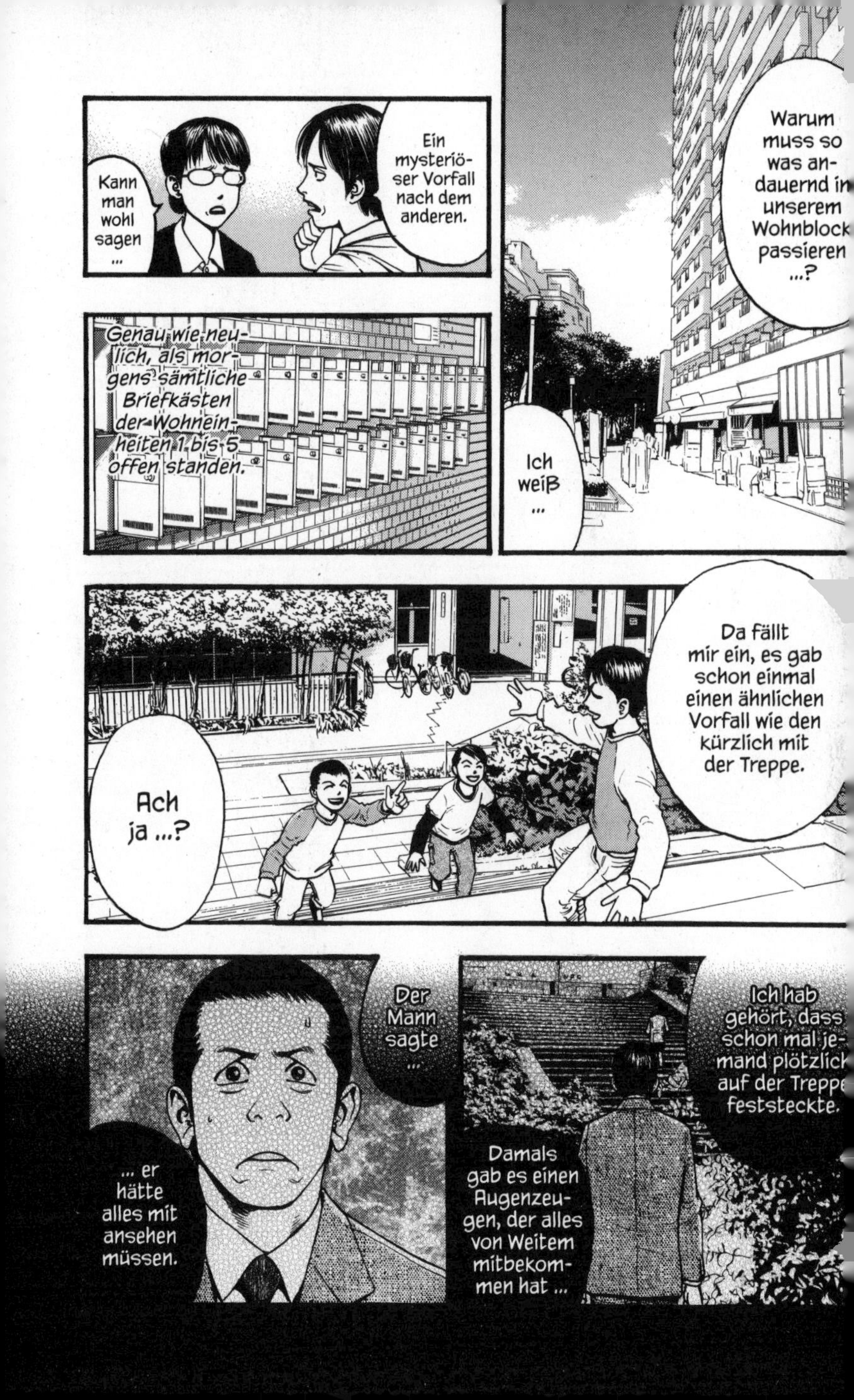

Warum muss so was andauernd in unserem Wohnblock passieren ...?
Ich weiß ...
Ein mysteriöser Vorfall nach dem anderen.
Kann man wohl sagen ...
Genau wie neulich, als morgens sämtliche Briefkästen der Wohneinheiten 1 bis 5 offen standen.
Da fällt mir ein, es gab schon einmal einen ähnlichen Vorfall wie den kürzlich mit der Treppe.
Ach ja ...?
Ich hab gehört, dass schon mal jemand plötzlich auf der Treppe feststeckte.
Damals gab es einen Augenzeugen, der alles von Weitem mitbekommen hat ...
Der Mann sagte ...
... er hätte alles mit ansehen müssen.

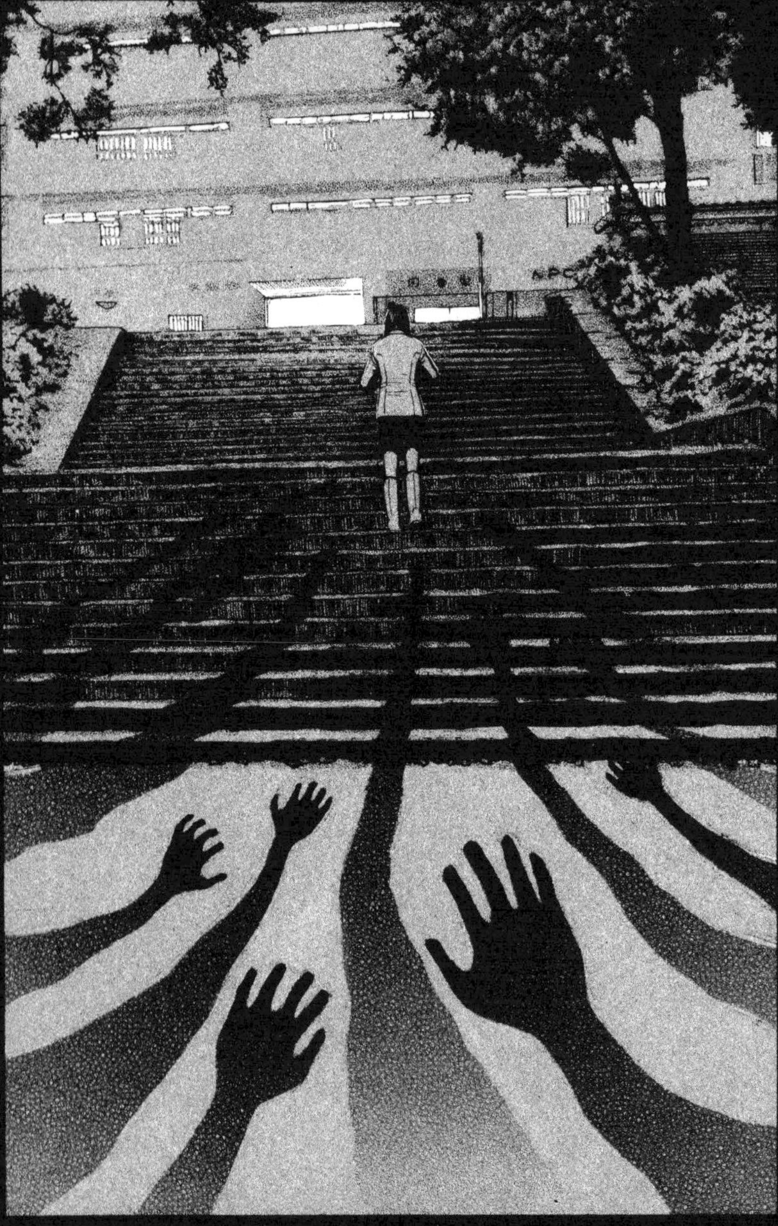

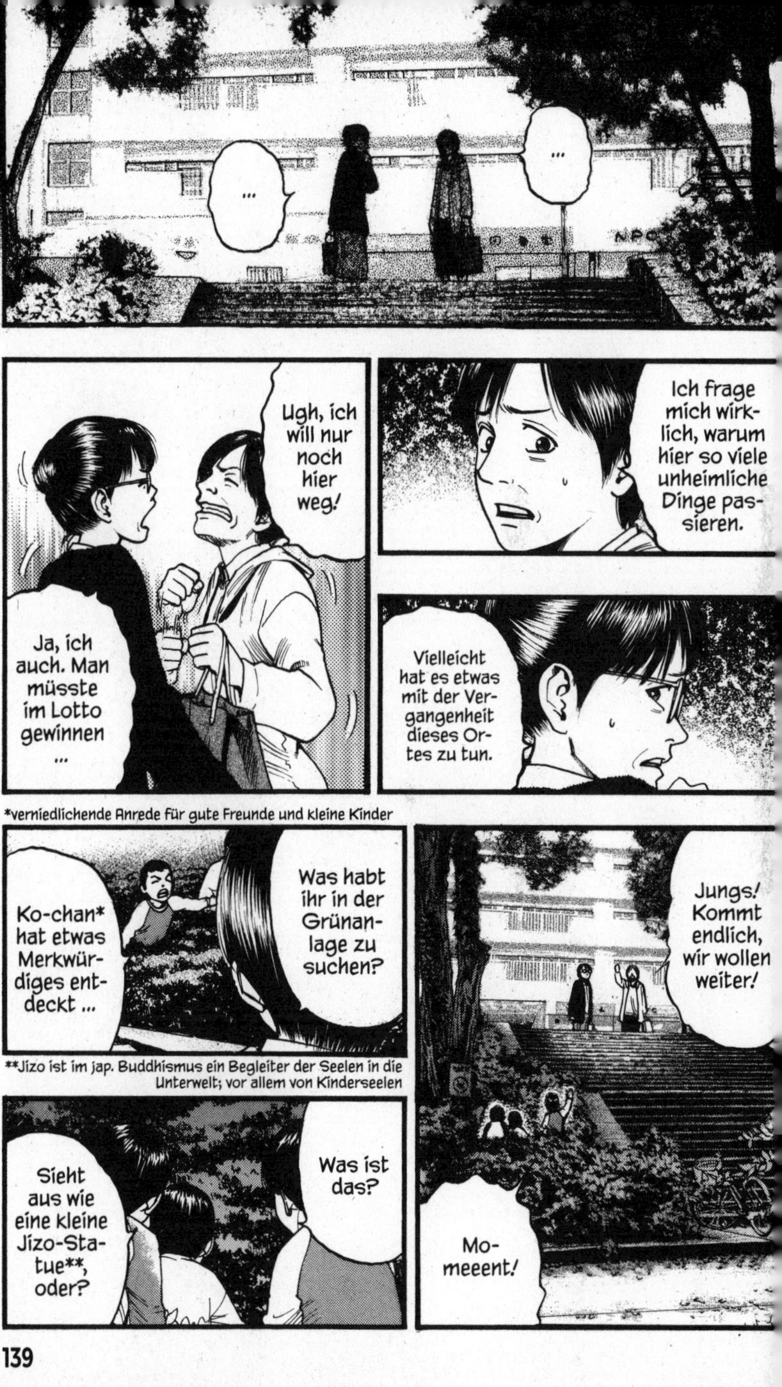

*verniedlichende Anrede für gute Freunde und kleine Kinder

**Jizo ist im jap. Buddhismus ein Begleiter der Seelen in die Unterwelt; vor allem von Kinderseelen

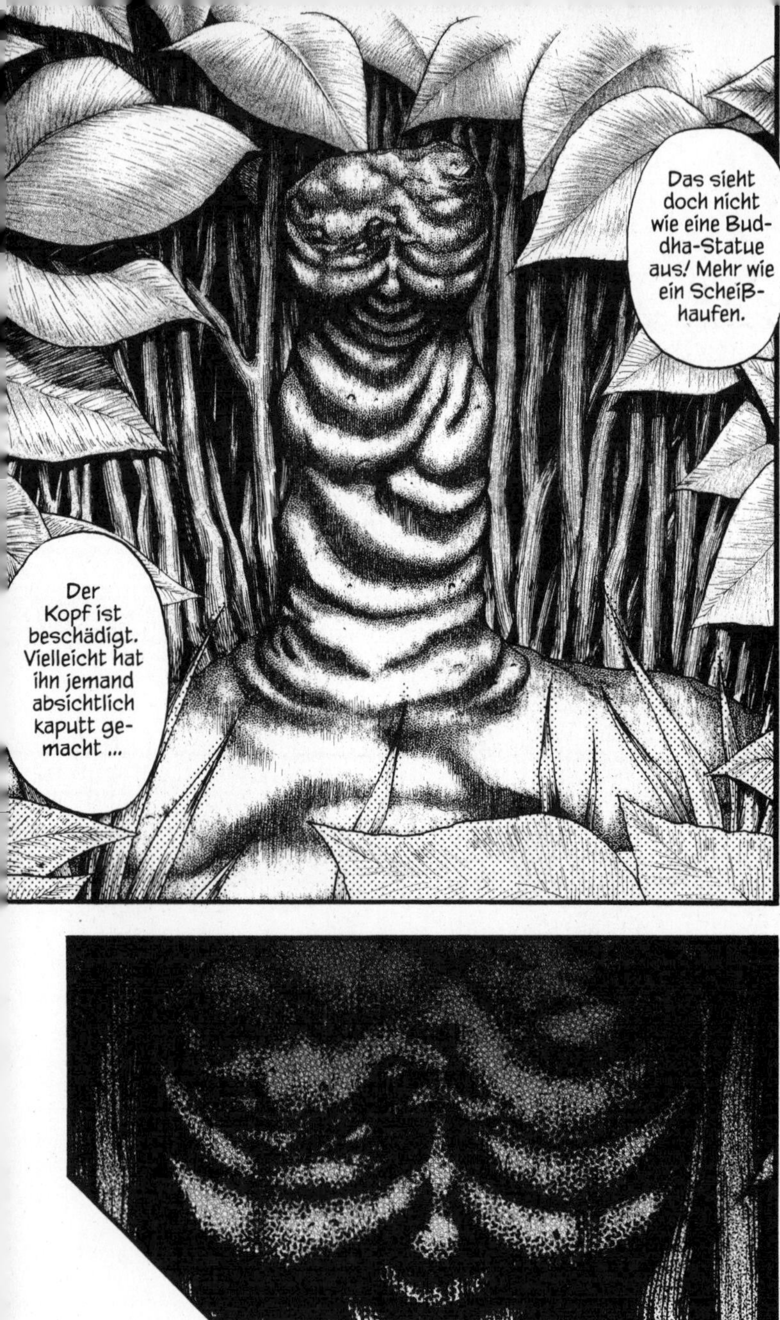
Das sieht doch nicht wie eine Bud-dha-Statue aus! Mehr wie ein Scheiß-haufen.
Der Kopf ist beschädigt. Vielleicht hat ihn jemand absichtlich kaputt ge-macht ...

... versammeln sich Schwärme einer allgegenwärtigen Gottheit.

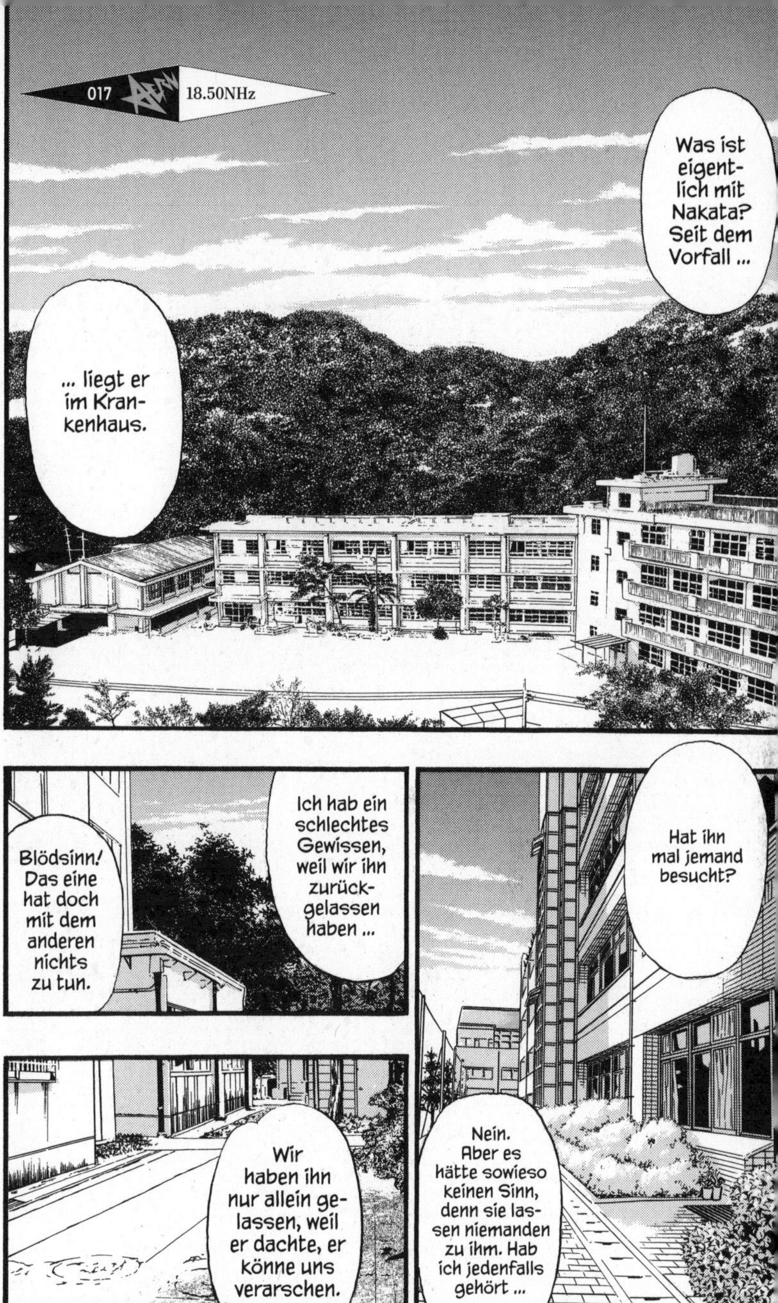
017
18.50NHz
Was ist eigentlich mit Nakata? Seit dem Vorfall ...
... liegt er im Krankenhaus.
Hat ihn mal jemand besucht?
Nein. Aber es hätte sowieso keinen Sinn, denn sie lassen niemanden zu ihm. Hab ich jedenfalls gehört ...
Ich hab ein schlechtes Gewissen, weil wir ihn zurückgelassen haben ...
Blödsinn! Das eine hat doch mit dem anderen nichts zu tun.
Wir haben ihn nur allein gelassen, weil er dachte, er könne uns verarschen.

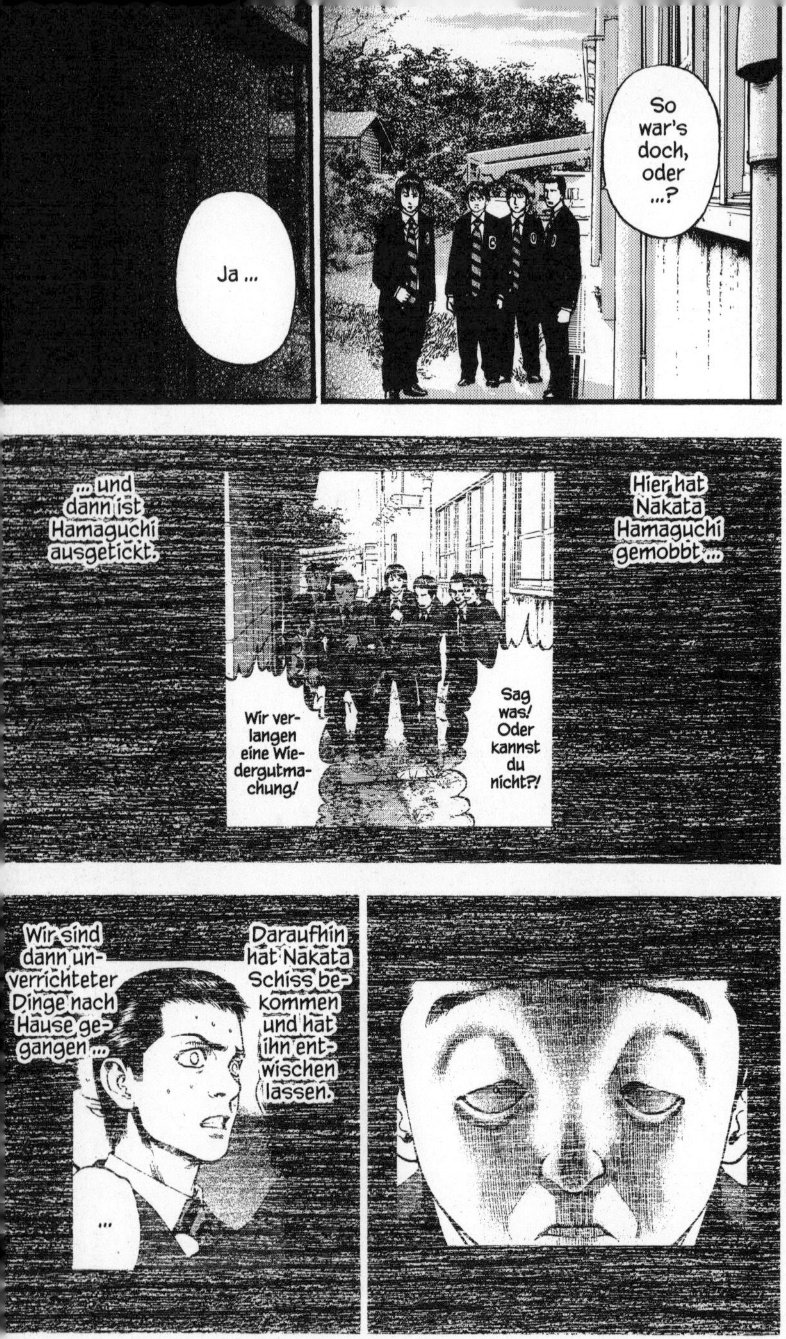
So war's doch, oder ...?
Ja ...
Hier hat Nakata Hamaguchi gemobbt ...
Sag was! Oder kannst du nicht?!
Wir verlangen eine Wiedergutmachung!
... und dann ist Hamaguchi ausgetickt.
Daraufhin hat Nakata Schiss bekommen und hat ihn entwischen lassen.
Wir sind dann unverrichteter Dinge nach Hause gegangen ...
...

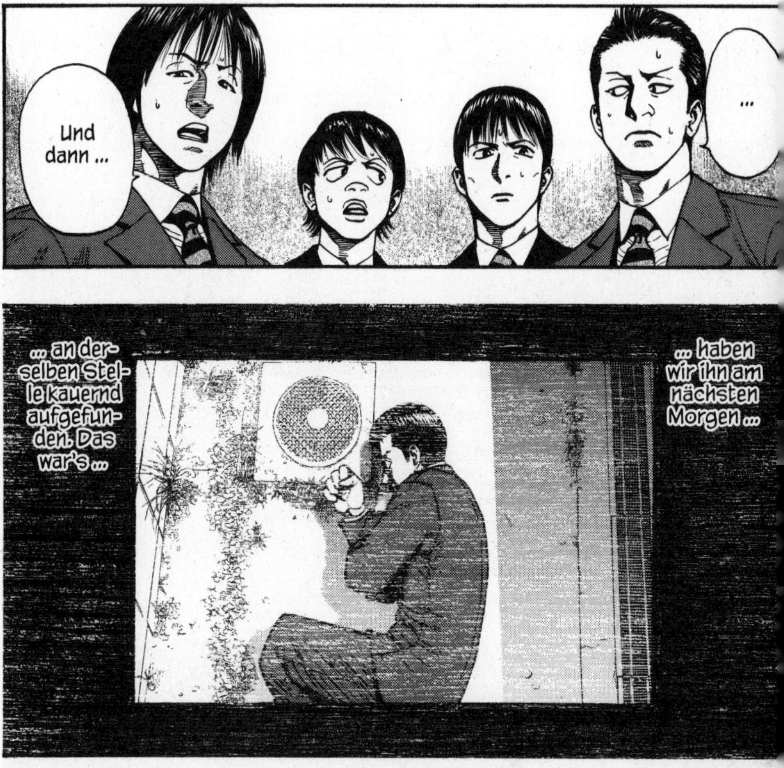

*Hier und auf den folgenden Seiten steht erneut an den Wänden aneinandergereiht das Wort »Ogushi-sama«.

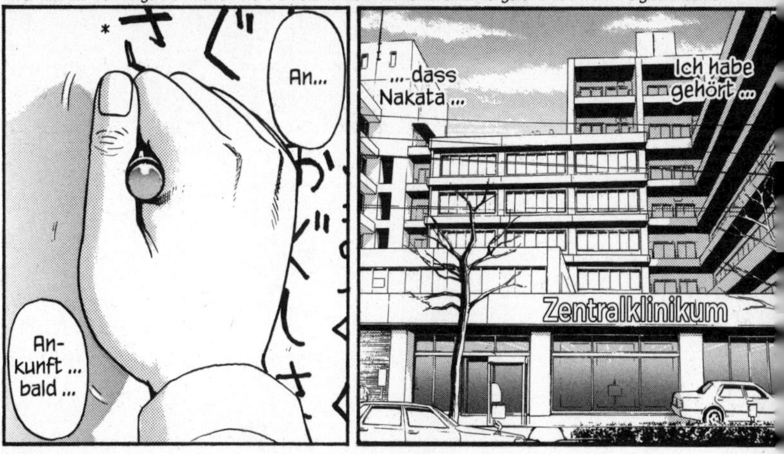

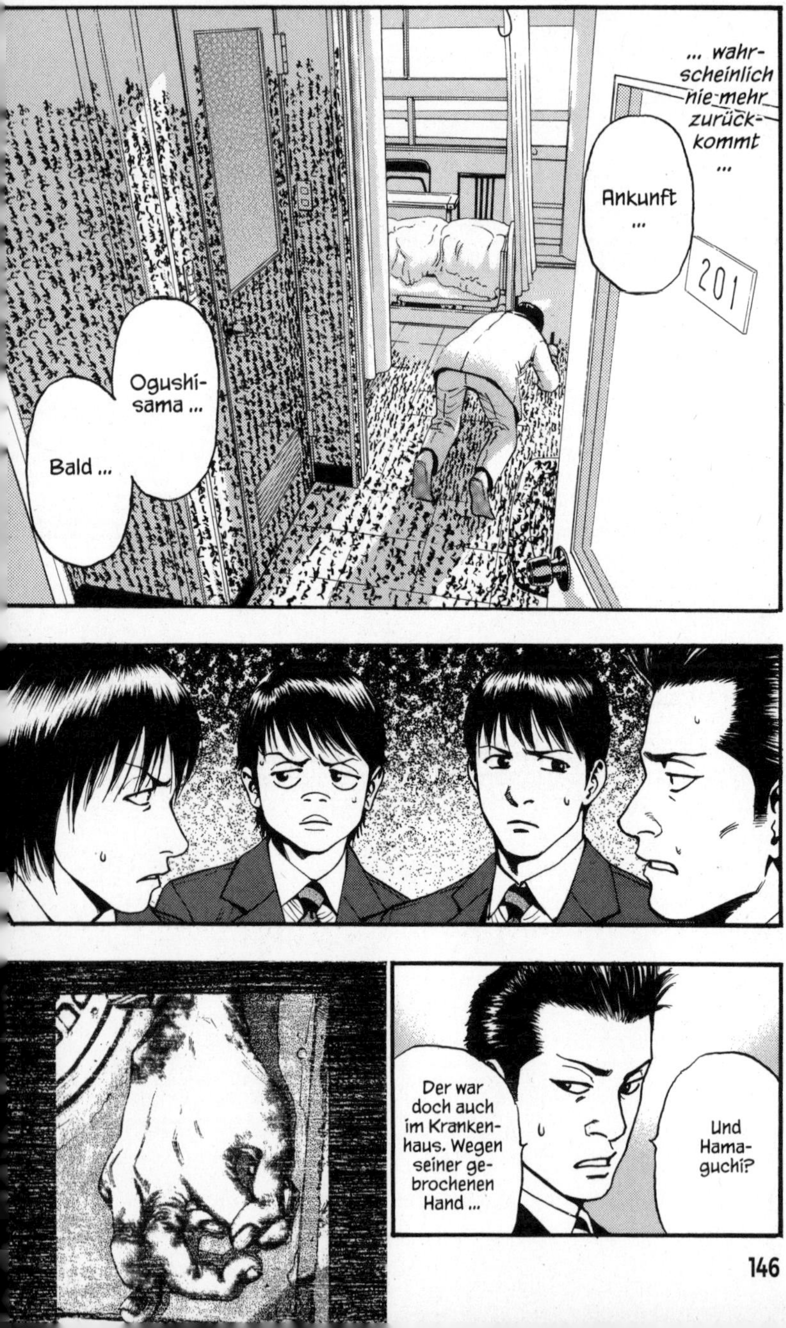
... wahrscheinlich nie mehr zurückkommt ...
Ankunft ...
Ogushi-sama ...
Bald ...
Und Hamaguchi?
Der war doch auch im Krankenhaus. Wegen seiner gebrochenen Hand ...

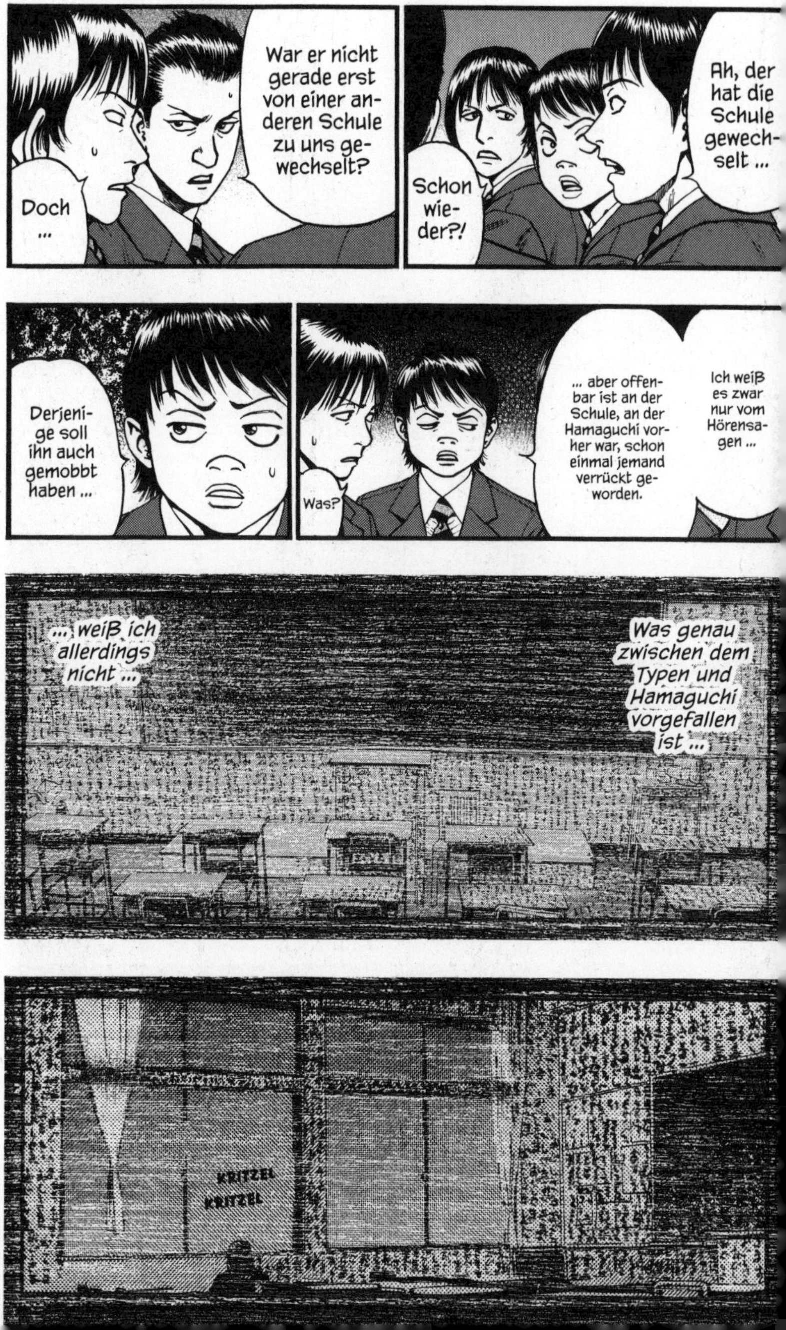
Ah, der hat die Schule gewechselt ...
Schon wieder?!
War er nicht gerade erst von einer anderen Schule zu uns gewechselt?
Doch ...
Ich weiß es zwar nur vom Hörensagen ...
... aber offenbar ist an der Schule, an der Hamaguchi vorher war, schon einmal jemand verrückt geworden.
Was?
Derjenige soll ihn auch gemobbt haben ...
Was genau zwischen dem Typen und Hamaguchi vorgefallen ist ...
... weiß ich allerdings nicht ...
KRITZEL
KRITZEL

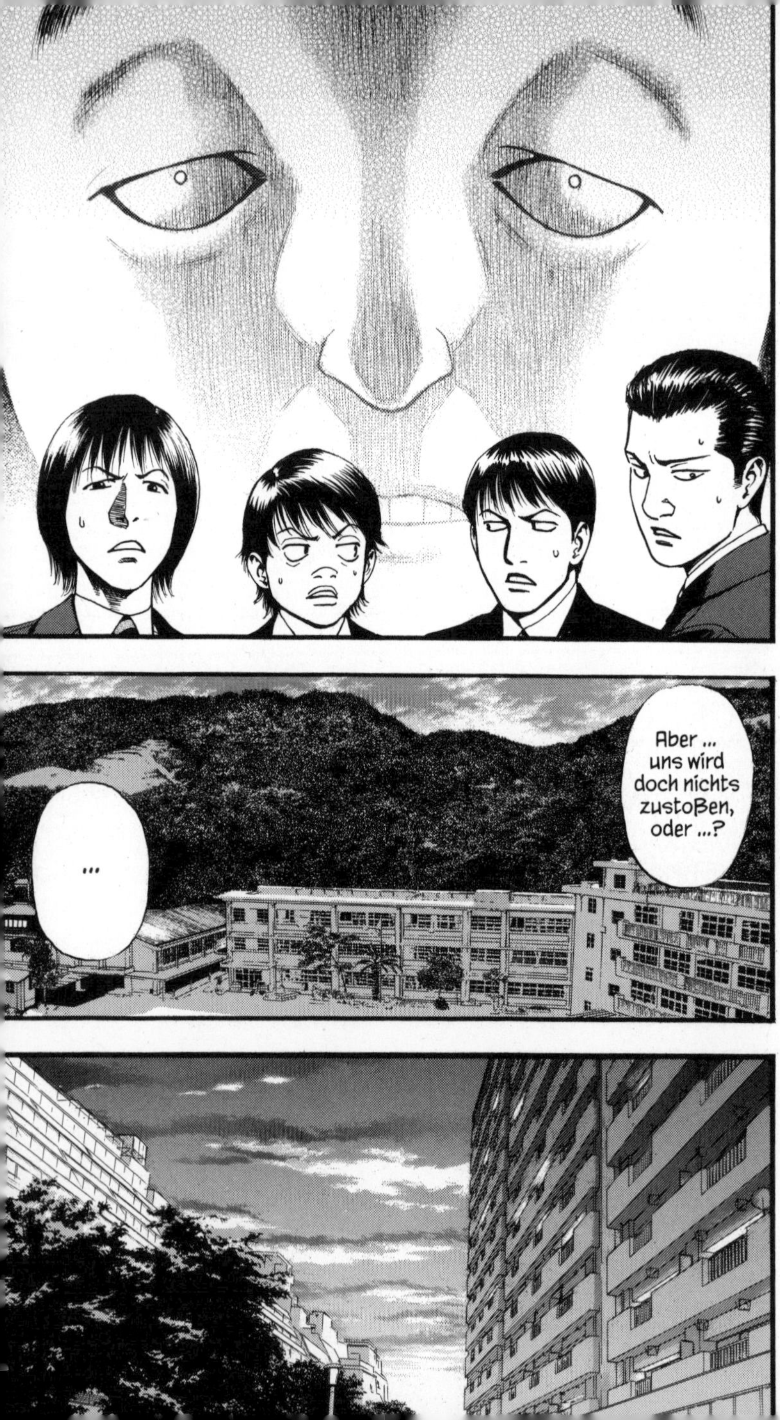
Aber ... uns wird doch nichts zustoßen, oder ...?
...

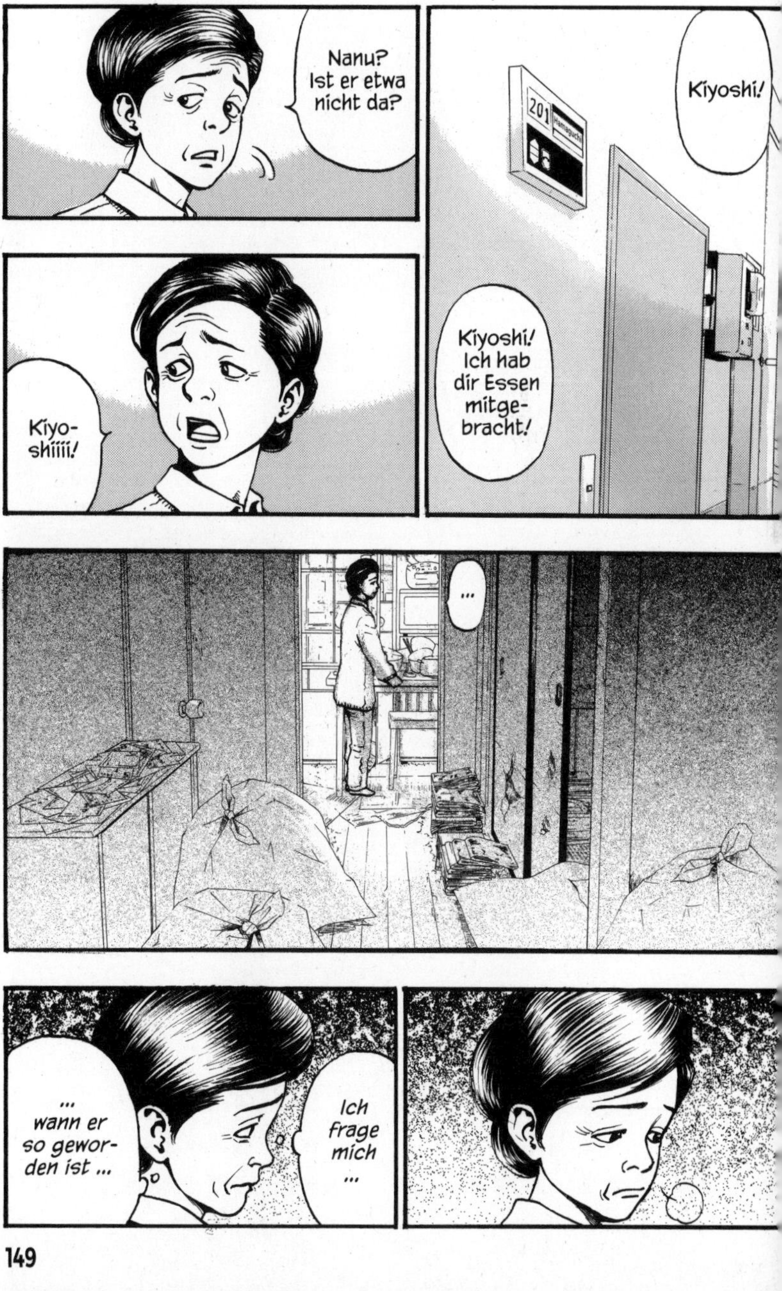
Kiyoshi!
201
Kiyoshi! Ich hab dir Essen mitge-bracht!
Nanu? Ist er etwa nicht da?
Kiyo-shiiii!
...
Ich frage mich ...
... wann er so gewor-den ist ...

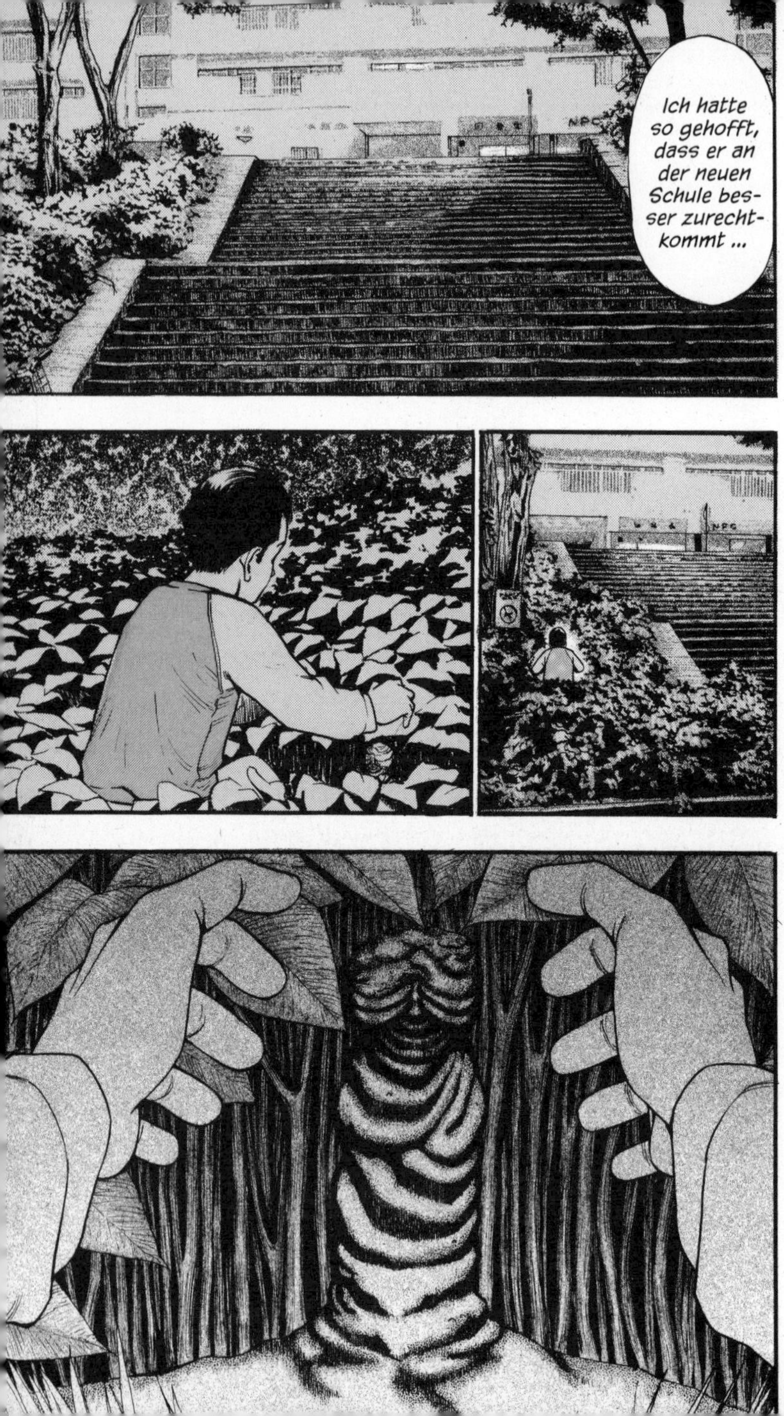
Ich hatte so gehofft, dass er an der neuen Schule bes-ser zurecht-kommt ...

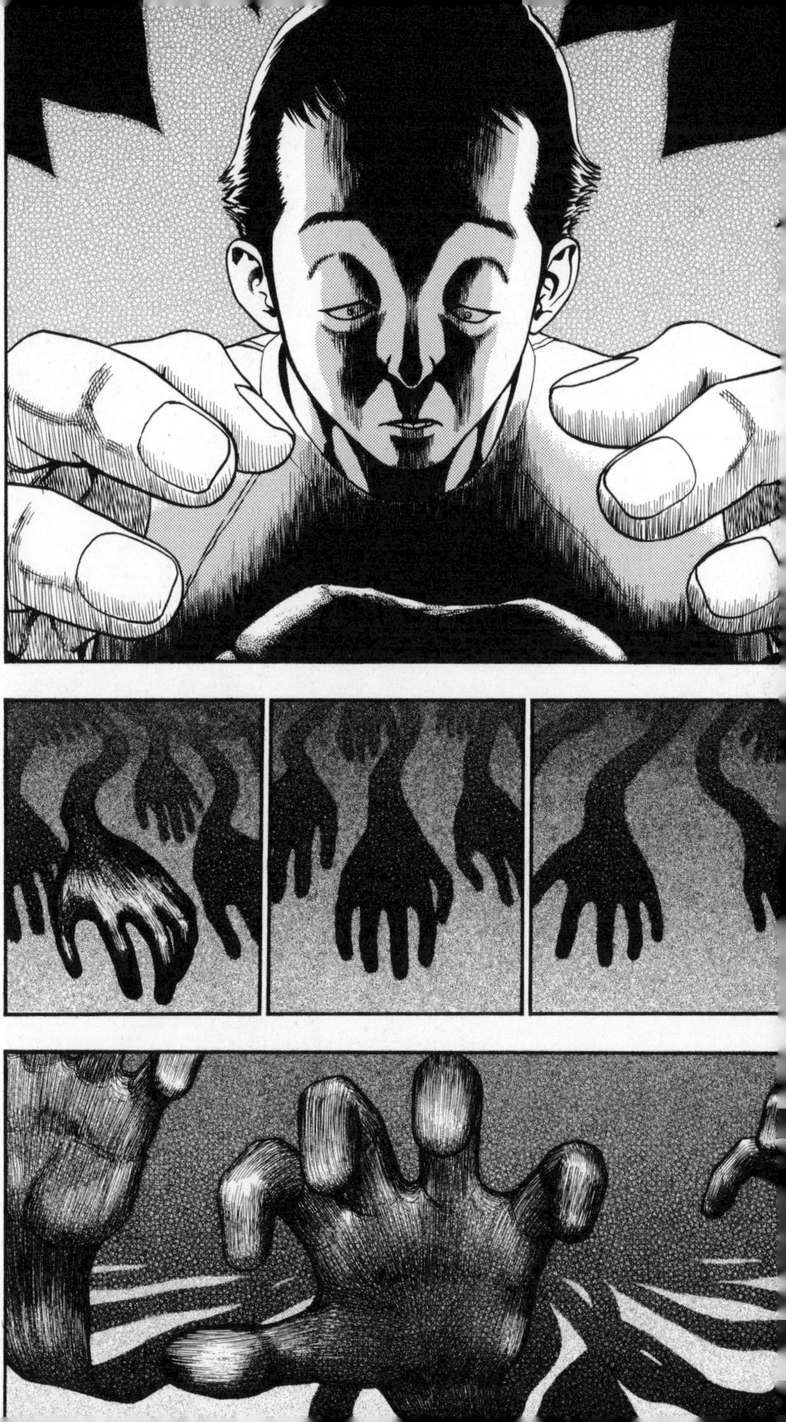

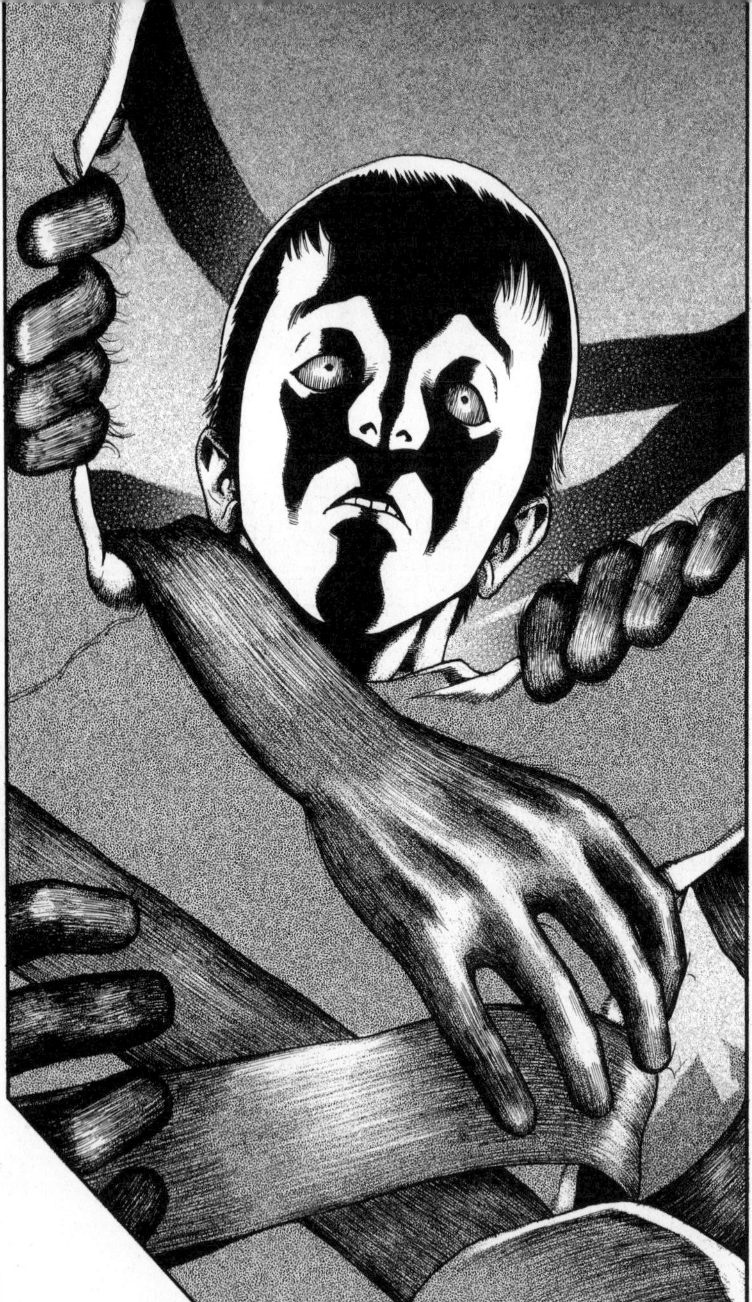

Schwelgen in Erinnerungen an verdrießliche Jahreszeiten

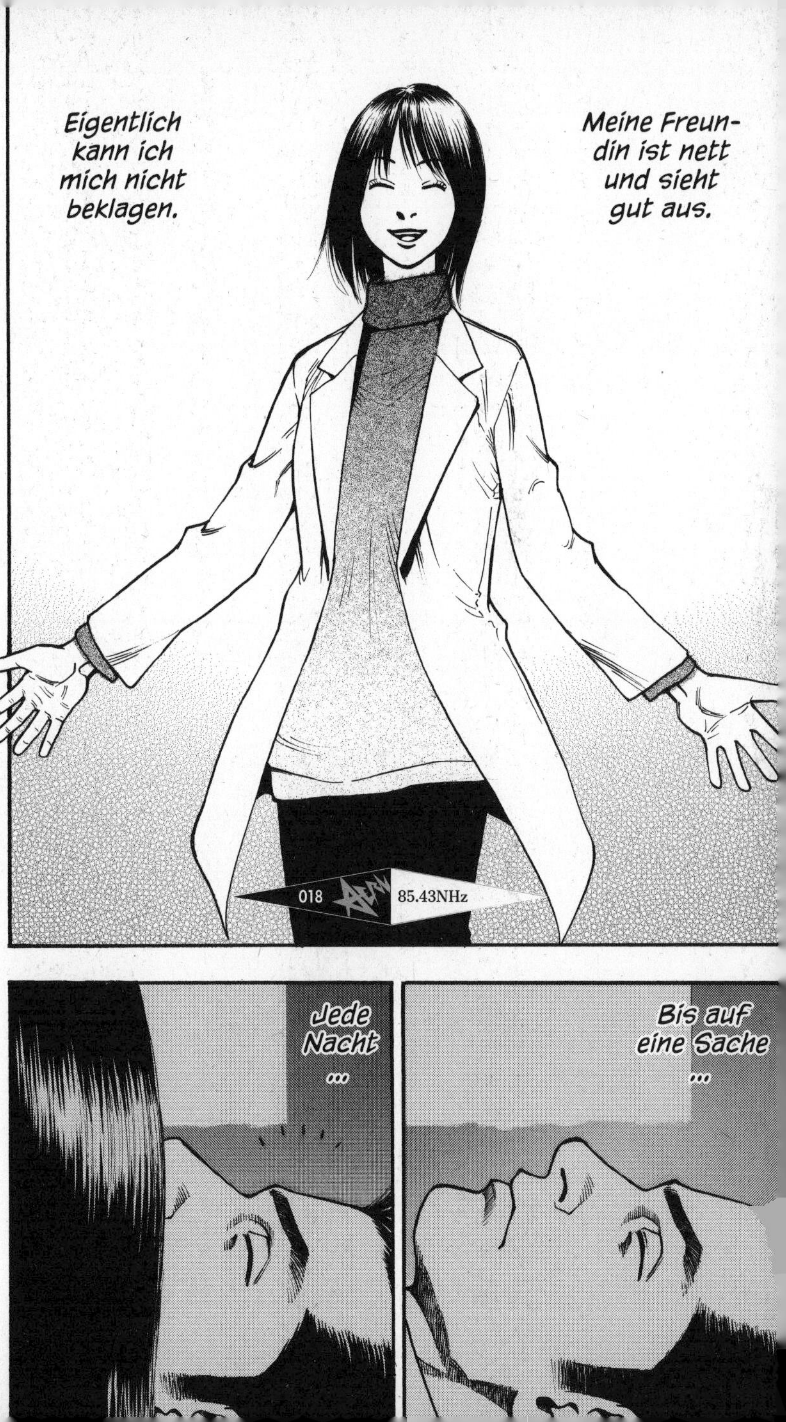
Meine Freundin ist nett und sieht gut aus.
Eigentlich kann ich mich nicht beklagen.
018
85.43NHz
Bis auf eine Sache ...
Jede Nacht ...

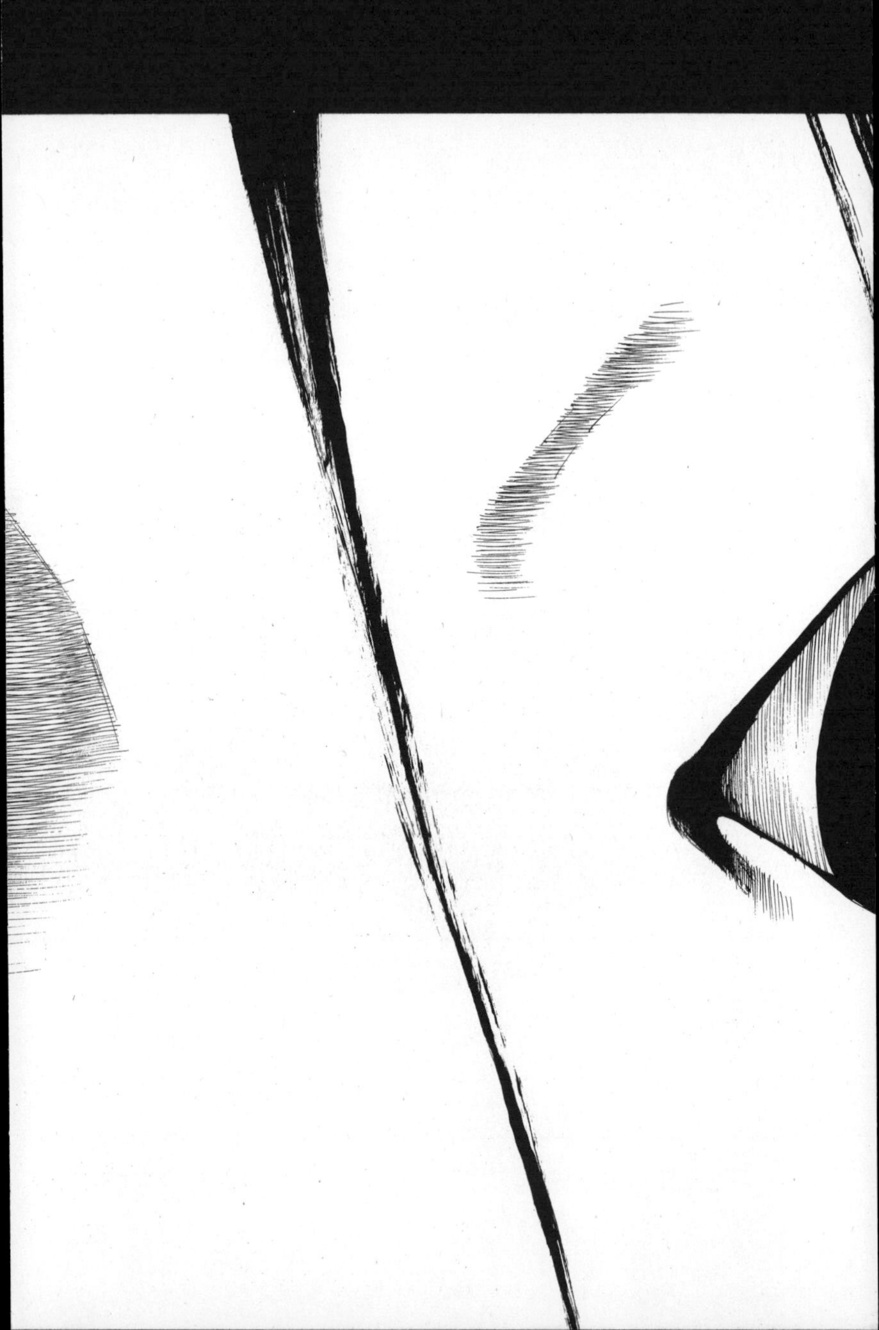

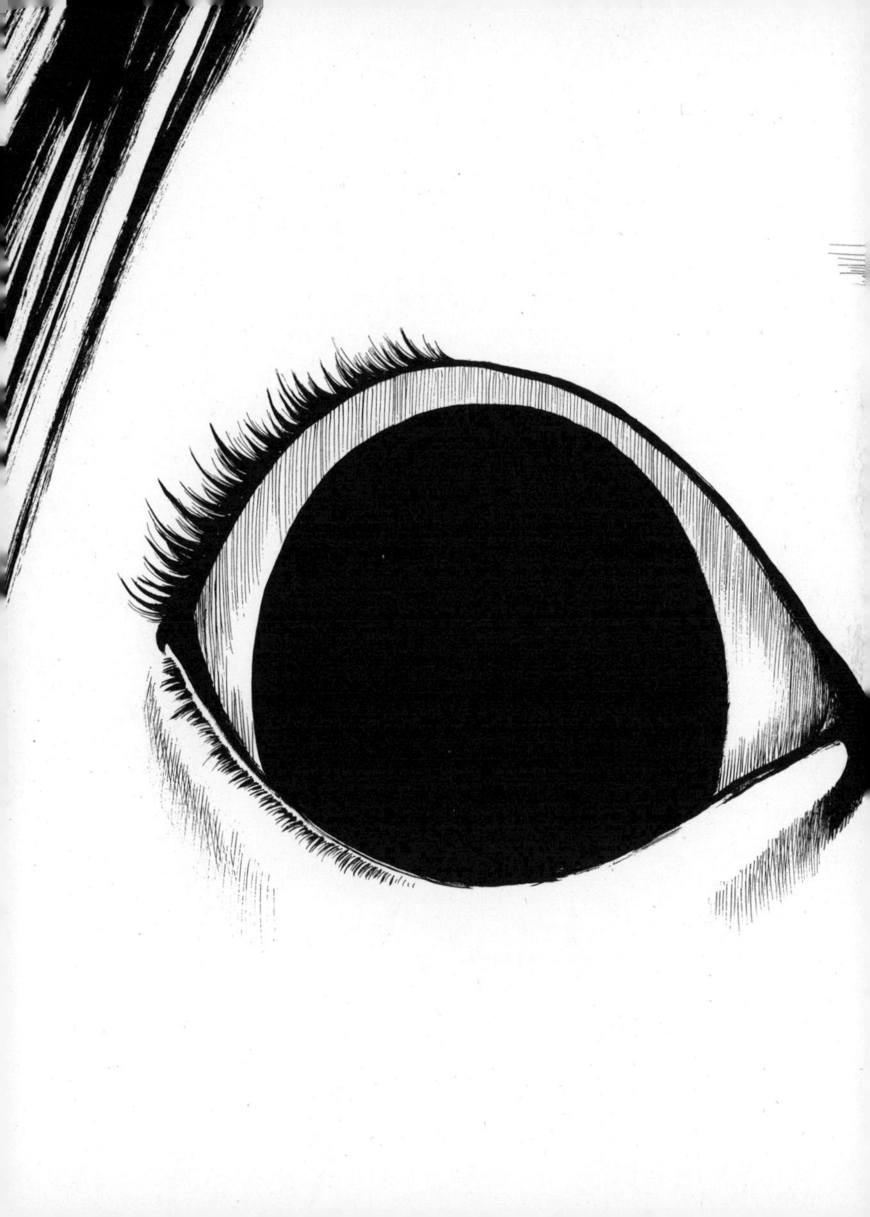

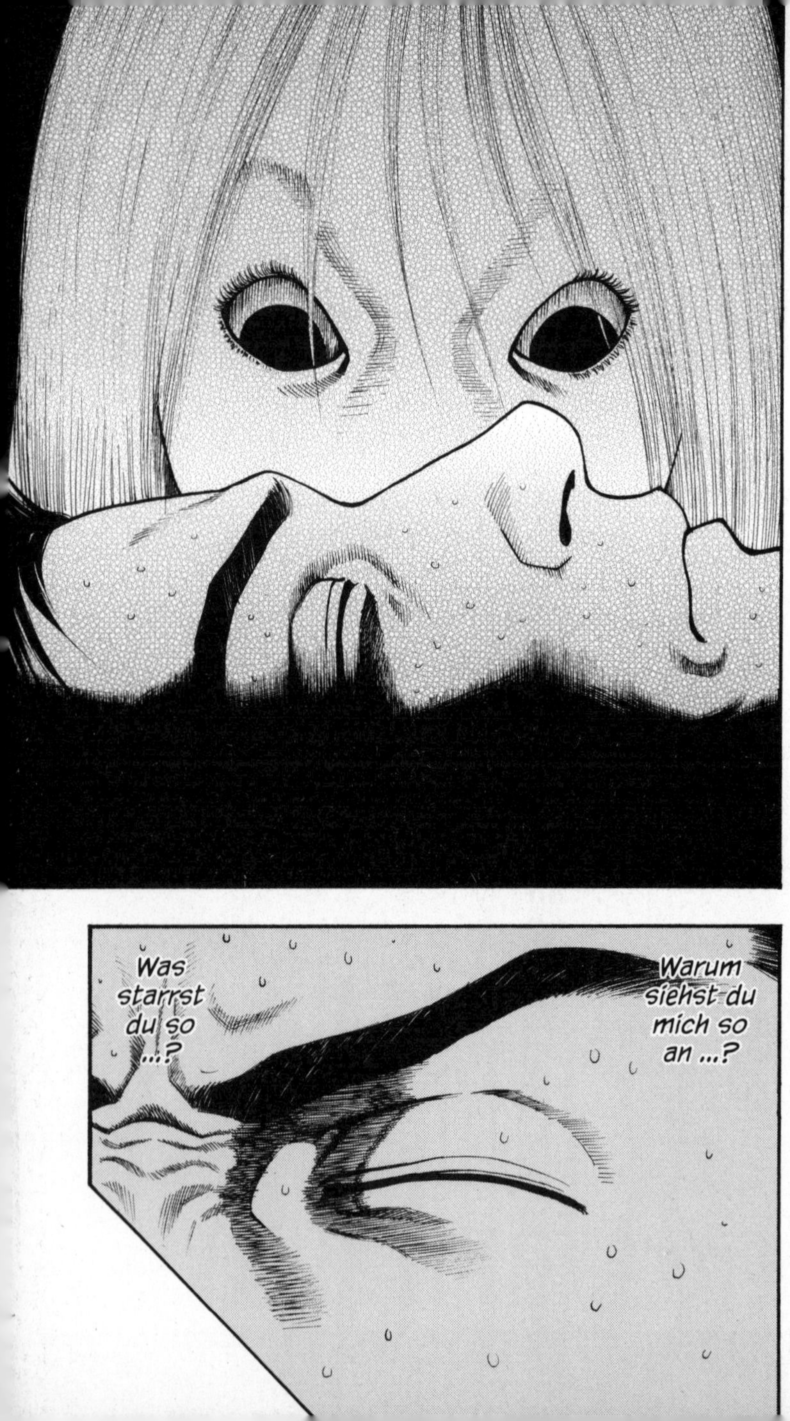
Warum siehst du mich so an ...?
Was starrst du so ...?

PTDS Radio ... ① ... Ende. Fortsetzung folgt ... in Band ... ② ...

TOKYOPOP GmbH
Hamburg

TOKYOPOP
1. Auflage, 2024
Deutsche Ausgabe/German Edition

Aus dem Japanischen von Noreen Adolf

KODANSHA

Redaktion: Simone Meinecke
Lettering: Vibrant Publishing Studio
Herstellung: Rita Geers, Nils Bornemann
Druck und buchbinderische Verarbeitung:
CPI–Clausen & Bosse GmbH, Leck
Printed in Germany

MIX Papier FSC® C083411

Wir achten auf die Umwelt.
Dieses Produkt besteht aus FSC®-zertifizierten und anderen kontrollierten Materialien.

ISBN 978-3-7593-0258-8

www.tokyopop.de